地方政府融资缺口与新型城市化融资（PPP）

Local Government Financing Gap and New Urbanization Financing (PPP)

● 苑梅 著 ●

东北财经大学出版社
Dongbei University of Finance & Economics Press
大 连

图书在版编目（CIP）数据

地方政府融资缺口与新型城市化融资（PPP） / 苑梅著. —大连 : 东北财经大学出版社，2017.1
ISBN 978-7-5654-2577-6

Ⅰ. 地… Ⅱ. 苑… Ⅲ. 地方财政-融资-研究-中国 Ⅳ. F812.7

中国版本图书馆CIP数据核字（2016）第282921号

东北财经大学出版社出版发行
大连市黑石礁尖山街217号 邮政编码 116025
网 址：http：//www.dufep.cn
读者信箱：dufep @ dufe.edu.cn
大连美跃彩色印刷有限公司印刷

幅面尺寸：170mm×240mm 字数：260千字 印张：18.25 插页：1
2017年1月第1版 2017年1月第1次印刷
责任编辑：时 博 徐 群 责任校对：韩敌非
封面设计：张智波 版式设计：钟福建
定价：42.00元

教学支持 售后服务 联系电话：（0411）84710309
 举报电话：（0411）84710523
如有印装质量问题，请联系营销部：（0411）84710711

前言

美国的经济学家斯蒂格利茨认为，中国的城镇化与美国的高科技发展将是深刻影响 21 世纪人类发展的两大主题。地方政府融资缺口一直是困扰地方政府建设的重要原因。基础设施建设和公共设施严重不足的结果，势必会制约我国城镇化的数量和质量。经济新常态下，各级政府正计划扩大基建投资规模以抵消房地产市场下滑对经济增长的拖累。但是，地方政府税收下降、土地出让收入减少以及对地方政府债务的严格控制都可能导致地方政府出现更大的融资缺口。根据来自瑞银证券的数字显示，2015 年，名义经济增速放缓与税制改革可能导致地方政府收入比预算低 3 000 亿元；土地出让收入下滑可能导致地方政府自主支出资金比预算低 5 000 亿元；新地方债务规定条件下发行地方政府债券替代融资平台借款可能会导致 1.4 万亿元的融资缺口。如果加上基建投资对资金的需求，2015 年潜在的地方政府融资缺口还可能进一步扩大。

面对地方政府融资缺口，各级政府正积极采取多种方式化解难题。通过放松对地方政府融资平台借款的部分限制，允许地方政府展期到期债务或进行债务重组；或允许地方政府进行债券置换，缓解短期现金流压力；或通过城投债、中央政府代发债、地方政府自行发债等方式，支持政策性银行发挥政策性作用。但是，上述几种方式受制于地区经济运行、地区金融生态环境、地方政府债务现状等因素，那么，寻求一种新的融资方式化解地方政府债务危机，弥补地方政府融资缺口就显得尤为重要。因此，本书将新型城市化融资（PPP）模式作为重点研究对象，以期有利于加速城市基础设施建设进程、拉动内需与改善民生、探索地方政府融资方式、避免地方政府债务风险。

本书共分为10章，主要内容如下：

第1章，导论。主要分析和介绍本书的研究背景、研究对象、国内外研究综述、研究意义与研究内容、研究思路与方法以及研究创新等内容。

第2章，地方政府融资和公私合作相关理论基础。主要阐述地方政府融资的理论基础和公私合作的理论基础两个内容。

第3章，国外地方政府债务的典型案例。主要对日本地方政府融资平台、美国地方债制度、西欧发达国家地方政府融资、中东欧转轨国家地方政府融资、国外土地财政融资等典型案例进行介绍和分析，发现国外地方政府融资过程中存在的问题与先进的经验，以期为我国地方政府融资提供宝贵借鉴。

第4章，地方政府融资实践与融资环境。本章是全书的重点内容：第一，从我国地方政府融资的制度变迁谈起；第二，从我国地区经济运行、地区金融生态环境、地方政府债务现状等方面进行介绍，重点表明区域经济运行与金融运行需要关注的方面；第三，介绍我国地方政府融资的现状，主要分析并阐述地方政府融资平台、城投债、政策性银行贷款等融资方式；第四，在分析我国地方政府融资方式的基础上，重点分析我国地方政府融资困境的原因；第五，阐述地区金融、地方政府融资与政府债务的关系；第六，指出我国地方政府融资过程中必须把握的基本原则，以及简单分析地方政府融资方式的未来前景。

第5章，新型城市化融资（PPP）模式。本章也是全书的重点内容：首先，介绍公私合作PPP模式，主要包括常见类型、操作流程、运营机制、模式、政府角色与职能、弥补地方政府融资缺口的适应性、地方政府融资的公私合作动因等；其次，介绍私营化与公私合作 PPP 模式，主要包括物品和服务的提供方式、私营化产生的动力、私营化的效果等；最后，介绍私营化下的政府与社会资本合作。

第 6 章，新型城市化融资（PPP）模式在城镇基础设施方面的应用。主要介绍英国塞文河第二大桥项目、印度德里和孟买机场、北京奥运会国家体育场、长春汇津污水处理厂等国内外案例。

第 7 章，新型城市化融资（PPP）模式在教育方面的应用。主要介绍国际公立学校的 PPP 办学模式、基础设施公私合作——英国私人融资计划、基础设施公私合作——澳大利亚北领地帕默斯顿市学校建设项目、协议供给——哥伦比亚的教育券、协议供给——美国的教育券、我国国有民办与民办公助以及中外合作办学等国内外案例。

第 8 章，新型城市化融资（PPP）模式在养老和卫生服务方面的应用。主要介绍美国养老服务、澳大利亚皇家妇女医院项目、我国公建民营和民办公助养老院、我国 PPP 医院等国内外案例。

第 9 章，新型城市化融资（PPP）模式的政策建议。主要从短期、中长期角度提出新型城市化融资（PPP）模式的政策建议。

第 10 章，研究结论与研究展望。重点介绍从 PPP 模式的效率来源看当下我国的 PPP 问题、提高 PPP 项目落地率、推进 PPP 工作职责分工等未来需要重点研究的内容。

本书可能存在的创新之处是：国内外对公私合作 PPP 模式（主要是基础设施和城市公共品）的研究非常丰富，但在《新预算法》颁布后，较少有研究者以地方政府融资缺口弥补的新型方式来探讨地方政府债务与新型城市化融资所发生的新变化。本书把我国地方政府债务及融资缺口问题置于科学发展观的背景下，进行深入剖析与论证，并初步得出如下结论：政府财政缺少足够的财政支持、地区金融环境发展不均衡以及传统融资方式出现不利因素的情况下寻找新型城市化融资（PPP）模式，在借鉴国内外典型案例的成功与失败的经验启示基础上，突出对可持续发展的新型城市化融资方式进行短期安排。这种具备可测性、可控性和相关性的短期制度安排化解了充满挑战和机遇并存的新型城市化融资之路的危机，为最终建立可持续发展的新型城市化融资体系提供重要保证。

本书在出版过程中，得到辽宁省高等学校优秀人才支持计划资助（LNET）（项目编号：WJQ2014059）和辽东学院经济学院金融学专业硕士培育项目的资助。

本书是2011年度教育部哲学社会科学研究重大课题攻关项目《东北亚区域合作与我国东北地区外开放研究》（项目编号：11ZJD050）、辽宁省财政科研基金项目（项目编号：16D002）、辽宁省教育厅一般项目（项目编号：W2015162）、2017年度辽宁经济社会发展立项课题（项目编号：2017lslktjd-029）、辽宁省哲学社会科学规划基金项目（项目编号：L16BJL003）、辽东学院青年骨干教师第三梯队的阶段性研究成果。

苑梅

2016年8月

目录

第1章 导论

1.1 研究背景

1.1.1 城镇化进程的未来资金需求量较大

美国的经济学家斯蒂格利茨认为："中国的城镇化与美国的高科技发展将是深刻影响21世纪人类发展的两大主题。"可见，城镇化是中国政府面临的重要而又紧迫的难题。城镇化建设进程直接导致农业人口向城镇集聚，我国城镇化率在2011年升至51.27%，城镇人口首次超过了农村人口。快速的城镇化进程和人民收入的普遍增长给地方的基础设施建设和公共服务带来了严峻的考验。我国的城镇化主要表现为空间的扩张，而基础设施建设、医疗卫生服务、文化教育娱乐等水平则相对滞后。据测算，2030年城镇化率将达到68%左右，2020年之前大约有3.9亿农业转移人口需要实现市民化。基础设施建设和公共设施严重不足的结果，势必会制约我国城镇化数量和质量，因此，城镇化进程的未来资金需求量将会呈现逐年递增的态势。

1.1.2 地方政府财政收支缺口较大

分税制财政体制改革及城镇化进程的加快，促使地方政府所承担的促进地方经济发展和扩大城市基础设施建设等各方面的责任越来越大。地方政府用于基础设施建设的财政资金仅仅依靠包括国家预算内投资、地方财政拨款、城市维护建设税和城市公共事业附加是远远不够的。以2014年为例，我国地方财政收入占全国一般公共预算收入的比重为54.1%，而地方财政支出占全国一般公共预算支出总额的85.1%。财权与事权的严重失衡，导致地方财政状况不断恶化。为了解决地方以基础设施和公共投资为主的投资性支出窘境，地方政府除了依靠上级政府的转移支付获得资金之外，只能依靠借款、土地财政以及设立地方政府融资平台在资本市场融资，其结果导致地方政府债务规模和结构越来越不合理。

1.1.3 地方政府融资结构单一

从融资来源及渠道来看，我国地方政府融资方式主要包括内源融资和外源融资。内源融资主要依靠土地财政。土地财政虽然在短期内给地方政府带来了财政收入，但这种收入可能导致“财富效应”，鼓励地方不断超支，极有可能引发过度借款，一旦土地财政受到房地产市场的冲击，则会出现资金来源与使用的极大风险。外源融资主要依靠发行国债和银行贷款为主的债务性融资。地方政府通过财政注入和国有资产注入、土地划拨、赋予特许经营权等方式，建立地方政府融资平台，同意地方政府通过该平台大胆承贷、偿债与资本运作。此外，银行贷款在地方政府债务余额中占比已经超过50%，其结果是增加银行的经营风险。因此，必须寻找合适的方法化解地方政府债务风险。

1.1.4 地方政府融资缺口较大

根据2014年和2015年的经济数据预测，我国2016年潜在融资缺口规模可能较大。由于 2016 年第一季度基建投资增速放缓，再加上房地产建设活动减速，可能会导致经济增长势头进一步减弱。我国房地产市场正在经历长达数年的下行周期，因此增加基建投资对于支撑内需十分重要。但是，作为基建投资的主要执行者，地方政府面临着土地出让收入减少的挑战，而且在新的地方政府债务管理框架下，地方政府通过融资平台进行融资的能力将严重受限，从而显著削减其实际可自主支出的资金，规模约为 GDP 的 1%。此外，地方政府正式的债券发行量可能只是以往融资平台举债规模的一半，这又带来规模超过 GDP 的 1%以上的融资缺口。在地方政府层面缺乏偿债能力、基建投资需求高于 2015 年等诸多因素影响下，地方政府潜在的融资缺口规模可能要大得多。

1.2 研究对象：新型城市化融资（PPP）

根据 2013 年国家审计署公布的全国各级地方政府债务审计结果，截至 2013 年 6 月底，我国各级政府负有需要偿还责任的债务共计 206 988.65 亿元，地方政府债务占比为 52.6%，总量为 108 859.17 亿元；负有担保责任的债务共计 29 256.49 亿元，地方政府占比为 91.1%，总量高达 26 655.77 亿元；可能承担一定救助责任的债务共计 66 504.56 亿元，地方政府占比为 65.2%，总量为 43 393.72 亿元[①]。地方政府债务规模和债务风险是否具有可控性，以及如何寻找新的融资方式化解地方政府债务就成为本书的重要研究内容。地方政府融资方式包括股权融资、债务融资、项目融资等几种形式，但是，对于城市基础设施、教育、养老服务等的融资，究竟采取哪种方式仍然需要探讨，而且由于地方政府的预算软约束等问题的存在，债务融资仍是今后地方政府融资的主要方式。因此，本书的研究对象主要定位于新型城市化融资（PPP）模式，又称公私合作。

---

① 审计署办公厅. 2013 年第 32 号公告：全国政府性债务审计结果［EB/OL］.［2013-12-30］. http://www.audit.gov.cn/n1992130/n1992150/n1992379/3432165.html.

1.2.1 公私合作的一般理解

依靠政府部门的股权融资、债务融资、财政资金供给以及公有部门经营，已经很难满足公共部门投资需要。因此，采取地方政府与民间资本融合模式，通过分配资源、分担风险、分享收益等机制，发挥各类投资主体优势，才能化解地方政府融资缺口，满足公共需要，以及缓解地方政府财政压力。

1.2.2 公私合作的概念

公私合作又称 PPP 模式，简言之，是指一种作为公共部门和私人部门合作提供公共物品和公共服务的方式。该模式自 20 世纪起源于西方发达国家，应用于基础设施建设与公共服务领域，例如城市交通、教育、养老服务等领域，并于 1993 年由时任英国财政大臣克拉克首次提出，他认为公司合作模式可以解决政府资金缺乏和公共部门低效率问题，同时，该模式可以提高基础设施建设水平[①]。关于 PPP 模式的确切概念并未形成一个各方共同认可的阐释，下面是几种具有代表性的表述。

①根据鹏元资信评估有限公司系列研究报告（2014）指出，公私合作即 PPP 模式（Public-Private Partnership），分为广义与狭义。从广义来看，PPP 模式是指地方政府与私人部门合作服务于公共产业的融资模式；从狭义来看，PPP 模式是指项目融资模式，包括 BOT、TOT 等多种模式。

②魏佳宁（2014）提出，公私合作伙伴关系（PPP）是指为了共同完成某个项目（主要是公共事业项目）的投资、建设和运营，政府、营利性企业和非营利性企业形成的相互合作关系，包括 BOT、TOT、DBFO 等一系列项目融资模式。既体现出公共部门与民营企业共享投资收益，共担投资风险的基本特征，也体现出在政府政策引导下，通过一定额度的财政资金支持项目建设与运营，在公共事业领域引入民间资本及其管理与服务。

---

① 郭文卿. PPP 模式概要解析［J］. 经济论坛，2014（10）：88 - 91.

③陈婉玲（2014）认为，公私合作制作为政府与私人部门在公共物品服务领域的一种创新合作关系，其目的是提供某种公共物品或服务，并通过“契约约束机制”明确政府与私人部门的具体权利和义务，其本质是政府以市场方式寻找匹配的合作伙伴，将非国有经济成分引入公共服务领域，提升公共资源配置效率。公私合作制使政府从直接的公共资源配置者和公共服务供应者转变为推动者，政府职责的重点是掌舵，而不是划桨。

④陈军（2009）[①]指出，公私合作又称公私伙伴关系（Public-Private Partnerships，PPP）或公私协力，是行政机关为代表的公共部门和私人团体或个人为代表的私人部门合作完成行政任务的一种制度总称。在政府行政任务不断增加且效率低下的情况下，公共产品的提供选择公共部门和私人部门合作共同完成，其打破了传统公共部门的垄断格局，私人部门开始介入承担部分行政权力以满足公共服务。

⑤胡振（2010）[②]认为，公私合作中受到权利和责任的影响，项目的所有权归属是政府和项目公司谈判的重要内容。其具有不同范式，即BTO、BOT和BOO三种，根据这三种范式衍生出多种运作模式，诸如ROT、BT、RTO等，不同的所有权归属影响到政府与私人部门双方的利益。但是，目前学者们对PPP模式所有权归属有不同的观点。

⑥郭沛源、于永达（2006）[③]提出，公私合作是公共部门与私营部门的合作关系，从广义上看，如果私营部门参与公共事务，或者企业行为涉及公共利益，则公私部门之间会产生一种积极的关系；从狭义上看，公私双方积极谋求建立合作伙伴关系，并且在合作开始之前明确参与方式与利益分配，则产生公私合作，企业、政府以及其他利益相关方可以实现责权利的合理配置。

⑦Michael Essing认为，公私合作是政府部门和私人投资者之间的合同关系，双方可以实现利益共享和风险共担，其关系是基于信任而建

---

① 陈军．公司合作理论基础研究［J］．延边大学学报：社会科学版，2009，42（4）：28-32.

② 胡振．公私合作项目范式选择研究——以日本案例为研究对象［J］．公共管理学报，2010（3）：113-121.

③ 郭沛源，于永达．公私合作实践企业社会责任——以中国光彩事业扶贫项目为案例［J］．管理世界，2006（4）：41-47.

立的具有关系合约特征的合作。

⑧一些机构也给出了公私合作的基本阐释。联合国培训研究所（2000）提出，公私合作涵盖了不同社会系统倡导之间的所有制度化合作方式，为满足公共产品提供需要而建立的公共与私人部门之间的各种合作关系，主要针对大型公共项目实施；欧盟委员会（2003）指出，公共部门和私人部门之间建立一种关系，这种关系是基于提供应由政府提供的公共项目或服务；加拿大 PPP 委员会认为，公共部门与私人部门之间在双方各自经验基础上，建立了适当的资源分配、风险分担和利益共享的合作经营关系，通过该合作满足双方事先约定的公共需求；美国 PPP 国家委员会（2002）认为，PPP 是介于外包与私有化之间，并结合了两者特点的一种公共产品提供方式，充分利用私人资源优势以满足公共产品提供的需要；英国 PPP 包括“私营主动融资”和长期购买私人提供公共优质服务的协议[①]。

根据上述关于公私合作（PPP）模式的阐释，基本可以明确公私合作的基本特征：双方共同投入资源并利益共享，双方共同承担风险并实现最优分配，双方追求共同目标，共同提供公共产品或服务。尽管公私合作（PPP）模式具有上述共同的基本特征，但公私合作仍取决于项目的合作方式、合作目的及合作需求。

本书所界定的公私合作是政府与私人部门之间在基础设施建设领域的合作，并被中国政府作为替代地方政府融资平台开展基建投资的重要途径。PPP 模式的主要目标是降低地方政府对投资的直接参与，抑制地方政府债务的快速增长，帮助政府引进企业资本及其专业经验，为具有合理商业回报的基建或公共服务项目进行融资、建设及运营。PPP 模式的投资相关行业包括交通运输基础设施（铁道、地铁、公路）、城市公用事业（供水、供热、供气、污染治理、管网、隧道）、水利和环保、公共服务（医疗、养老）以及保障房。PPP 模式的运营主要分为三个阶段：第一阶段是进行 VFM（物有所值）评估；第二阶段设立 SPV（特殊目的机构）建立合作伙伴关系；第三阶段合同期满，SPV 可能会将

① 这些协议包括特许经营和专营，即私营部门承担提供公共服务的责任，如计划、设计、融资、建设、运营和维护协议确定的服务等。

PPP 项目再移交给政府。其中，政府的参与方式包括赋予 SPV 特许经营权、采购其服务及产品、合理定价、或提供必要的财政补贴等。私人部门则通过 SPV 为 PPP 项目进行融资、建设或运营、或提供相关服务，并获得相应收益。但必须强调的是，地方政府不承担 PPP 项目或 SPV 债务的偿付责任。SPV 或私人部门可以通过银行贷款、企业债券、项目收益债或资产支持证券等多种渠道进行融资。为隔离项目对地方政府的风险，PPP 项目融资应基于项目本身、并由项目公司（通常即 SPV）作为借款人。在某些情况下，PPP 项目的私人部门可以直接进行借款融资。PPP 项目的设计、建设、融资、运营以及维护的相关风险都由私人部门承担，而法律风险、政策风险和最低需求风险则由政府承担。

1.2.3 公私合作的适用范围

1. 城市基础设施

近几年，由于各国政府逐渐减少了基础设施领域的投资，加之发展中国家财政资金短缺，促使政府积极寻求与私营部门的合作以向公众提供公共物品与服务来解决问题，因此，公私合作在基础设施领域得到了广泛的应用。我国城市基础设施建设采用公私合作主要有以下几个原因：

（1）私营部门的巨大资本

经过改革开放 30 多年的积累，私营部门的资本快速增长，从绝对数量来看，居民储蓄存款增长十分迅速，截至 2014 年末，全国居民储蓄存款余额为 485 261.3 亿元，社会融资规模存量为 1 228 591 亿元[①]，金融机构人民币信贷资金来源合计 1 323 453 亿元，这些资本存量可以产生巨大的投资力量；从相对数量来看，截至 2014 年末，全国固定资产投资构成中，非国有资产投资占 71.1%，私营部门的强大资本力量有能力进入基础设施建设领域。同时，私营部门的资本也具有强烈的投资意愿。不断增长的私营部门资本积极进入基础设施领域，将对整个社会的资源配置效率产生优化作用。

---

① 社会融资规模是指一定时期内（每月、每季或每年）实体经济从金融体系获得的全部资金总额，是增量概念。

（2）产业结构升级与市场化改革

市场是资源配置的最优方式，产业结构升级是在市场化改革中各个产业间配置结构的演进，是经济发展的永恒主题。只有基础部门的发展与生产的发展保持平衡，才能实现产业结构的优化升级。由于基础部门从投资到发挥作用的时间较长，因此，如果基础部门不能保证先行，则会产生整个国民经济发展瓶颈。从目前情况看，我国基础设施产业呈现出行政垄断局面，公共产品和服务供不应求、服务质量较差、收费价格过高，甚至部分行业出现投资过度、恶性竞争的局面，从而导致供给结构与需求结构的严重脱节，难以按照市场化改革进行资源配置。因此，只有在基础设施建设领域积极进行市场化改革，引入新型的生产经营方式，进行技术创新，充分调动社会资本进入才能避免产业结构失衡，为经济长期稳定发展奠定基础。

（3）技术进步与制度创新

基础设施的产品和服务具备公共产品属性，即非排他性、非竞争性和效用的不可分割性，私营部门进入该领域极有可能难以实现投资收益。因此，长期以来，基础设施领域的公共产品和服务的提供均是由政府部门来完成的。同时，基础设施领域具有经营上的自然垄断性和投资上的资本密集性，也成为了私营部门难以进入基础设施领域的重要障碍。但是，随着科技的发展以及制度的创新，使原本难以进行的收益与成本比较也逐渐变为可能，这为非国有经济进入基础设施领域提供了技术保证。

2. 教育[①]

教育本身可以由私人提供、非营利组织生产，换句话说，教育可以由社会和个人自愿出资兴办或资助，其原因如下：

（1）教育的产品属性决定了可由公共部门和私人部门共同提供

在公共经济学中，对公共产品的界定主要是依据非排他性、非竞争性以及效用的不可分割性。总体来看，教育分为义务教育和非义务教育，通过制度安排义务教育成为一种纯公共产品，其主要由公共部门提

① 周玲. 我国教育领域公私合作伙伴关系（PPP）的思考［J］. 教师教育学报，2016（4）：82-88.

供；而非义务教育则具有准公共产品性质，其主要由公共部门与私人部门共同提供。“提供”不等于“生产”，对政府来说，区分“提供”与“生产”某项服务还是十分有必要的。提供一项服务和生产一项服务之间是有深刻区别的，提供者实际上是决策者和筹资者，生产者则是直接组织生产和提供服务。由公共部门提供公共产品和服务实质是公共部门承担的职责，但并不一定要由公共部门生产和直接提供教育产品。随着经济和社会的发展，公共部门作为公共经济唯一主体的地位和合法性受到了前所未有的挑战，教育产品和服务可由公共部门、公立学校、私人部门及民办学校等完成，同样也可以由公共部门与私人部门共同完成，例如国有民办、民办公助、公办名校转制、BOT 服务外包等。所以，教育产品和服务在公共部门生产和服务过程中有私人部门介入时，则可以建立公私合作伙伴关系。

（2）公共教育部门愿意建立公私合作伙伴关系

从各国公私合作实践看，为减轻财政负担，英国政府较早在基础设施建设、教育、卫生等领域实施了公私合作伙伴关系，吸引私人资本进入公共领域，进而充分发挥私人部门合理配置各种资源和追求效益的优势。各国在选择公私合作伙伴关系时，关心的都是在不增加政府财政负担和提高税负的情况下改善公共服务供给。2012 年，我国财政性教育经费占 GDP 的 4.28%，这种增长和突破对发展我国教育事业大有裨益。但是，面对教育需求规模不断增长、教育需求类型逐渐多元化的现状，公共部门的财政压力不断加大。与此同时，政府希望通过财政对资源的配置实现公共教育资源的充分、公平和有效配给，所以，从扩大招生规模等角度看，政府愿意建立公私合作伙伴关系。

（3）私人教育部门对教育的极大关注

优质、公平的教育服务需要多样化的主体提供。近年来，国际教育领域密切关注的一个热点主题就是教育的公私合作模式。在世界范围内，教育领域发展的一个重要趋势是在教育规模和质量快速提高的背景下，民营教育在各级各类教育中将起到越来越重要的作用。私人教育部门可分为营利性和非营利性两类。获得长期回报与获得政府和公众的良好评价是营利性私人教育部门追求的目标，同时，私人部门通过良好的社会评价可以为自身的市场价值带来重要的积极影响，国内比较有名的是嘉兴南湖教育集团、翔宇教育集团等私人教育部门参与的公私合作教育项目。对于非营利的私人部门而言，参与教育领域的公私合作项目可以实现其办学宗旨与使命。因此，私人教育部门对教育的极大关注成为教育领域公私合作的新生力量。

3. 养老服务

目前，国内外的公共产品和服务的提供已经广泛使用 PPP 模式。但是，该模式在我国公共服务供给领域的应用仍然处于发展初期，尤其是在养老服务领域。将 PPP 模式引入到我国养老服务业领域，实行公私合作伙伴关系也同样是新型的公共服务供给模式。在经济下行压力增大、财政收入增速放缓、地方政府融资遭遇瓶颈的大背景下，PPP 模式因其可以解决政府资金缺乏和专业不足的劣势而成为推进公共事业发展的重要方式。

实际上，有很多我们比较熟悉的 PPP 模式[①]，例如：公建民营（O&M：运营与维护合同）、民办公助或政府购买服务（DB：设计建造或 BOO：建造、拥有、运营）、特许经营（BOT：建造、运营、移交）等都是典型的 PPP 模式，养老领域早已成为 PPP 模式的先导区。

（1）公建民营

2015 年北京市民政局、市发展改革委、市财政局联合下发《北京市养老机构公建民营实施办法》（京民福发〔2015〕268 号），要求加强政策引导，立足吸引先进管理理念、专业服务团队和优质服务资本，科学设置公建民营的条件和形式，化解养老机构运营初期和设施设备大修的资金压力，调动运营方的积极性和创造性。同时，所有权方应当以投资规模、市场规律为依据，向运营方收取风险保障金，实行专款专用、专项核算。同时设立机构管理发展资金，由运营方逐年专项留存并专款管理及核算，所有权方对留存情况进行监督。

（2）民办公助或政府购买服务

2014 年，四川省财政厅、省民政厅下发《关于开展运用民办公助

① 中国社会福利学会. 利用 PPP 模式发展养老服务业的思考［EB/OL］.［2015-11-24］.http://info.bjxwx.com/a/OlderWorld/OlderIndustry/IndustryNews/2015/1123/28192.html.

机制支持社会资本建设非营利性养老机构试点工作的通知》，规定“社会投资方负责筹集养老机构项目建设资金和营运流动资金，拥有项目完整产权。政府给予项目建设资金补助、贷款贴息营运补助等扶持政策。扶持政策上，政府将对试点养老机构按新增床位每张1.5万元的标准进行一次性建设资金补助；给予最高不超过200万元的一次性贴息；项目正式营运满一年后，政府按实际入住床位每张每月150元，空置床位每张每月50元的标准给予为期20年的营运补助。”

（3）特许经营

2014年江苏泰乐城老年产业投资公司与南京市建邺区政府采取BOT形式建成了近2万平方米的集机构养老、老年康复、社区卫生服务、老年产品展销、居家养老服务为一体的“泰乐城”城市社区养老综合体。“泰乐城”负担前期建设和运营支出，并享有40年经营权，期满后无偿转让给建邺区政府，政府则免除土地出让金，并给予相关建设运营补贴。

1.3 国内外研究综述

1.3.1 地方政府融资的国内外相关文献综述

地方政府融资问题是财政体制改革与投融资体制改革的重大问题。近年来，城镇化建设进程加快，我国地方政府融资的矛盾与问题交织，风险与不确定性增大，财政、金融、土地、政治、法律等诸多制度与政策缺陷逐一显现。学术界对地方政府融资问题的研究越来越广泛。在研究内容方面，国内外文献主要集中于以下几个方面：

1. 地方政府融资需求

（1）地方财政支出增长高于收入增长

地方政府债务在国外研究的时间较长，学术界和理论界从理论和时间角度深入探讨了地方政府债务问题。本书所研究的地方政府债务包括地方显性债务和隐性债务。关于地方政府债务产生的原因一些学者认为，财政体制不完善是造成地方政府债务迅速扩张的主要原因：赵锐

（2012）、杨聪杰等（2006）从财政体制特别是分税制的不彻底造成中央与地方政府财权与事权不匹配角度分析了地方政府债务的根本原因；陈健夫（2013）指出，各级人大对同级政府的财政监督不利，则是造成地方政府债务持续增加的原因所在；张文君（2012）、周黎安（2004）、周雪光（2005）等则认为，地方政府官员以 GDP 业绩作为晋升考核指标是推动地方政府的举债行为，预算软约束则是造成地方政府集资、摊派乃至举债的潜在风险；赵优红、张宇飞（2005）指出，分税制改革导致地方政府财政收入占财政总收入比重从 1993 年的 78%下降到 2004 年的 44.3%，地方财政支出占财政总支出比重仅下降了 2%，财权与事权的不匹配导致地方城市建设和文教卫生等支出出现资金缺口；朱琳（2010）指出，很多地方政府收入难以平衡财政支出，出现财务状况恶化趋势；徐丽梅等（2013）认为，我国的财政分权结果导致了地方收入的减少和职责的增加，地方政府为追求政绩则会过度负债。

（2）城镇化进程的金融需求

汪小亚（2002）、蒙荫莉（2003）认为，城镇化导致金融需求增加；郭新明（2004）指出，金融对各种城镇化机制的转换和实现发挥着基础性作用和重要的支撑作用；吴守华（2015）认为，在城镇化过程中不断加大的公共基础设施投资导致地方政府融资平台债务膨胀；赵峥（2012）通过历史数据分析得出，金融支持与中国的城镇化进程存在长期的均衡关系，能够对城镇化进程起到明显的推动作用。

2. 地方政府融资模式

（1）多种融资模式并存

如何进行地方政府融资是国内研究的重点之一。刘立峰（2010）认为，地方政府融资主要包括财政拨款、债务性融资、资产（资源）融资和权益性融资几大类；张启智（2008）认为，BOT、TOT、PPP、PFI、ABS 等是城市公共基础设施建设组合的投融资方式；王铁军（2007）认为，国内政府融资平台共有债权融资、股权融资、项目融资等 22 种模式；曾辉（2011）认为，地方政府可能的融资模式包括开发性银行贷款、商业性银行贷款、财政部代发地方政府债券、地方政府债券、地方政府融资平台债券和信托计划等 6 种；杜彦坤、邵靖（2011）

认为，银行贷款、经费补助事业单位自行举债、外债和国债转贷、发行政府债券、政策性银行贷款等是地方政府可能的融资模式。

（2）银行贷款

杨萍（2004）、魏加宁（2010）在对美国和日本进行分析时发现，银行贷款是地方政府举债的主要资金来源。

（3）市政债券

James Leigland（1997）、Kenneth N.Daniels 和 Jayaraman Vijayakumar（2002）、Frank J.Fabozzi（2006）认为市政债券具有为城市基础设施建设融资的明显优势，并且能够满足国家和地方政府的融资需求。

（4）项目融资

Peter 和 Nevitt （1997）、Tam （1999）、Ho （2001）、Nisangul（2002）等认为，虽然项目融资方式在参与公共基础设施建设以及向社会提供公共服务方面具有一定的风险性，但是也成为近年来兴起的地方政府融资模式。

（5）地方政府融资平台

余子良（2013）、杨艳、刘慧婷（2013）、刘艳华、洪功翔（2011）等认为，地方政府融资平台是在市场上主要以商业银行贷款的方式进行融资，并将资金重点投向市政基础设施项目建设、公共事业改善等。

总体来看，国内外学者认为地方政府融资方式主要包括以下几种形式：银行贷款、市政债券、项目融资、股权融资、土地融资、资产证券化、跨国借贷等多元化渠道。

3. 地方政府融资风险

关于地方政府债务风险的一般分析包含地方政府债务风险的形成机制、风险认识、风险种类、测试标准等四个方面。

（1）从地方政府融资平台看融资风险

杨艳、刘慧婷（2013）在分析金融危机爆发后的地方政府投融资需求时指出，融资平台蕴藏着巨大的财政风险和金融风险；李娟娟（2011）指出，地方政府融资平台自身有限的偿债能力，导致地方政府面临严峻的财政风险；梁红梅、郝炎（2012）认为，地方投融资平台的迅速扩张及其对地方财政运行的影响，会加剧地方财政负担和导致资源重复配置；李晓安、周序中（2012）认为，在地方政府融资平台中，信用风险是地方政府债务风险和社会风险的重要推手。

（2）风险种类

余子良（2013）指出，地方政府融资平台中存在信息不对称与道德风险、违反法律法规、管理混乱与责任主体模糊等问题；张雯、李妍（2012）指出，地方政府债务风险包含规模风险、债务资金使用风险、偿债资金来源风险、抵押担保风险等；关于地方政府债务融资结构的研究方面，哈维·罗森（1992）经研究提出了被称为“隐性债务”的概念，而世界银行高级经济学家 Hana Polaekova Brixi（1998）在世界银行开展政策研究工作时形成的论文《政府或有负债：威胁财政稳定性的隐蔽风险》中提出了财政风险矩阵概念，从“显性”和“隐性”界定了政府的直接债务和或有负债。

（3）风险控制

Lane（1993）认为，金融市场完全自由开放、债务人的存量债务与支付能力完全向市场披露等是金融市场对地方政府债务进行有效约束的一定条件；Patersson Lidbom 和 Matz Dahlberg（2003）通过对 1974—1992 年间瑞典的 286 个地方政府得到 1 697 次财政救助的经历进行分析得出，地方政府自身救助可以使债务增加 13%，相对于其他地方政府来讲债务增加较低；刘星、岳中志和刘宜（2005）对重庆市债务进行研究，采用定性与定量相结合的方法建立了风险预警系统的判别模型和 Logistic 模型；蒋米娜、柴志伟、詹俊鹏（2012）认为，在地方政府债务的风险认识研究方面，地方政府债务隐性风险尚在可控范围，中国不会爆发地方政府债务危机等。

（4）导致风险的原因

Marianne Vigneault（2003）认为，地方政府债务膨胀是政府间财政无纪律的表现。在财政分权下，中央政府对地方政府的控制力减弱，政府间财政关系呈现预算软约束状态，使得地方政府提供公共产品的边际收益大于边际成本，促使地方政府更多地支出和借债，这是导致地方政府债务膨胀的主要因素。

Mariano Tommasi（1999）使用“委托代理模型”分析了在分权状

态下平衡责权对等和在集权状态下内化外部性的问题。他认为地方政府是民主体制的代理者，地方选民的偏好会影响地方政府决策。

Inman（2004）使用 Tibout 模型在类似于完全信息的博弈框架下分析了地方政府债务膨胀及违约的效应；Jonathan Rodden（2004）使用非完全信息的动态博弈模型来模拟地方政府举债和中央政府救助，当地方政府面临财政危机或进行资本性支出时，是选择举债还是调整财政政策主要取决于地方政府对中央政府是否救助的预期判断，因此要控制地方政府债务风险就必须降低地方政府对中央政府救助的预期。

王晓光、高淑东（2005）认为，在地方政府债务风险形成机制方面我国地方政府的财政预算权限划分不清、融资责任主体不明确、缺乏债务统一管理和风险预警机制等。

（5）风险管理

关于地方政府债务管理的研究方面，国内尚未形成一套比较标准的管理模式，姜宏青、王硕（2012）通过对选取 28 个样本地区的地方政府管理制度进行分析，提出省级政府债务管理制度的内容框架；刘煜辉、沈可挺等（2011）认为，要想彻底改变当前地方政府融资模式，应该构建一个以市政债券市场为基础的多元化的地方政府公共融资模式，促进地方政府债务的显性化和透明化；考燕鸣、王淑梅、马婧停（2009）则认为，地方政府债务的管理应该重视其绩效。

4. 对国内外研究成果的简要评述

总的来看，学术界对地方政府债务问题进行了积极的研究，具有一定的高度和深度，取得了丰硕的成果，对我国地方政府债务管理发挥了重大作用。但上述研究多未从地方政府债务风险指标体系建构、城镇化与地方政府债务关系、地方政府债券发行等角度进行探讨，值得一提的是，鲜有学者对探索新型城市化融资（PPP）模式进行论述。

本书研究立足于分析地方政府债务现状、分析其发生原因以及对经济生活产生的影响，积极探索新型城市化融资（PPP）模式的作用、特点、操作模式等，借鉴国内外典型城市化融资（PPP）模式的成功经验，尝试分析 PPP 模式在我国城镇基础设施、教育、养老服务等方面的应用及前景。

1.3.2 公私合作（PPP）的国内外相关文献综述

公私合作制又被称为公私合作伙伴关系，已受到世界各国的关注和青睐。虽然在国内外的研究时间不长，但是研究领域已颇为广泛。

1. 公私合作领域

2012 年 7 月，国务院公布了《国家基本公共服务体系“十二五”规划》，其中提出创新供给模式“在坚持政府负责的前提下，充分发挥市场机制作用，推动基本公共服务提供主体和提供方式多元化，加快建立政府主导、社会参与、公办和民办并举的基本公共服务供给模式”，其中基本公共服务主要包括保障基本民生需求的教育、就业、社会保障、医疗卫生、计划生育、住房保障、文化体育等领域的公共服务，广义上还包括与人民生活环境紧密关联的交通、通信、公用设施、环境保护等领域的公共服务，以及保障安全需要的公共安全、消费安全和国防安全等领域的公共服务。

（1）城市公共品领域

陆彩兰、吉万年（2007）指出，城市公共品的融资需要依赖公共部门与私营部门的合作（PPP）模式解决公共品领域的难题，这是世界基础设施领域兴起的一种新的经营模式；萨瓦斯（2002）认为，PPP 的存在基础是合同、特许权协议和所有权归属。因此，基于 PPP 模式可以进行城市公共品的多种模式变体和再组合。

（2）教育领域

孙学玉、周义程（2004）通过对我国高等教育的供给分析认为，我国应最大限度地构建多元主体并存的高等教育供给体制，通过公私合作等方式创建新体制；周玲（2016）从“准公共产品”特性角度，阐述了教育并非一定要由公共部门生产和直接提供，其可以通过公共部门完成（公立学校）、私人部门完成（民办学校）、公共部门和私人部门共同完成（如公办托管、校舍 BOT、服务外包）；熊慧平（2015）指出，高职领域 PPP 模式机制可推动高职教育发展，推动人力资本培育，成为促进经济转型升级的重要抓手和切入点。

(3) 基础设施领域

王俊豪（1997）、迟福林（2003）指出，鼓励和支持民间资本、外来资本投资基础设施领域可以打破其发展瓶颈和拉动投资增长；邓淑莲（2001）通过对基础设施私有化效果进行的实证分析表明，基础设施私有化可以解决公共基础设施的缺陷、筹资、技术进步和价格改革问题；王广起（2006）则从有效市场假说角度对公用事业（基础设施）提出竞争解决方法；张馨、袁星侯（2000）认为，公共基础设施领域需要建立以收受为主的成本补偿机制，实行与投资多元化相配套的多样化经营；方士华等（2000）指出，只有在政府主导下建立产业化、社会化和市场化的基础设施运作机制，才能有效解决我国基础设施发展的资金不足和效率低下问题。

2. 公私合作模式

谢伟东、何雯（2006）通过对北京地铁 4 号线和深圳地铁 4 号线分析指出，政府与社会投资者组建的特许经营公司签订特许经营协议，在一定业务范围内政府负责按招投标制度组织建设，特许经营公司通过私人投资、向公众投资者募集或举债等方式筹集资金，项目建成后，特许经营公司以租赁形式取得部分资产的使用权和收益权，政府享有所有权但无对等的收益权。

何愈（2005）通过对城市物流规划的分析，针对中国现阶段城市物流规划出现的目标不明确、缺乏评价体系、盲目建设物流园区等问题，提出尝试借鉴国外城市物流项目规划和建设经验，组织各级政府部门及公共组织参与到规划制定中，尽可能包括所有类型的物流参与者，将公私合作模式应用于城市物流规划是有效的解决途径之一。

肖葱、赵昌文（2008）指出，政府为了促进环境服务领域运用公私合作模式，需要建立宏观政策框架，包括直接支持地方政府开展公私合作模式（明确地方政府和私人部门的责任分工、公开竞争招投标等），给予融资、降低风险、组织协调等外部环境建设的政策支持，同时建立合理的定价规则和收费制度。

钱圣（2012）认为，在农地整理项目中，可以采取两种运作模式：一是实行投资企业与农村集体组织和农户签订土地租赁合同，将土地规模化经营收益在农村集体组织和农户间根据合同约定的比例进行分配；

二是农地整理后新增耕地面积获得的部分收益，政府按照与投资企业签订的投资回报率分配给投资企业作为投资回报。

岳宇君、吴洪（2012）在对荷兰、意大利、新西兰和美国电信业的公私合作模式的情况作了介绍后指出，我国电信业发展的几点启示：完善法律法规、选择合适的PPP类型、建立合理的定价机制、设计合理的风险分担机制等。

3. 公私合作的投资和风险

PPP模式是一种新型的项目融资模式，发展PPP模式可以节约财政资金、降低项目风险、转变政府职能、提高资源使用效能和建设运营效率。风险共担和利益共享是公私合作应遵循的基本原则之一。

王联备、苏志欣、邢文祥（2006）通过对基础设施投资进行分析得出，基础设施投资决策应遵循风险分担、利益共享基本原则；刘新平、王守清（2006）在阐述风险分担原则时指出，风险偏好较大一方应该承担风险，才能实现风险和收益的对等化分配；Bettignies J. 等（2008）认为，项目风险管理应进行风险预警，降低、转移意外事故的处理；Grimsey & Lewis（2002）认为，政府最有能力控制整体风险；涂铭、汪宵（2007）在对合理风险分担机制阐述时表明两点：一是尽量降低风险发生概率以吸引各参与方参与项目建设；二是各参与方有能力控制和分担风险以保证项目目标实现。

杜莹冰（2014）指出，私营部门与公共部门在PPP模式中各自承担的风险不同，私营部门应该承担建造、运营和技术等风险，公共部门应该承担政治、法律和政策等风险；张平（2015）认为，政府或公共部门与私人部门应该合理分配各自承担的风险，具有风险控制能力的各方应该承担各自能够承担的风险；M.H.Sobhiyah 等（2008）认为，承担风险的一方应该是最有能力控制成本的，政府部门应同私人投资者签订协议对社会政治、经济、法律和不可抗力等非市场风险因素提供担保，并且各方承担的风险与其所获收益需匹配。

公私合作的PPP模式能否成功，在很大程度上取决于项目风险的合理分担，学者们普遍认为应该按照风险管控最佳的原则确定公共部门和私人部门各自承担的风险，并按照一定的模型进行分配。

4. 对国内外研究成果的简要评述

国内外学者对公私合作的领域、模式、投资和风险管理等进行了研究，但文献仍存在研究缺陷。

（1）公私合作领域研究有限

国内外学者在对公私合作模式的领域进行研究时，多数集中在盈利能力比较强的基础设施，如城市公共品、轨道交通、医疗、土地整理、物流规划、环境保护等，较少对介于公共产品与私人产品之间的准公共产品进行研究。

（2）公私合作的项目运营方式

现有文献主要是按照项目建设的顺序进行研究，较少对项目交易方式进行研究。更为重要的是，很少考虑到经济结构调整对公私合作项目运营的不确定性影响。运营的盈利能力也是影响到公私合作模式能否顺利推行的主要因素，目前也鲜有学者对其进行系统深入的研究。

（3）公私合作的政府行为

对公私合作模式中的融资研究多集中于政府的财政担保，缺少对风险的研究。目前，企业资本参与 PPP 模式的意愿不强，究其原因是各相关部门之间缺乏有效协调和统筹规划，缺乏相关的法律法规，其他领域的结构性改革给 PPP 模式的推广带来的不确定性等都是影响公私合作模式能否顺利进行的因素。而上述问题，在现有文献中很少有人研究。

综上所述，鲜有学者对盈利能力不足的准公共项目进行融资理论研究，即便有研究，也局限于 BOT 运作模式，也并没有详细阐述 PPP 模式中的政府职责与行为。因此，本书在地方政府融资缺口中，引入新型城市化融资解决公共产品和服务的供给需求问题。

1.4 研究意义与研究内容

1.4.1 研究意义

1. 有利于加速城市基础设施建设进程

快速的城镇化建设导致了城市基础设施建设资金的严重缺乏，有效的地方政府融资方式对城镇化进程具有巨大的推动作用，且可以实现资源配置的帕累托最优，推动城镇化健康发展。同时，我国的分税制财政体制导致地方政府财权与事权的不匹配，以及地方政府主体税种和税源的匮乏，可以通过寻找多种渠道的融资形式得到缓解。

2. 拉动内需与改善民生

2008 年席卷全球的金融危机以及后危机时代，地方政府融资为保持中国经济平稳增长和促进社会和谐稳定作了一定的贡献。据统计，2009 年 70%的基础设施建设的资金来源是地方政府通过设立融资平台进行筹集，重点投入到教育、医疗、节能减排、生态建设、工业等领域。

3. 探索地方政府融资方式

从我国地方政府融资发展趋势来看，受到基础设施融资周期长和收益慢的特征影响，地方政府对政府预算资金以及银行长期贷款的依赖程度必然会逐渐下降，继而转向信托、股票市场等其他长期债券融资方式，通过借鉴国外成功的地方政府债务管理经验，提出阳光化、透明化的可行路径解决地方政府的债务问题。

4. 避免地方政府债务风险

通过研究我国地方政府债务问题以及探索地方政府的新型城市化融资，可以避免地方政府的债务危机引发我国乃至全球的债务危机，有利于地方政府对债务问题的合理把握与风险化解，有利于维护人民权益。

1.4.2 研究内容

本书共分为 10 章。在对研究背景、研究对象进行基本阐述后，对国内外研究文献进行综述，进而得出本书的研究意义与研究内容。由于地方政府融资缺口是一个十分现实的问题，并且多年来一直困扰地方政府。加之《新预算法》的颁布以及融资平台的改变，地方政府出现了大量的融资缺口。本书系统阐述地方政府融资和公私合作的理论基础，借鉴了国外地方政府债务的典型案例，以期能够对我国地方政府融资方式的转变提供一定的参考。

地方政府的融资实践与融资环境令人担忧，包括地区经济运行、地区金融生态环境、地方政府现状等都成为影响我国地方政府融资的因素，同时，地区金融、地方政府融资与政府债务的关系更是扑朔迷离。因此，本书提出解决地方政府融资缺口问题的一个新的途径，即进行新型城市化融资，即公私合作模式（PPP）。为确保新型城市化融资在我国顺利实施，本书试图通过已有的成功案例和失败案例进行经验与教训分析。同时，对城镇基础设施、教育、养老和卫生服务等方面涉及的公私合作模式（PPP）进行了详细的介绍。

最后，本书对新型城市化融资（PPP）进行了政策建议方面的阐述，并提出本书的研究结论和研究展望。

1.5 研究思路与方法、主要创新之处

1.5.1 研究思路

本书围绕地方政府融资缺口这一主题，按照以下思路进行研究：第一，阐述研究背景、研究意义以及国内外研究文献综述；第二，阐述国外典型的融资案例并总结经验；第三，详细分析我国地方政府融资环境与融资实践；第四，以城市基础设施、教育、养老和卫生服务等方面的国内外典型案例为分析出发点，总结出成功的经验和失败的启示；第五，重点介绍我国新型城市化融资的政策建议。

1.5.2 研究方法

本书运用经济学、管理学、人口学、社会学、统计学等诸多学科知识，将理论研究与实证分析、典型案例研究与统计分析相结合，具有以下特点：

1. 理论研究方面

查阅了大量的国内外文献，吸收了福利经济学、收入再分配理论、政府父爱主义理论、公共产品理论、公共管理理论以及保险理论等几种理论流派的主要成果，试图建构一个适合我国国情的农村社会养老保险的制度框架，在此之前采取大量的基础理论作为支撑和铺垫。

2. 经验实证研究方面

规范分析与实证分析相结合，这是因为任何政策主张都或明或暗地以某种实证理论为支撑，规范分析（应该怎样）多数情况下以对事物本身的认识（是什么）为基础，实证分析的偏差将直接导致政策选择的错误，只有将两者完美地结合才能达到理想的分析效果。本书通过分析我国现行的"老农保"和"新农保"的现实情况，寻找各自的利弊，以期建立一个以某种理论为支撑的农村社会养老保险制度框架。

3. 在方法论上侧重个人主义与整体主义方法相结合

本书在分析典型国外农村社会养老保险制度供需矛盾中，以我国农村社会养老保险的制度设计为分析出发点，引入政府管理机制和民生财政理念对参与农村社会养老保险的途径和方案进行权衡比较，以做出"理性选择"，实现个人主义和整体主义方法相结合。

4. 分析方法方面

本书采取了多种分析方法：演绎法，即运用抽象假设前提进行一系列的理论的推导；归纳法，即通过研究诸多国家的实际操作案例对比归纳出一系列的结论；比较法，通过国别之间横向比较以及本国时间上的纵向比较得出一系列的结论；实证分析法，介绍国内养老保险试行情况；同时采用了博弈论分析法，研究个体如何在错综复杂的相互影响中得出最合理的策略等分析方法。

1.5.3 主要创新之处

1. 多学科阐述地方政府融资缺口问题

从经济学、社会学、政治学等多个视角，对我国地方政府融资缺口问题进行了较为系统和全面的研究，属于多学科的交叉研究，具有一定的开拓性。提出在保障消费者利益（即满足公共服务）条件下建构具有中国特色的新型城市化融资方式及体系是当务之急，势在必行。同时，把我国地方政府债务及融资缺口问题置于科学发展观的背景下，进行深入剖析与论证，并初步得出如下结论：政府财政缺少足够的财政支持、地区金融环境发展不均衡以及传统融资方式出现不利因素的情况下，寻找新型城市化融资（PPP）模式，可以有效化解地方政府债务危机，满足地方政府融资需求。但是，新型城市化融资（PPP）模式的融资效用、困境、前景与风险都是亟待研究与解决的问题。

2. 多方法阐述地方政府融资缺口

在建设和完善新型城市化融资体系的实践中，为研究城市化融资缺口，选择了部分典型地区作为实际案例进行分析，将个性和共性问题进行横向与纵向比较，对我国地方政府融资面临的供需困境、特定概念、制度设计和变革等问题进行全面论述，采取比较分析法与归纳法等分析方法对地方政府融资过程中的制约条件和有利因素进行剖析，全面、系统、完整地论述新型城市化融资（PPP）模式的优点和局限性，重点从城市基础设施、教育、养老和卫生服务等公共产品角度论述新型城市化融资方式的成功经验与教训，进而建构具有中国特色的新型城市化融资方式及体系。

3. 注重可持续发展的新型城市化融资体系建设

在总体目标确定情况下，突出对可持续发展的新型城市化融资方式进行短期安排，如城市基础设施、教育、养老和卫生服务等公共产品领域。这种具备可测性、可控性和相关性的短期制度安排化解了充满挑战和机遇并存的新型城市化融资之路的危机，为最终建立可持续发展的新型城市化融资体系提供重要保证。

4. 基于财政政策视角解决地方政府融资缺口问题

新型城市化融资方式及体系建构在目标上是为了满足消费者的公共需求，全书以政府责任和财政职能为主线，从满足公共产品和服务需求的视角研究新型城市化融资方式及体系问题，强调各级政府的主导责任和政府财政的“最后承担者”作用。

1.5.4 可能存在的不足

囿于作者水平和精力有限，本书仅对新型城市化融资（PPP）模式的优点和局限性进行了试探性的总结和探究，也仅从城市基础设施、教育、养老和卫生服务等公共产品领域举例说明新型城市化融资方式的可行性。本书可能存在的不足之处如下：

1. 新型城市化融资的效用评价与困境

地方政府融资缺口的弥补是一项普惠国民的、满足公共服务需求的重要课题，在借鉴国内外先进经验以及吸取国内外教训的摸索和实践中，每一类公共服务需求的满足都存在着需要着重解决的难题，诸如项目合作机制、项目合作融资、项目合作监管等，而这些难题对于最终的新型城市化融资体系建构都至关重要。那么，作为赋有主导责任的政府应该如何解决阶段难题进而实现最终目标呢？

2. 新型城市化融资的前景与风险

本书从现行的 PPP 项目的经济可行性角度做了讨论和求证，但尚未涉及我国其他公共产品与服务的提供领域，未对如何进行合理的 PPP 项目监管与融资进行测算和追踪。因此，在公司合作伙伴关系中，项目联合体与政府应该居于什么地位和承担什么主体责任，如果出现项目合作失利双方应该如何化解等都尚不明确。

1.5.5 需要说明的问题

本书重点介绍城市基础设施、教育、养老和卫生服务等公共产品和服务的公私合作的优点与局限性。

第 2 章　地方政府融资和公私合作相关理论基础

2.1　地方政府融资的理论基础

2.1.1　财政分权

财政分权是指中央政府赋予地方政府一定的税收权利，同时地方政府拥有税收管辖、预算执行等方面的自主权，以促进地方政府更好地为社会提供公共产品和服务。1994 年分税制改革之前，我国地方政府对中央政府高度依赖。分税制改革之后，财政分权的存在使地方政府拥有了较为独立的财政支配能力。同时，也具备了同中央政府博弈以及与其他地方政府竞争的能力。财政分权的存在，产生了以下结果：首先是导致了地方政府收入的减少以及需要承担更多的职责，但也赋予了地方政府更多的预算软约束。地方政府为了增强自身竞争力，追求自身利益最大化，会通过借债或融资等负债方式来发展地方经济。在没有实行《新预算法》之前，地方政府负债的最后承担者是中央政府。因此，预算软约束越高，地方政府越具有发债冲动；其次，将GDP作为主要政绩考核指标会加剧地方政府融资意愿。为追求政绩最大化，地方政府在税收收入不足以支付经济发展成本时，就会选择负债方式去争夺人才、资本等稀缺性生产要素。综上所述，现行财政分权体制加剧了地方政府融资行为，导致地方政府不断扩大债务规模，进而负债融资成为地方政府资金的重要来源途径之一。

2.1.2 公债陷阱

根据利维坦假说，地方政府的行为产生是基于自身利益最大化，包括财政收入最大化与政府规模的无限制膨胀。因此，地方政府将会选择一个既可以实现自身利益最大化又不至于伤害地方政府短期税基的做法，即发行公债。公债是指由地方财政统一发行的政府债务，它是国家公债制度的重要组成部分。在地方政府发行公债过程中，容易产生“公债陷阱”。由于地方政府名正言顺地具有发行公债的权利，无形中增大了地方政府的自主权，加之地方政府负债可以看做是后移征税时间，未来纳税人也并不能参与到当期的政府决策，在地方政府只顾眼前利益情况下，其结果有可能是地方政府不切实际的乱发债，带来债务规模的不断扩张，进而加深了地方政府债务风险。其次，地方政府负债的主要使用方向是进行基础设施建设，当期望突出当期“政绩”时，地方政府倾向于多发公债与过度负债，如果地方政府决策者缺乏专业知识或分析预测能力，有可能导致项目投资失败，进而形成潜在的债务风险。此外，如果某些地方政府官员非法寻租，则主观上的腐败问题也会加剧地方政府债务风险。当下级政府遇到债务危机时，中央政府则承担了最终的清偿责任。在这种情况下，地方政府逐渐陷入债务风险与债务危机中。

2.1.3 公共产品属性

城市基础设施、教育、养老和卫生服务等公共产品具有公共产品属性，决定了其通过负债方式进行融资优于其他融资方式。

1. 非竞争性与非排他性的属性影响

根据公共产品的分类，那些具有完全非竞争性与非排他性的公共产品需要政府提供，并且不能向消费者收取费用，或者那些准公共产品也需要政府提供，一般情况下难以向消费者收费。当政府财政收入难以满足地方性公共产品提供时，负债就成为地方政府解决资金短缺问题的良好方式。

2. 投入与收益的不匹配

部分公共产品在投入与收益上存在不匹配现象，这也是导致了地方政府融资的一个原因。从时间上看，基础设施等公共产品的投入一般需要较多的资金，并且收益期也较长，如果由当期纳税人承担投入成本，其只能获享其中很小的一部分收益，则显得有失公平；从受益主体看，这些公共产品的收益时间较长，当期纳税人承担了成本，而受益的则是后续几代人。更为重要的是，如果依靠当期纳税人承担建设成本，则过高的税率势必会影响本期经济发展。所以，通过适度举债、分期偿还可以使公共产品在各代际之间进行合理分配，从而使地方政府融资方式具有一定的理论基础和现实的可行性。

2.2 公私合作的理论基础

2.2.1 公共产品理论

1. 公共产品的含义

关于公共产品的定义在经济学领域已经有了广泛的认识与运用，但是想要对公共产品的定义给予一个精确的表述是很困难的。其原因主要有两个方面：一是经济学家对公共产品有不同的理解，二是公共产品包括的范围非常广泛，并且不同的公共产品在需求与供给方面都存在着极大的不同。

本书主要采用以下几位学者的观点，来介绍公共产品的定义：

（1）萨缪尔森的定义[①]

按照萨缪尔森的观点，公共产品是所有成员集体享用的消费品，社会全体成员可以同时享用该产品，而每个成员的消费都不会减少其他社会成员对该产品的消费。

（2）奥尔森的定义[②]

奥尔森在《集体行动的逻辑》一书中指出，“任何物品，如果一个集团，……中的任何个人能够消费它，它就不能适当地排斥其他人对该产品的消费，则该产品是公共品”。换句话说，该集团或社会是不能将那些没有付费的人排除在公共品的消费之外的，而对非公共品，这种排斥是能够做到的。

（3）布坎南的定义

布坎南在《民主财政论》一书中指出，“任何集团或社团因为任何原因通过集体组织提供的商品或服务，都将被定义为公共产品”。按照这一定义，凡是由团体提供的产品都是公共品。“某一种公共产品只可以使很小的团体（如两个人的小团体）受益，而另外一些公共产品却可以使很大的团体甚至全世界的人都受益”。[③]

虽然不同学者对公共产品有不同的定义，但是所体现的内容具有共同特性，即消费的非排他性、非竞争性以及效用的不可分割性。基于上述特性，公共产品的私人供给是低效率的，主要表现在两个方面：一是供给不足，主要原因是无法将其他消费者排除在外，具有正的外部效应的公共产品并不能够从其他外溢的受益者那里收取任何费用，因此也就影响了私人供给该产品的积极性；二是利用不足，主要原因是私人提供产品追求的是经济效益，那么一定是通过收费来限制一部分对公共产品的消费，而收费则会限制公共产品的利用效率，进而损失社会福利。

2. 公共产品的分类

为分析问题方便，此处仅对公共产品分类做以简单介绍。在介绍时，借鉴黄恒学（2009）《公共经济学》中的分类方法，其将公共产品

① 黄恒学. 公共经济学［M］. 2版. 北京：北京大学出版社，2009：92.
② 奥尔森. 集体行动的逻辑［M］. 陈郁，等，译. 上海：上海三联书店，1995：13.
③ 布坎南. 民主财政论［M］. 穆怀朋，译. 北京：商务印书馆，1999：20.

分为三类：

（1）纯公共产品和准公共产品

纯公共产品是指具有非排他性和非竞争性的公共产品，如国防、司法、治安等。准公共产品是指俱乐部产品和共同资源。俱乐部产品是指消费时具有非竞争性，但可以轻易做到排他性，如收费的高速公路等。共同资源是指消费时具有竞争性，但无法做到有效排他性，如公共牧场。

（2）混合产品和公共中间产品

混合产品是指具有较大范围的正外部效应的私人产品，或者说是同时具有公共产品性质和私人产品性质的产品，具有不完全的非竞争性和非排他性，如教育、卫生等。公共中间产品是指未被最终消费，而是被用作投入，进入生产过程的公共产品。由于这类产品不在本书讨论范围内，所以在此不赘述。

（3）全国性公共产品和地方性公共产品

全国性公共产品是指整个社会共同消费的公共产品，如国防等。地方性公共产品是指只有居住在特定地区的人才能消费，个人可以通过选择移居来选择个人所需要的公共产品。

3. 公共产品提供的均衡模型

（1）庇古模型

英国著名经济学家庇古运用功利主义方法分析认为，公共产品应该持续提供到最后一元钱所得到的正边际社会效用等于为最后一元钱的公共产品而纳税的负边际效用相等时。

在图 2-1 中，GG 表示公共产品提供带来的正边际社会效用，TT 表示为提供公共产品而纳税所带来的负边际社会效用，NN 表示两者相抵之后的边际社会净效用。在该图中，点 A 是公共产品提供最佳数量所在之处。该点满足 AC=AC′，这时，NN 为零。庇古模型给出了一个人对公共产品提供水平需求的决定条件，也表明了公共产品提供的条件：个人对公共产品消费的边际正效用等于纳税的边际负效用。

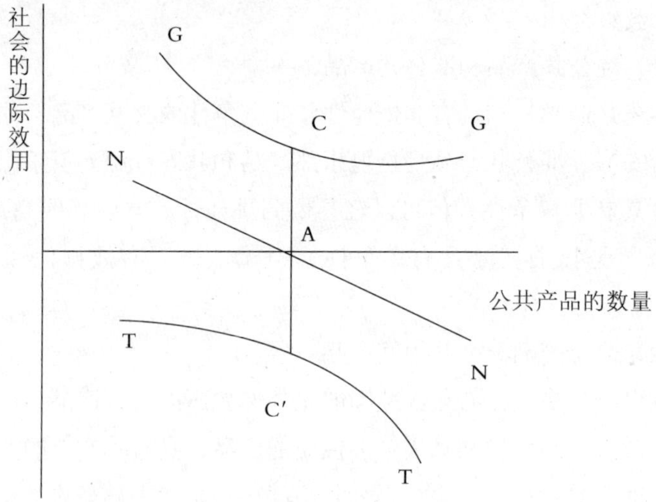

图 2-1　庇古的公共产品提供图

（2）鲍温模型

如图 2-2 所示，A、B 对公共产品的需求曲线分别为 D_A、D_B。需求曲线 DD 与公共产品的供给曲线 SS 相交于一点，此时市场均衡价格为 P，均衡数量为 Q。在公共产品需求和供给中，每个人都是数量的接受者，那么，A 和 B 消费的公共产品的数量都是 Q，但 A 支付的价格是 P_A，B 支付的价格是 P_B，且 $P=P_A+P_B$。对于公共产品的价格而言，它等于边际成本，但这个边际成本是 A 和 B 所支付的价格之和，即 $P=MC=P_A+P_B$。

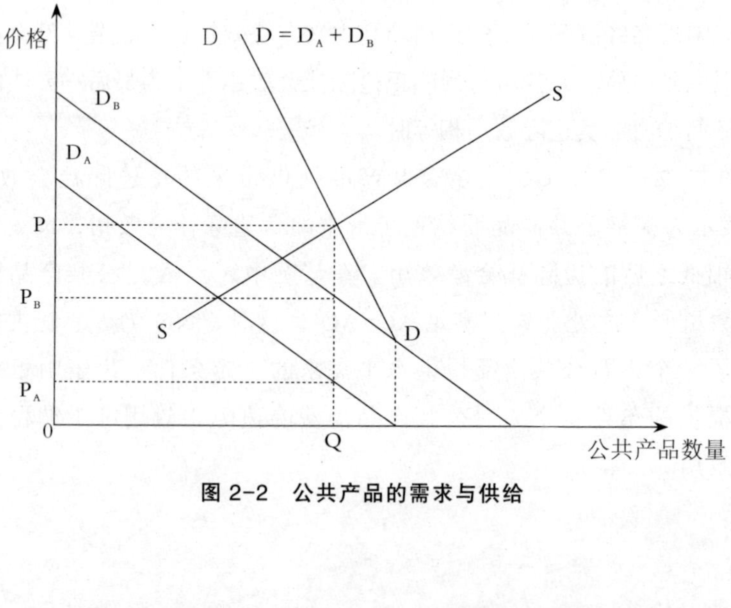

图 2-2　公共产品的需求与供给

在图 2-2 中，向下倾斜的需求曲线是虚拟的，表明个人的公共产品的边际效用也是递减的。在此，可以得出纯公共产品的有效供给必须满足以下条件：

（1） $\sum$个人价格 = 边际成本

（2） $\sum$边际替代率 = 边际成本

（3） $\sum$边际评价 = 边际成本

上述庇古和鲍温模型仅限于公共产品的局部均衡分析，即单个公共产品的情况。

4. 政府提供公共产品的理论依据

基础设施、城市公用品、教育、养老服务等公共产品在经济运行中，需要政府的经济政策来提供。

从属性上来看，多数公共产品[①]的性质不具备个人的独占性，而是具有全社会共享的特点。在提供不同种类的公共产品时，需要按照利润最大化原则有效率地配置资源，需要实现某种程度的由政府向社会公众无差别提供的普遍服务。单纯依靠市场机制肯定无法保证产业的普遍服务性质，需要政府对其产业进行微观干预。

从生产技术特征来看，部分公共产品如基础设施、教育、养老、卫生服务等具有同竞争性产业不同的技术特点，可以引起自然垄断。具有非竞争性的公共产品所提供的服务，在成本固定情况下，随着产出增加平均成本呈下降趋势，呈典型的规模经济性。同时，部分公共产品也高度依赖范围经济，单个提供者提供两种或两种以上的公共产品时成本较低。因此，自然垄断就产生了，政府规制也就要随之跟上。

从资本投入来看，多数公共产品的生产具有投资大、收益周期较长的特点。这意味着，当一项公共产品在尚未提交使用之前，其已支付大部分成本，如果该公共产品后期并未投入使用或投入使用的时机不当，很可能造成公共产品的中途停产。因此，单纯依靠市场机制进行资源配置极易出现不经济问题，政府监管则顺势产生。

① 公共产品分为纯公共产品、准公共产品和视同公共产品等三大类。

2.2.2 公共治理理论

公共治理理论产生于20世纪90年代，根据陈振明、薛澜(2007)，公共治理理论重点关心如何在日益多样化的政府组织形势下保护公共利益以及如何在有限的财政资源下以灵活的手段回应社会的公共需求[①]。公共治理是指政府在具体的社会背景下，弥补和纠正市场失灵，但是仅仅依靠政府的层层计划和行政命令等手段也无法达到资源配置优化，无法促进和保障公民的政治权利和经济利益，所以必须引入第三方共同治理国家和社会。

1. 公共治理理论产生的原因

国内外许多学者对公共治理理论的产生进行了诸多研究，基本认为“市场失灵”和“政府失灵”的存在是公共治理理论产生的主要原因。在自由资本主义时期，亚当·斯密的自由主义经济理论在市场经济中起主导作用，他主张社会资源配置主要依靠市场，政府的职能应该是担当“守夜人”的角色，但此理论带来了诸多的社会弊端，如频频爆发的经济危机、持续扩大的贫富差距、日益尖锐的社会矛盾等，宣告了在这种“自由放任”的市场经济条件下的“市场失灵”，即市场缺陷导致了无效率的资源配置。于是，政府作为干预经济和社会公共事务的思想和行为开始盛行，随之政府事务不断增多，导致了行政权膨胀和政府职能的扩张，出现了一系列的“政府失灵”，即行政权膨胀、政府职能扩张、政府财政赤字扩大、行政效率低下以及政府信任度下降等管理危机。在面对“市场失灵”和“政府失灵”的情况下，以英国为代表的各国开始陆续掀起了公共部门绩效管理改革，主要目的是削减政府职能，围绕效率战略不断推进绩效管理改革，逐步实现由“官僚文化”向“管理文化”转变，使政府由“全能政府”转变为“小政府”，由“无限政府”转变为“有限政府”。虽然这次改革运动引入了市场规则有效地激励了公共部门积极提高服务质量和服务水平，但是在市场主义基础上过分强调市场机制和私人企业的作用，

① 陈振明，薛澜. 中国公共管理理论研究的重点领域和主题［J］. 中国社会科学，2007（3）：140-152.

忽视了公共事务管理和私人部门管理的差别，导致实践中再次产生诸多失灵现象。于是，以治理机制弥补“市场失灵”和“政府失灵”的缺陷的“治理”理论便产生了。

2. 公共治理理论对公私合作的理论支撑

现代意义的“治理理论”产生于对政府与市场、政府与社会、政府与公民这三对基本关系的反思过程中。“治理理论”强调在管理过程中，政府不是唯一的活动主体，而是重点强调政府与公民之间的交流与合作，还包括除政府体制之外的社会公共机构和行为者。“治理理论”所寻求的是政府、社会与市场三者之间的合作与互动，它追求的目标是实现公共利益最大化，其本质是政府与公民对公共生活的合作管理。那么，在治理过程中，除了政府之外，其他社会力量可以承担公共行政职能，即公共行政主体的多元化，包括公共机构、私人机构、社团组织等。在公共行政的很多方面，就可以通过政府与市场合作的“治理”方式来进行管理，这种方式打破了公共部门和私人部门的桎梏，将双方的互动纳入公共产品和服务的生产和提供领域，实现了国家与公民的合作、政府与非政府的合作、公共机构和私人机构的合作。在公共治理理论视角下，行政任务可以由行政机关、公共机构和私人机构，通过公私合作或授权、委托等形式完成，即行政任务的公私合作。因为，公共治理理论促进了现代意义上的公私合作关系的产生。

2.2.3 公共选择理论

1. 公共选择理论的内容

作为当代西方经济学的一个分支和现代政治学的一个重要研究领域，公共选择理论产生于 20 世纪 60 年代的美国。根据黄恒学（2009）阐述，公共选择理论是以现代经济学的基本假设（即所有个人都追求自身利益的最大化）为前提，依据自由的市场交换能使双方都获利的经济学原理分析政府的决策行为、民众的公共选择行为及两者关系的一种理论流派。公共选择理论表现出如下特点：政治过程作为某种特殊的“经济活动”；“生产者”是政府；“消费者”是选民；“货币”是选票；“市场制度”是选举制度。在实际运行中，政府作为公共产品生产单位出现了许多问题，如效率低下、官僚腐败等，即出现了“政府失灵”，究其原因主要如下：

（1）官僚机构的缺陷

一是官僚机构效率难以测量。政府官僚机构作为公共产品的提供者，其产出具有非市场性。也就是说，政府提供某种公共产品难以进行市场测量。此外，政府从事活动的资金来源主要依靠税收，同样缺乏完善的监督渠道。因此，用普通方法难以衡量政府活动是否具有效率性，政府活动产出的多样性和追求的社会效益性增加了人们对公共部门供给效率的监管难度。

二是官僚机构的双边垄断。在公共产品提供中，官僚机构与公民之间是一种委托与代理关系，但这种契约存在着双方的不对等性。因为官僚机构作为政府的机器，在遵循契约时可以自由选择，而公民没有选择和退出的自由。这也就决定了官僚机构的双边垄断性质：一方面，官僚机构是公共产品提供的唯一单位，具有卖方垄断地位；另一方面，代表全体投票人的政府与具体组成和执行政府事务的行政机关（即官僚机构）之间是供求关系，官僚机构作为生产者总是从政府那里获得预算拨款，具有买方垄断地位。

三是激励机制的缺乏。在官僚机构中，政府工作人员的劳动成果与效率之间缺乏衡量标准，政府给予官员的报酬并非根据其工作绩效，而是根据职位的高低和制度的硬性规定。因此，激励机制的缺乏导致公共机构的运作效率低下。

由于官僚机构自身的缺陷，在提供部分公共产品时导致垄断经营出现，垄断的直接后果是导致产品生产技术低下、成本偏高、质量不过关，造成资源配置损失。于是，公私合作制是公共产品的生产和提供的最佳选择。

（2）政府的经济人假设

在实行政府政策和行为时，政治家（政党）是在追求个人利益或集团利益约束下做最优选择。唐斯对政治家（政党）做出了精辟的阐述：“政党或政治家在选票极大化情况下追求自己利益，而不是追求某种意识形态的目标或者公共利益。”

一是预算最大化是主要目标。对于政治家（政党）而言，预算最大化可以提高金钱报酬，更重要的是标志着这些官员的行政权力和相应的所属机构规模上的扩大。

二是逃避错误。政治家（政党）在处理公共产品上往往从自身利益出发，或被利益集团收买，为避免风险和错误不去考虑选民利益，而是极其重视短期利益。

三是缺乏信息敏感性。在提供公共产品时，供求信息并不是依据市场价格提供的，而且根据政治家（政党）的不同好恶程度影响公共产品的供给水平。

政府作为理性的“经济人”，所提供的部分公共产品存在很多弊端，具体表现在产品供给过剩、机构规模臃肿、运作效率低下等。

2. 公共选择理论与公私合作模式

公共选择理论关注经济政策的制定过程并试图探索关于经济问题的深层次原因。通过上述分析，公共选择理论指出了“政府失灵”的存在，并说明部分公共产品（如基础设施、教育、养老、卫生服务等）由政府全部提供的局限性。由于市场机制存在的“市场失灵”可能需要借助外部力量，这个外部力量就是政府对经济活动进行干预，然而，当政府决策不能改善经济效率或道德上可接受的收入分配时便产生了“政府失灵”。塔洛克和尼斯坎南在布坎南研究的基础上，以官僚经济理论为开端进行了对“政府失灵”的探讨。“政府失灵”的客观存在是可以通过制度变迁进行规避，从而实现资源配置效率性。

3. 公共选择理论为公私合作模式提供了相应的理论基础

政府提供公共产品的双边垄断性以及官僚经济的低效率，导致公共产品的提供缺乏效率性，损害了消费者的利益。为解决“政府失灵”、提高资源配置效率，需要打破基础设施、教育、养老、卫生服务等公共产品的垄断，促进竞争。如果在公共产品提供过程中，将国有企业某种程度的非经济性（即来自政府的行政监督）改变成市场竞争压力，则会提高公共产品提供的效率性。公共选择理论提供了政府部门退出某些生活领域的理论基础。要想打破垄断竞争，提高政府部门的经营效率，就必须引入市场竞争机制，即建立公共机构和私人机构之间、公共机构之间的竞争，给公众“用脚投票”的机会来选择更好的公共产品的生产者，促使地方政府作出民主的经济决策，提供更多质优价廉的公共产品。公私合作模式可以将公共部门与私营部门的各自优点结合起来，发挥私营部门生产的效率性和公共部门监管的协调性，规避“政府失灵”和“市场失灵”，促使政府与市场互相补充。

2.2.4 制度变迁理论

1. 制度变迁理论的内容

制度变迁理论产生于20世纪70年代前后，其旨在解释经济增长的因素之一是制度因素。从经济学意义上解释制度变迁理论，主要指的是支配经济单位之间可能合作与竞争方式的一种制度安排。制度可以视为一种公共产品，它是由个人或组织生产出来的，这就是制度的供给。由于人们的有限理性和资源的稀缺性，制度的供给是有限的、稀缺的。在外界环境变化或自身理性程度提高的情况下，新的制度需求不断产生以实现预期增加的收益。当制度的供给和需求基本均衡时，制度是稳定的；当现存制度不能使人们的需求满足时，就会发生制度的变迁。制度变迁的成本与收益之比对于促进或推迟制度变迁起着关键作用，只有在预期收益大于预期成本的情形下，行为主体才会去推动直至最终实现制度的变迁，反之亦反。

诺思研究发现，决定制度变迁路径的力量来自两个方面：不完全市场和报酬递增（Increasing Returns）。就前者而言，由于市场的复杂性和信息的不完全性，制度变迁不可能总是完全按照初始设计的方向演进，往往一个偶然的事件就可能改变方向。就后者而言，人的行为是以利益最大化为导向的，制度给人们带来的报酬递增决定了制度变迁的方向。诺思接着指出，在一个不存在报酬递增和完全竞争市场的世界中，制度是无关紧要的，但如果存在报酬递增和不完全竞争市场时，制度则是重要的，自我强化机制就会起作用。

2. 制度变迁理论与公私合作模式

制度变迁理论能够更好地解释公私合作模式的制度变迁过程。公私合作模式的产生与发展同制度经济学的逻辑进程是一致的。在19世纪工业化初期之前，基础设施的提供是通过市场机制来完成的，但是受到经济效益的影响，偏远地区设施缺乏、服务价格较高、服务质量较差、歧视性定价以及包括政府腐败在内等多种问题出现，更引人注意的是，较小规模的基础设施供给难以满足消费者需求。为解决这一问题，政府开始介入基础设施生产和提供领域。第二次世界大战后，受到经济危机、凯恩斯政府干预思想以及社会主义国家大规模经济建设的影响，西方国家开始对包括基础设施在内的一些重要行业实行了不同程度的国有化，即基础设施等公共产品由政府投资、建设、运营，成为了具有公益性的行政垄断事业。不过，国有化的基础设施建设出现了很多问题：一方面，政府机构日益庞大、政府投资不足、国有企业运行效率低下以及基础设施营运亏损；另一方面，消费者需求日益多元化，产生了用商业规律约束基础设施等公共产品的生产和销售，从而希望得到更低成本提供的产品和服务需求；加之对稀缺性资源、效率性持续发展的需求，逐渐产生以私营部门市场竞争机制为主的生产和供给。于是，在政府财力难以保证的情况下，消费者的需求与私营部门的投资冲动共同促使了以公私合作模式为主的制度变迁[①]。20世纪70年代末，由于新古典经济理论崛起、信息技术革命以及人们对公共部门的不满，西方国家开始了公共行政改革运动，重新对政府部门和私营部门进行规制以发挥各自的禀赋优势，即政府部门拥有规则制定权力，在市场准入、价格形成、服务监管、督促运营等方面同私营部门之间建立了一种兼顾效率和公平的合作伙伴关系（PPP），这是一种对制度的创新。

基础设施领域中的公私合作模式是一种诱致性制度变迁。这种变迁是从微观开始，并且属于帕累托最优的改进的渐变形式，只有如此，才能推行“私有化—国有化—公私合作”的发展轨迹。市场经济发达的国家较早地经历了基础设施领域的“私有化—国有化—公私合作”的制度变迁，我国作为发展中国家，在基础设施领域长期以来一直坚持政府作为提供者，随着世界经济形势变化、国内经济发展以及工业化、城市化

---

① 格里姆赛，刘易斯．公私合作伙伴关系：基础设施供给和项目融资的全球革命[M]．济邦咨询公司，译．北京：中国人民大学出版社，2010：43.

进程的加快，逐渐出现了公私合作模式。私营部门资本的逐渐增加和政府部门的财政资金不足日益成为公私合作模式在中国发展的外部条件，2000 年后，全国各地真正地开始了大规模推进公私合作模式。但是，我国的公私合作模式不同于以英国为代表的市场经济发达的国家，我国是由政府主动开启制度变迁路径的。政府主动开启公私合作模式的原因是政府运用该种模式可以获得一些原有制度条件下不能获得的收入。我国政府在公私合作模式制度变迁中是作为主体出现的，相应的制度变迁性质也就是一种强制性制度变迁。强制性制度变迁需要包括财力在内的机制相配合，以弥补制度变迁中利益受损群体。因此，我国实行公私合作模式是解决城市融资缺口和公共产品的提供的必然趋势。

2.2.5 新公共管理理论

1. 新公共管理理论的内容

20 世纪 80 年代，一些西方国家政府相继出现政府管理危机，传统的公共行政已经不能适应社会发展与变化，新公共管理理论应运而生。它主张将私营部门成功的管理方法和竞争机制引入到政府公共部门，重视公共服务效率，其重点强调以下几点：在解决公共问题、满足公民需求方面强调必须增强有效性和回应力；在使用公共权利时强调必须实行自上而下与自下而上的统治性权力与自治性权力的交互作用；当政府与公民合作时强调必须双方进行协商与合作；在政府运营时强调必须低成本以及高质量；在进行政府改革时强调必须引进企业管理机制和方法，以顾客和消费者主权为主导，简化政府职能。作为一种新的管理途径，新公共管理理论在经济学和私人部门管理学那里获得了主要的理论支持，致力于改善政府公共服务供给的效率与质量，为公共行政的变革提供一种新的路径。

2. 新公共管理理论与公私合作模式

新公共管理理论主张运用市场参与来改进以政府为主导的管理模式，其体现了国家与社会、政府与市场关系的新格局。在公共管理中引入竞争机制，改变传统的微观经济领域由私人部门承担而公共产品必须由政府承担的局面，在新公共管理理论中重点强调广泛引进竞争机制以取消公共服务供给的垄断性，鼓励私人部门将竞争机制引入到政府公共管理中来，从而提高公共产品和服务供给的质量和效率。在这种理论指导下，消费者（公共产品与服务的需求者）希望政府提供的公共产品和服务、公用事业等更加趋向于实用性与市场效率性，即政府应该根据交易成本理论重视管理活动的产出和结果，关心公共部门直接提供服务的效率和质量，并且能够主动、灵活、低成本地对外界情况的变化以及不同的利益需求作出反应。因此，公私合作伙伴关系的出现，解决了“政府失灵”问题，改善了政府部门绩效。

第 3 章　国外地方政府债务的典型案例

3.1　日本地方政府融资平台

3.1.1　日本地方政府融资平台发展[①]

20 世纪 70 年代后期，日本地方政府开始设立融资平台企业，将民营化引入亏损的铁路线路运作。日本铁路最初是由国家直营，在处处受到国家行政约束的情况下，经营状况不佳，以致于每年亏损额高达 8 000 亿日元。为解决这一问题，日本政府考虑将铁路民营化，但是如果完全实行民营化则有可能导致亏损路线的废除，进而影响到铁路服务的公共供给。因此，日本地方政府组建了“第三部门”融资平台企业，引进了民营企业的先进经营管理手段。20 世纪 80 年代后期和 90 年代，日本地方政府为了解决地区间经济差距问题，加大了以城市道路为主的基础设施建设，迎来了融资平台发展的高峰期。具体

① 王权. 日本地方政府融资平台分析及对我国的启示［J］. 现代日本经济，2014（3）：11-19.

做法是强力推行民营化政策，鼓励各级地方政府通过成立融资平台来有效地提供公共产品和服务。20 世纪 90 年代后期，日本的泡沫经济开始破灭，许多地方政府融资平台企业相继出现经营亏损和债务拖欠问题，金融机构贷款随之增加，进而加剧了地方政府的财政风险。此后，日本政府开始进行融资平台企业改革，直到经过 2009—2013 年的大规模改革，地方政府融资平台企业的困境和地方政府债务风险才得到一定程度地缓解。

3.1.2 日本地方政府融资平台分类

日本地方政府融资平台按照与政府关系的远近顺序，可以分为四类融资平台，其演变情况见表 3-1。

表 3-1 **日本地方政府融资平台数量变化**

类 别	2003年	2004年	2005年	2006年	2007年	2008年	2009年
地方公营企业	—	10 979	—	9 317	9 210	9 096	—
独立行政法人	—	—	—	8	27	38	44
地方三公社	1 654	1 590	1 392	1 227	1 205	1 175	1 150
第三部门	8 457	8 357	8 217	7 973	7 775	7 686	7 535
总计	10 111	20 926	9 609	18 525	18 217	17 995	8 729

资料来源 魏加宁，等. 地方政府债务风险化解与新型城市化融资［M］. 北京：机械工业出版社，2014：408.

1. 地方公营企业

地方公营企业是指以增加居民福利为目的而经营的企业。

2. 独立行政法人

独立行政法人是指由地方政府全额出资的独立法人，其拥有与地方政府相对独立的法人资格，用以承担事务或事业，目的是提供高效的行政服务，包括一般地方独立行政法人和特定地方独立行政法人。2003 年，日本开始设立独立行政法人，共设立 104 家[①]，91.35%的法人涉及

① 总务省自治财政局公营企业课. 关于第三部门等的状况的调查结果［R］. 总务省，2013.

教育文化、社会福利、保健医疗领域。

3. 地方三公社

地方三公社是指依据各相关法律由地方政府全额出资设立的独立法人，包括地方住宅供给公社、地方道路公社、土地开发公社。

4. 第三部门

第三部门是指由地方政府出资，同时又相对独立于地方政府的企业，其具有独立的法人资格，并且与公社不同的是其也有民间资本出资，包括民法法人和商法法人。

3.1.3 日本地方政府融资平台资金来源

1. 出资情况

根据王权（2014），地方独立行政法人和地方三公社为政府全资，第三部门资金则由政府和民间共同出资。根据日本总务省统计资料显示，在所有第三部门中，地方政府出资比例为 52.53%，其中，民法法人中地方政府出资比例为 68.17%，商法法人中地方政府出资比例为 47.09%。如果法人的公共性较强，则地方政府出资比例越高，其目的是保障公共服务的供给；反之，如果法人的公共性相对不强，则地方政府出资比例越少，民间资金则会较多参与。

2. 财政补助

在地方政府融资平台中，总务省调查了 6 787 个法人，其中，43.2%的法人共得到政府的财政补助 5 452.17 亿日元，地方独立行政法人和民法法人是政府财政补助的主要发放对象，重点扶持教育、文化、社会福利、医疗保健等领域，见表 3-2。

3. 借款

日本地方政府融资平台的主要借款来自于以下两个渠道：

一是来自于地方政府提供的借款，这部分借款主要来自于地方政府的税收、转移支付以及地方债，对象倾向于公共性较强的法人。根据日本总务省 2013 年的调查结果，6 787 个法人中，地方政府向地方独立行政法人中的 42.31%和地方三公社法人中的 31.08%提供了借款，70.82%的金额集中于地方三公社和第三部门中的民法法人。

表 3-2　　2013 年政府财政补助情况一览表　　单位：百万日元

类别	法人总数（个）	接受补助法人数（个）	接受补助占比（%）	财政补助总额
地方独立行政法人	104	101	97.1	244 985
地方三公社	978	232	23.7	51 965
第三部门	5 705	2 598	45.5	248 267
民法法人	3 227	2 039	63.2	212 389
商法法人	2 478	559	22.6	35 878
总　计	6 787	2 931	43.2	545 217

资料来源　总务省自治财政局公营企业课. 关于第三部门等的状况的调查结果[R]. 总务省，2013；王权. 日本地方政府融资平台分析及对我国的启示 [J]. 现代日本经济. 2014（3）：13.

二是来自于地方政府以外的借款，这部分借款主要来自于商业银行贷款。从日本总务省的调查结果看，商业隐含贷款倾向于有政府担保的企业。在 1 916 家贷款企业中，882 家拥有地方政府与金融机构等签订的损失补偿合同（包括地方政府出具债务担保的地方公社），占到 46.03%，见表 3-3。

3.1.4　日本地方政府融资平台的经营与管理

此处重点介绍日本“第三部门”的经营与管理情况。

虽然在经营管理过程中，日本的“第三部门”得到地方财政的扶持，但企业仍存在亏损情况。从表 3-4 可以看出这些企业的经营状况，有一部分企业呈经常性盈利状态，还有一部分企业呈经常性亏损状态，即便在经常性盈利企业中，大多数也是依靠大量的财政支持，包括地方政府部分出资、财政补助、委托费用、贷款，以及各种担保和变相担保等增信支持。

表 3-3　　2013 年日本地方政府融资平台借款情况一览表

类别	全体法人数（个）	接受地方政府贷款			接受地方政府以外贷款			
		法人数（个）	占比（%）	贷款余额（百万日元）	法人数（个）	占比（%）	贷款余额（百万日元）	政府担保企业占比（%）
地方独立行政法人	104	44	42.31	443 794	—	—	—	—
地方三公社	978	304	31.08	1 519 252	578	59.10	4 319 430	94.46
住宅供给公社	47	22	46.81	701 861	30	63.83	786 801	40.00
地方道路公社	36	20	55.56	483 806	33	91.67	1 868 954	100.00
土地开发公社	895	262	29.27	333 585	515	57.54	1 663 675	97.28
第三部门	5 705	531	9.31	3 033 279	1 338	23.45	3 224 462	25.11
民法法人	3 227	255	7.90	2 019 132	413	12.80	1 217 542	46.25
商法法人	2 478	276	11.14	1 014 147	925	37.33	2 006 920	15.68
总　计	6 787	879	12.95	4 996 325	1 916	28.23	7 543 892	46.03

资料来源　总务省自治财政局公营企业课. 关于第三部门等的状况的调查结果［R］. 总务省，2013；王权. 日本地方政府融资平台分析及对我国的启示［J］. 现代日本经济，2014（3）：13.

表 3-4　　2009 年日本第三部门等经营状况一览表　　单位：亿日元

类别		法人数（构成比例）	盈利金额
地方独立行政法人		44	98
		40（90.9%）	112
		4（9.1%）	-14
地方三公社		1 149	420
		680（59.2%）	547
		469（40.8%）	-127
	地方住宅供给公社	54	246
		30（55.6%）	274
		24（44.4%）	-28

续表

类别		法人数（构成比例）	盈利金额
	地方道路公社	42	96
		37（88.1%）	115
		5（11.9%）	-19
	土地开发公社	1 053	78
		613（58.2%）	158
		440（41.8%）	-80
第三部门		6 238	829
		3 924（62.9%）	1 781
		2 314（37.1%）	-952
	社团法人\财团法人	3 631	231
		2 188（60.3%）	660
		1 443（39.7%）	-429
	公司法法人	2 607	598
		1 736（66.6%）	1 121
		871（33.4%）	-523
总 计		7 431	1 347
		4 644（62.5%）	2 440
		2 787（37.5%）	-1 093

资料来源　魏加宁，等. 地方政府债务风险化解与新型城市化融资［M］. 北京：机械工业出版社，2014：424.

3.2　美国地方债制度

3.2.1　美国地方债用途及分类

市政债券、银行借款、融资租赁构成了美国地方政府债务的主要部分，其中，市政债券是美国地方政府债务的主要形式。美国8万多个州、县、镇级地方政府，大多拥有发行地方债权利。在美国实行财政联邦制情况下，各级政府拥有独立财政权利的同时必须相对独立地承担各自地方财政的支出。受到“用脚投票”的影响，在不能发行货币和税收收入有限的情况下，地方政府往往采取发债的形式向社会公众提供公共产品。这些债务主要用于三个方面：为公共资本计划提供资金（用于学校、道路、供排水等）；支持并补贴私人活动（用于学生贷款或工业发展）；为短期周转性支出或特种计划提供资金。

美国地方债的分类方法有很多，本书仅介绍一种分类方法。按照偿债资金的来源和地方政府的还款责任，美国地方债分为一般责任债券和收益债券。

一般责任债券是指以发行机构的全部声誉和信用为担保，并以政府财政税收收入为支持的债券。在归还本金和利息时，地方政府可以使用项目收费收入、地方税收收入等各种资金。当地方政府不能或不愿意筹集足够的资金来偿还本金和利息时，债券持有人可以诉讼至法庭以获得政府或其代理机构的资产。

收益债券是指与特定的项目或是特定的税收相联系的债券。在归还本金和利息时，只能以项目收费收入作为资金来源。当该项目征集的收入不足以偿还本金和利息时，地方政府不能动用其他收入来源进行弥补，债券持有人只能自己承担全部或部分损失。从数量和分类上看，收益债券种类很多，大部分收益债券为公共产品或准公共产品提供资金①。

3.2.2 美国地方债发行主体及流程

地方债的发行主体通常是政府、政府机构（包含代理或授权机构）、债券使用机构，其中，政府和政府机构占发行主体的97%左

① 收益债券是指为政府所有的公用事业和准公用事业以及学校和医院的建设筹集资金。可收费且有收入的公益项目包括：自来水、供电、天然气、高速公路、桥梁、隧道、公共交通、港口、机场等公共设施；医院、养老院、公立和私立大学、私立中小学、博物馆和其他非营利性机构；低收入家庭建筑、首次购房、复员军人住房等福利项目；工业发展特区、污染控制处理等项目；来自烟草诉讼案结案的收入等。

右[①]。政府下属的代理机构或授权机构已经成为了地方债市场的重要发行人。

地方债的发行流程包括：准备阶段；信用评级、保险、托管和批准阶段；营销、销售和售后阶段。

3.2.3 债券银行和州政府循环基金

1. 债券银行的含义

市政债券市场是美国主要的地方政府筹资场所，市场所需要的各种资金都可以通过市政债券市场完成。债券银行是一个金融中介，始于20世纪60年代，是典型的州政府实体机构，其筹资主要用于基础设施建设。它的运行过程是向外界借款后再贷款给当地团体，同时提供贷款补助和技术支持。债券银行的含义在于能够汇集潜在的市政债务以形成投资组合，既可以利用规模经济的优势，又可以分散风险，还可以为小规模信贷打包，以降低融资成本。这种利用组合融资的技术，不同于政府机构贷款，因为其直接同市场相连，政府机构的贷款则不会进入市场。2012年，美国证监会发布《市政债券市场报告》，指出市政债券主要用于公共产品建设方面，以及非政府的私人项目方面。从实际情况看，美国地方政府发行的市政债券主要用于教育、交通、住房、公共设施和社会福利等各方面，而用于基础设施建设方面的比例很小。据统计2000—2007年，美国市政债券发展较快，受金融危机影响，2008年发行规模下滑，2009年在美国国债发行量增长的带动下市政债券发行规模持续上升，2011年受预算压力、财政紧缩等影响，市政债券发行量明显减少，2012年市政债券发行规模快速回升，接近于2008年水平。

2. 债券银行运行框架

地方借款人从债券银行借款，债券银行将政府债券打包，卖给最终投资者即出借人。债券银行的角色是向投资者卖出潜在贷款组合中的未分割份额。美国债券银行运行框架如图3-1所示。

---

① 财政部预算司. 国外地方政府债务管理经验比较与借鉴［J］. 经济研究参考，2008（22）：17.

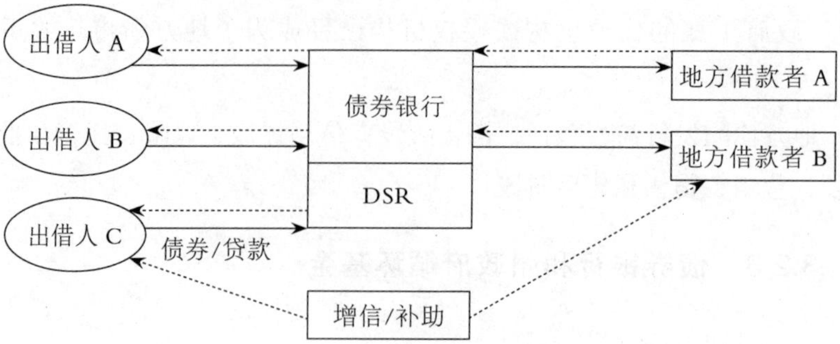

图 3-1 美国债券银行运行框架

资料来源 徐丽梅. 地方政府基础设施债务融资研究［M］. 上海：上海社会科学院出版社，2013（9）：42.

3. 州政府循环基金

州政府的各种各样的金融实体，包括债券银行，都可以运营贷款循环基金。这些基金可以贷款给当地借款人，随后这些基金的贷款偿付又可以借给其他借款人。这样，在代扣款基金上有一个永久的资本基础，贷款基金不断循环，流向新的项目。循环基金的资金来源于州政府或联邦政府拨款，或者州政府提供一个持续的收入流，在可持续基础上支撑着项目运行。美国的州政府循环基金主要用于水污染领域，最近也应用到了饮用水供应领域。

3.3 西欧发达国家地方政府融资

3.3.1 西欧各国地方政府债务现状

1. 奥地利地方政府债务

根据魏加宁、唐滔（2009）[①]的研究，奥地利共有四类公共债务：行政债务[②]、短期借款[③]、或有债务[④]、金融债务[⑤]。具体债务情况见表 3-5。

① 魏加宁，唐滔. 西欧发达国家地方政府的债务融资［J］. 国务院发展研究中心调研报告专刊，2009（81）.
② 行政债务是指与执行地方预算有关的财务负担。
③ 短期借款是指不会对地方预算造成实际影响的临时的流动性收入。
④ 或有债务是由地方政府担保而产生的现实或潜在义务。
⑤ 金融债务是为公共投资筹集资金时产生的中长期贷款和债券。

表 3-5 **奥地利地方政府债务结构**

年 份		1979年	1983年	1985年	1990年	1995年	1998年
1类债务	百万 ATS	25 504	25 589	24 441	24 240	34 691	35 512
	占地方债务份额	51.60%	42.90%	38.97%	33.72%	32.69%	29.33%
2类债务	百万 ATS	15 466	24 143	30 088	40 432	63 081	77 942
	占地方债务份额	31.30%	40.40%	49.25%	56.25%	59.45%	64.37%

注：本表数据不包括维也纳。1 类债务是指 50%以上由预算资金还款的债务；2 类债务是指 50%以上由使用费和“专项支付”偿还的债务。

资料来源 魏加宁，唐滔. 西欧发达国家地方政府的债务融资［J］. 国务院发展研究中心调研报告专刊，2009（81）.

小表 3-5 可以看出，奥地利政府在 1979—1998 年间通过“一般预算资金”安排还款的债务逐年下降，以使用费和“专项支付”作为还款来源的地方债务逐年增加。这表明奥地利地方政府的债务结构以及债务偿还资金来源结构发生了根本性的变化。

2. 比利时地方政府债务

比利时政府于 1994 年开始实行联邦制，全国共分为 10 个省和 589 个市镇。截至 1999 年年底，比利时地方公共债务总额为 6 280 亿比利时法郎（BEF），占全国公共债务 5.8%，其中 5 960 亿比利时法郎（BEF）由地方公共部门负责偿还，其余部分由地方政府与上级政府共同分担。具体债务情况见表 3-6。

表 3-6 **1995—1999 年比利时地方政府债务总额和净余额（年末数）**

单位：十亿比利时法郎

年份	1995年	1996年	1997年	1998年	1999年
长期债务总额	559.4	558.8	536.3	550.7	558.6
投资贷款	443.3	449.3	436.5	448.3	459.3
财务精简贷款	116.1	109.5	99.8	102.4	99.3
短期债务	79.2	76.3	60.3	58.0	69.0
债务总额	638.6	635.1	596.6	608.7	627.6
资产数额	145.3	133.3	168.9	161.9	148.8
公共债务净额	493.3	496.4	427.7	446.8	478.8

资料来源 魏加宁，唐滔. 西欧发达国家地方政府的债务融资［J］. 国务院发展研究中心调研报告专刊，2009（81）.

从表 3-6 可以看出，比利时地方政府长期债务由投资贷款和财务精简贷款组成。20 世纪 80 年代，财务精简贷款起初由中央政府开始实行后逐渐在各省政府开始执行。对于那些拥有巨额经常性赤字和债务负担的城市和市镇，如果采取了严格的预算精简计划，则可以获得巩固性贷款。同时，实施强制性的预算平衡和放松对联邦个人所得税附属的地方税率的管制这两项法律，改变了不超过 6%的附属地方税率，这极大地改善了地方财政状况。

3. 德国地方政府债务

德国是一个包括联邦政府、16 个州政府和 12 291 个市政府的国家，其地方政府主要从银行直接贷款，较少在金融市场发行债券。在直接贷款中，储蓄银行和州立银行结算所占据了地方贷款总额的 60%。此外，实施的特殊信贷项目主要是通过复兴信贷银行 KFW 完成。具体债务情况见表 3-7。

表 3-7 **1999 年德国政府债务总额和结构（年末数）** 单位：百万欧元

1999 年末	无利率国库券	有利率国库券	债券	金融机构贷款	非金融机构贷款	
					社保机构	其他（含国外机构）
西德州	150	40 979	2 054	226 022	23	4 979
东德州	891	12 750	767	37 602	0	189
西德地方政府	—	153	680	78 726	53	1 898
东德地方政府	—	51	335	20 138	124	78

资料来源 魏加宁，唐滔. 西欧发达国家地方政府的债务融资 [J]. 国务院发展研究中心调研报告专刊，2009（81）.

从表 3-7 可以看出，西德州和东德州的主要债务来源于金融机构贷款，其次是来源于有利率国库券。

4. 英国地方政府债务

英国实行三级制的政府管理框架，地方政府主要包括苏格兰、威尔士、英格兰、北爱尔兰 4 个地区及其下辖郡、区。中央政府集权程度较高，向地方政府赋予权利，否则地方政府没有权利。英国政府遵循的借款原则是有征税权的政府才有举债权，即中央政府、苏格兰、威尔士、英格兰可以举债，北爱尔兰政府权力有限不借款无负债。英国地方政府融资主要依靠公共工程贷款委员会和商业银行贷款。具体债务情况见表3-8。

表 3-8　**英国资本性支出的资金来源**　单位：百万英镑

年 份	1995—1996		1996—1997		1997—1998		1998—1999		1999—2000	
	金额	占比	金额	占比	金额	占比	金额	占比	金额	占比
借款	—	—	—	—	—	—	—	—	—	—
基本批准额	1 493	21%	1 291	21%	968	15%	1 048	16%	1 052	16%
补充批准额	771	11%	829	13%	1 131	17%	1 286	19%	1 254	18%
政府拨款	1 484	21%	1 388	21%	1 262	20%	1 160	17%	1 154	17%
其他拨款和缴费	230	3%	281	4%	389	6%	485	7%	599	9%
使用资本性收入	1 216	18%	1 192	18%	1 184	18%	1 223	18%	1 517	22%
税收融资	1 591	23%	1 425	22%	1 382	21%	1 255	19%	1 043	15%
其他	236	3%	172	3%	196	3%	253	4%	234	3%
合 计	7 021	100%	6 578	100%	6 512	100%	6 710	100%	6 853	100%

资料来源　魏加宁，唐滔．西欧发达国家地方政府的债务融资 [J]．国务院发展研究中心调研报告专刊，2009（81）．

由表 3-8 可以看出，英国地方政府通过公共工程贷款委员会筹集的资金占了地方债务总额的近 80%。公共工程贷款委员会成立于 1817 年，主要负责将国债资金中的国家贷款基金转贷给地方政府以及贷款发放后的本金收回，并且规定所有地方政府借款只能用于资本性项目。2002 年 7 月起，该委员会并入英国财政部债务管理办公室。

3.3.2　西欧地方政府的举债制度

1. 法国地方政府举债制度

作为一个中央集权程度很高的法国，其地方政府举债基本遵照的制度：从1990年下半年开始，财政部和内务部对地方政府实行财政监督。2003年宪法修正后，地方财政的独立性提高，原则上地方债券的发行是自由的，发行规模上没有上限，但借款使用限定为投资项目，经费计入经常性支出，发行额要纳入预算管理，由金融机构对地方政府债务实行严密审查。

2. 意大利地方政府举债制度[①]

1990年第142号法案规定，地方政府可以发行债券。1994年第724号法案第35条规定，债券发行必须作为某项投资的唯一融资手段。更为重要的是，发行地方政府债券的地方政府绝对不能出现财务困境，尤其是前一年的财政状况不能有赤字，并且发行债券的当年必须获得通过，债券发行数量必须等于项目投资数量。关于发行债券的规则在1996年第152号政令中有所规定：期限必须长于5年，只能用于投资而不能用于经常性支出，需要与投资有关的经济财务计划、执行计划和偿还计划批准，债券收益不得超过类似政府债券总收益的1%，中央或大区政府不得为地方政府债券提供担保。关于地方政府的借款合同则在1989年第144号法案中有所规定：还款期不得短于10年，分期还款额包括本金和利息，明确贷款资金的使用性质，根据支出记录或工程进度发放贷款，合同必须设定最高利率。

3.4 中东欧转轨国家地方政府融资

3.4.1 中东欧国家地方政府举债用途

中东欧的大部分转轨国家，法律规定长期借款只能用于资本性项目融资。短期借款可以用于缓解临时性的资金需要，但必须在同一预算年度内偿还，其偿还可由中央财政（如罗马尼亚）和商业银行（除罗马尼亚外的其他国家）提供资金。具体举债用途见表3-9。

---

① 魏加宁，唐滔．西欧发达国家地方政府的债务融资［J］．国务院发展研究中心调研报告专刊，2009（81）．

表 3-9　　中东欧国家举债用途一览表

国家	用于资本性支出或经常性支出
捷克	两者均可
爱沙尼亚	长期借款只能用于资本性支出，但没有单独的资本性预算
匈牙利	两者均可
波兰	两者均可
罗马尼亚	长期借款只能用于资本性支出，但没有单独的资本性预算
俄罗斯	长期借款只能用于资本性支出，但没有单独的资本性预算
斯洛伐克	只能用于投资目的

资料来源　魏加宁，唐滔. 西欧发达国家地方政府的债务融资 [J]. 国务院发展研究中心调研报告专刊，2009（82）.

3.4.2　中东欧国家地方债分类

1. 政府间借款

俄罗斯政府将政府间借款作为重要的资金来源，特别是在 2000—2001 年，政府间借款占总债务资金 2/3 以上。有些国家需要这种政府间借款，如乌克兰（县支付给乡的借款普遍存在，但很少归还）；有些国家不存在政府间借款，如波兰；有些国家政府间借款很少，如斯洛伐克、爱沙尼亚和匈牙利。

2. 政府基金项目借款

政府基金项目借款主要指的是补贴贷款，通常用在住房、环境保护、水资源管理方面。

在波兰，环境保护基金资助在所有市政投资项目结构中长期占据主导地位，但住宅基金的作用则较为有限。在捷克和斯洛伐克，环境基金最为重要，但是近几年斯洛伐克政府将资助重点转向了住宅开发。在匈牙利，住宅和水务部门都由政府支持。在爱沙尼亚，环保基金通过中央政府为节能项目提供优惠贷款。在罗马尼亚和俄罗斯，没有提供补贴贷款的部门项目。

3. 市政债券

在中东欧国家，主要采用传统的银行信贷融资，但在美国国际开发署和世界银行建议下，开始采用市政债券形式融资。

4. 商业银行贷款

商业银行贷款是中东欧国家主要的债务资金来源。大多数银行将地方政府作为优质资源客户，在出现偿债困难时，中央政府会大力支持。

5. 拖欠款

拖欠款这项地方政府债务类型在某些国家所占比例较大。例如：俄罗斯的拖欠款超过地方累积债务的一半；在保加利亚，索菲亚是唯一一个没有拖欠款的地方政府；在乌克兰，地方政府拖欠款所占比重较大，1998 年末达到了 GDP 的 6.4%，到 2001 年末，降到了 GDP 的 0.8%；匈牙利、捷克、波兰、爱沙尼亚等国家，拖欠款占 GDP 的比重没有这么高。

3.5 国外土地财政融资

3.5.1 出售和出租土地获得收益

发达国家获取土地收益最常见的方式是出租土地使用权。在美国，公有土地使用权出租很普遍。在新加坡，法律明确规定不允许出卖国有土地所有权，但可以出租土地使用权并获得租金收益。在澳大利亚，政府向企业等微观经济主体提供土地的一个重要方式也是出租。在英国，大的土地持有机构（如皇室政府等）并不经常出售土地所有权，而是将土地出租给开发商，以此获得最大的土地收益和其他收益。出租土地是有出租期限的，但期限可长可短。美国的大中城市多采用长期租赁方式，大规模商业用地租期最短为 65~75 年，最长为 99 年，住宅用地租期通常为 99 年，期满可以续办用地手续。英国的土地租赁期限更加灵活，历史上曾有 999 年、99 年、125 年、150 年等土地租凭期限。新加坡则根据土地用途确定租赁期限，工业用地 30 ~ 60 年，文化教学用地 30 年，娱乐场所用地 15~30 年，住宅用地租期最长，通常为 99 年。

出售土地也是获取土地财政收益的重要方式。在美国、加拿大等国家，各级政府可以将自己拥有的土地财产实行出售，获取土地出售收益。根据 Hibbard（1924）的研究，美国自 1820 年 7 月至 1842 年 9 月的土体拍卖收入占整个联邦总收入的 11%。美国的经济也由此得到了突飞猛进的发展。

3.5.2 土地税收成为地方政府的稳定财源①

随着土地私有化的出现，发达国家的土地财政收益逐渐由出租、出售向税收收入转变。20 世纪初以后，美国土地出售收益基本消失，虽然仍有近 40%的国有土地，但主要用于资源环境保护与公益服务，那些用于经济建设的土地则基本属于私有土地。当地方政府没有了可供出售的公有土地时，地方政府则开始征收与土地相关的税收收入。房产税成为各国地方财政稳定且重要的收入来源。1942 年，美国财产税占地方税的比重为 92.2%，1997 年下降到 80%，2007 年下降到 72%，虽然比重下降，但财产税仍是美国地方财政收入的主体。1994 年，加拿大的财产税占地方税的比重为 85.3%，澳大利亚为 99.6%，英国和爱尔兰为 100%，新西兰为 90.2%，荷兰为 66.9%，意大利为 42.1%。财产税的地位也变得更加重要。

① 刘立峰. 地方政府投融资及其可持续性［M］. 北京：中国发展出版社，2015：250-258.

第4章　地方政府融资实践与融资环境

4.1　我国地方政府融资的制度变迁及现状

4.1.1　我国地方政府融资的制度变迁

1. 计划经济时代：新中国成立——改革开放前

计划经济时代，各地方政府被动地接受中央政府所下达的指令，各级地方政府在公共物品和服务提供上几乎没有自主权。在这一阶段高度集中的财税管理体制下，中央政府的主要任务是集中全国有限的资源和资金大力发展重工业。总的来说，在改革开放以前我国的财税体制还是以集权为主，财力大部分集中在中央政府手中。因此，地方政府的财力机动性很小，这些机动财力无法满足地方财政的需要。地方政府一般用公债融资来缓解地方财政困难。第一种是发行经济建设公债。1950年，东北人民政府为迅速筹集生产建设资金，恢复与发展东北经济，经中央人民政府政务院批准，发布允许东北人民政府发行生产建设折实公债的命令和条例。此后，1958 年 4 月和 6 月，国务院发行了关于发行地方政府公债的决定，相继允许各地方政府根据本地实际情况，不同程度地发行“地方经济建设公债”。20 世纪 50 年代后期，随着高度集中统一的计划经济体制逐步形成，社会经济状况发生了根本性变化，中央基本能够通过税收及利润上缴以及银行信用的方式集中几乎所有的社会财力，于是自 1959 年开始停止了公债发行，并在 1968 年将所有内外债还清。第二种是财政周转金借款。这是由财政部门管理，按照有偿原则周转使用的财政资金。20 世纪 70 年代，政府按照“拾遗补缺、保本微利、注重社会效益”的原则设立其用于扶持部分事业发展。随着市场经济体系逐步建立和完善，财政周转金借款在 20 世纪末逐步退出历史舞台。

2. 起步阶段：改革开放初期——1994 年

随着中国财政制度的多次变化，地方政府开始打开融资闸门。1978 年改革开放后，1979—1980 年中央财政出现赤字。为平衡预算与改变财政困难的局面，政府决定重新利用债务工具来筹集资金。1979—1981 年恢复举借外债和内债，随之各地开始陆续举债，截至 1996 年底，全国所有省级政府、392 个市级政府中的 353 个和 2 279 个县级政府中的 2 405 个都举借了债务。自 20 世纪 80 年代中期开始，经国务院批准，在省级财政部门统筹管理的情况下，地方政府通过财政部和银行转贷方式借入了大量国际金融组织和外国政府贷款。此外，有些机构（如地方政府授权的机构）可以申请境外银行贷款、发行政府债券、出口信贷等。随着国内外借款增多，国家调整了政策，实行地方政府统借自还，但受到日元大幅升值的冲击，许多地方偿债出现困难，国家不得不将其改为国家统借统还。同时，企业还发行了债券来融资，但是规模很小。总体来说，这一阶段地方政府主要以银行借款与财政借款并用的方式进行债务性融资，虽然地方政府有融资行为，但总体规模尚小。

3. 快速发展阶段：1994—2009 年

分税制改革推动了地方政府融资行为的转变。在实行分税制之初，地方政府没有举债权和税收立法权，导致地方财政困难。为完成事权，地方政府开始探索获取资金的渠道。举债初期，宏观经济需求旺盛，举债对财源培植、投资环境改善、经济社会发展起到了极大的推动作用。1997 年席卷亚洲的金融危机爆发以后，通货紧缩、消费不足成为地方经济发展的主要障碍。由于举债的惯性和中央积极财政政策的实施，地方政府的债务问题开始凸现出来，同时隐性债务也逐渐显现。1998 年下半年，为应对金融危机和增加的有效需求，中央政府决定实施以国债投资为主的积极财政政策，并通过与地方政府签订国债转贷协议，将国债转贷给地方政府使用，转贷的这部分资金的还本付息任务交给地方政府。随着中央积极财政政策的实行，地方政府开始大量投资于基础设施建设，提高和改善经济发展环境，加强经济建设，与此同时，形象工程和盲目投资激增。当财政预算内资金难以支持时，地方政府开始运用收费工具来补充建设资金的不足。中央政府转贷给地方政府使用的资金往往要求地方政府实行一定程度的配套，地方政府为了得到中央政府的转贷资金，采取了包括举债在内的多种方式来筹措相应的配套资金，这也在一定程度上诱发了地方政府自行举债或变相融资等问题。

为应对 1997 年亚洲金融危机后地方金融机构日益暴露的风险问题，国务院于 2000 年特别设立了解决地方金融风险专项贷款、专户管理、专款专用的原则，省级政府必须承诺如期偿还专项贷款本息，否则将由财政部在中央向该省的转移支付资金和税收返还资金中扣还。2008 年美国金融危机的爆发，中央政府推出了 4 万亿经济刺激计划，商业银行被要求在对地方融资平台贷款时做到“尽职免责”，所以，产生了过度负债。2008—2010 年间，地方政府负债增加了 5 万多亿元。

4. 规范发展阶段：2010 年至今

在地方政府债务不断膨胀的情况下，中央政府陆续出台了一系列规范文件控制地方政府债务规模，规范地方政府融资平台的融资行为。自 2011 年以来，各地地方政府融资平台按照国务院要求清理和规范了地方政府融资项目，提高了一些融资平台公司的资产质量、收入水平和盈利能力。随着国家对地方政府债务管理的加强和银行对地方政府及其融资平台的规范管理，一些地方政府开始通过信托贷款、融资租赁、售后回租、发行理财产品、BT（建设—移交）、垫资施工和违规集资等方式来变相举债融资。

4.1.2 我国地区经济运行情况

1. 各地区经济发展情况

(1) 各地区经济增速平稳、区域差距缩小、协调性增强 (GDP)

从表 4-1、表 4-2、表 4-3 和图 4-1 可以看出，自 2000 年至 2015 年，我国东部、中部和西部地区的 GDP 占全国的比重。2015 年，东部、中部、西部地区生产总值分别为 418 324.8 亿元、194 530.3 亿元和 94 965.9 亿元，分别增长 6.07%、4.99%和 5.06%，较 2014 年同比分别增长 1.56、2.53 和 4.1 个百分点。自 2000 年至 2015 年，全国各地区 GDP 平均增速为 13.71%。较上年增长速度看，东部地区相对于中部、西部地区而言增速较快，区域间相对差距不断缩小，区域协调性进一步增强。

表 4-1　**2000—2015 年我国各地区生产总值及其增长率**　单位：亿元

年份	全国	东部地区		中部地区		西部地区	
		总额	占全国百分比	总额	占全国百分比	总额	占全国百分比
2000年	99 776.25	57 739.72	57.87%	26 266.18	26.33%	11 614.13	11.64%
2001年	110 270.36	65 889.64	59.75%	27 921.65	25.32%	12 976.27	11.77%
2002年	121 002.04	73 700.38	60.91%	30 621.52	25.31%	14 263.70	11.79%
2003年	136 564.64	85 788.52	62.82%	34 978.74	25.61%	162 14.01	11.87%
2004年	160 714.42	102 928.23	64.04%	42 530.04	26.46%	19 436.10	12.09%
2005年	185 895.76	122 559.58	65.93%	50 450.17	27.14%	22 728.88	12.23%
2006年	217 656.59	143 248.27	65.81%	58 911.74	27.07%	26 748.09	12.29%
2007年	268 019.35	171 017.44	63.81%	71 782.95	26.78%	32 259.76	12.04%
2008年	316 751.75	201 106.15	63.49%	87 277.23	27.55%	39 136.91	12.36%
2009年	345 629.23	219 646.06	63.55%	96 183.56	27.83%	42 944.06	12.42%
2010年	408 902.95	260 057.79	63.60%	116 817.56	28.57%	52 241.06	12.78%
2011年	484 123.50	305 302.32	63.06%	141 984.58	29.33%	64 142.84	13.25%
2012年	534 123.04	333 773.57	62.49%	157 789.15	29.54%	73 579.52	13.78%
2013年	588 018.76	366 428.15	62.32%	172 327.39	29.31%	82 806.52	14.08%
2014年	635 910.20	394 400.35	62.02%	185 292.37	29.14%	90 394.11	14.21%
2015年	676 707.80	418 324.80	61.82%	194 530.30	28.75%	94 965.90	14.03%

数据来源：根据中经网统计数据库计算整理所得。

表 4-2　　2000—2015 年我国各地区 GDP 同比增长率　　单位：%

年 份	东部地区	中部地区	西部地区
2000年	—	—	—
2001年	14.11	6.30	11.73
2002年	11.85	9.67	9.92
2003年	16.40	14.23	13.67
2004年	19.98	21.59	19.87
2005年	19.07	18.62	16.94
2006年	16.88	16.77	17.68
2007年	19.39	21.85	20.61
2008年	17.59	21.58	21.32
2009年	9.22	10.20	9.73
2010年	18.40	21.45	21.65
2011年	17.40	21.54	22.78
2012年	9.33	11.13	14.71
2013年	9.78	9.21	12.54
2014年	7.63	7.52	9.16
2015年	6.07	4.99	5.06

数据来源：根据中经网统计数据库计算整理所得。

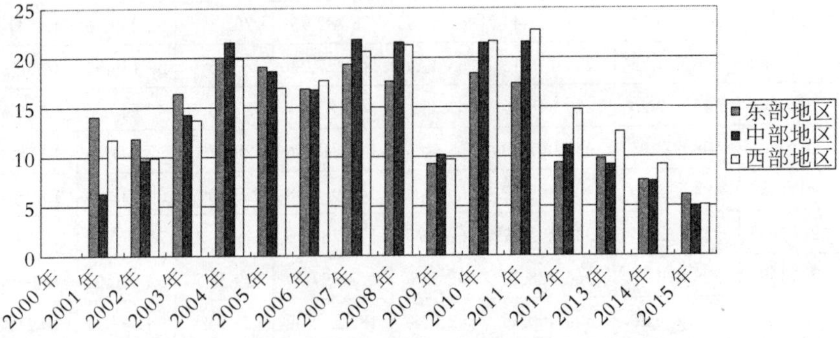

图 4-1　2000—2015 年我国各地区 GDP 增长率

数据来源：中经网统计数据库。

表4-3　　**2015年我国各地区经济发达水平**　　单位：元

地区	人均GDP	居民家庭人均总收入（可支配收入）	人均社会零售商品总额
全国	49 228.72	21 966.20	21 891.93
北京市	105 797.33	48 458	47 618.61
天津市	106 904.98	31 291.40	33 983.84
河北省	40 142.90	18 118.10	17 495.89
山西省	34 941.59	17 853.70	16 467.52
内蒙古自治区	71 815.21	22 310.10	24 323.78
辽宁省	65 594.25	24 575.60	29 181.20
吉林省	51 849.26	18 683.60	24 162.37
黑龙江省	39 568.99	18 592.70	20 042.50
上海市	103 374.74	49 867.20	41 952.38
江苏省	87 909.23	29 538.90	32 443.33
浙江省	77 426.43	35 537.10	35 718.90
安徽省	35 816.41	18 362.60	14 498.70
福建省	67 673.35	25 404.40	27 366.24
江西省	36 626.81	18 437.10	12 977.44
山东省	63 981.21	22 703.20	28 192.75
河南省	39 040.40	17 124.80	16 603.80
湖北省	50 495.90	20 025.60	23 928.91
湖南省	42 823.53	19 317.50	17 726.67
广东省	67 114.57	27 858.90	29 051.16
广西壮族自治区	35 035.65	16 873.40	13 236.24
海南省	40 645.44	18 979	14 545.55
重庆市	52 103.75	20 110.10	21 292.67
四川省	36 693.20	17 221	16 915.77

续表

地区	人均GDP	居民家庭人均总收入（可支配收入）	人均社会零售商品总额
贵州省	29 752.41	13 696.60	9 300.28
云南省	28 928.51	15 222.60	10 761.70
西藏自治区	31 679.01	12 254.30	12 608.02
陕西省	47 909.04	17 395	17 342.74
甘肃省	26 116.54	13 466.60	11 181.54
青海省	41 107.14	15 812.70	11 751.70
宁夏回族自治区	43 589.82	17 329.10	11 820.36
新疆维吾尔自治区	39 511.86	16 859.10	11 042.37

数据来源：根据中经网统计数据库计算整理所得。

（2）各地区三次产业结构协调发展，工业增速稳定

2015 年，全国三次产业增加值分别为 60 863 亿元、274 277.8 亿元和 341 566.9 亿元，分别占全国 GDP 的比重为 9%、40.5%和 50.5%。东部、中部和西部地区第一产业增加值分别为 25 966.4 亿元、21 717.3 亿元和 13 179.3 亿元，较上年增长分别为 4.57%、2.86%和 6.36%。农业生产保持稳定发展，粮食连续增产。

2015 年，东部、中部和西部地区第二产业增加值分别为 183 463 亿元、91 038.1 亿元和 49 387.3 亿元，较上年增长分别为 1.48%、0.35%和 0.8%。工业生产缓中趋稳。

2015 年，东部、中部和西部地区工业增加值分别为 161 070.3 亿元、78 193.5 亿元和 38 929 亿元，较上年增长分别为 1.05%、−0.31%和−1.44%。全国各地区工业增加值增速明显减缓或者负增长。

2015 年，东部、中部和西部地区第三产业增加值分别为 208 895.3 亿元、81 775 亿元和 48 118.8 亿元，较上年增长分别为 10.66%、11.32%和 11.21%。各地区第三产业增加值占地区生产总值比重持续上升。其中，东部地区第三产业占三次产业比重的 30.87%，继续领先全国水平。见表 4-4、表 4-5、表 4-6、表 4-7、表 4-8、表 4-9 和图 4-2。

表 4-4

2000—2015 年全国三次产业增加值及所占比重

指标	第一产业增加值	第一产业增加占 GDP 比重	第二产业增加值	第二产业增加占 GDP 比重	第三产业增加值	第三产业增加占 GDP 比重	工业增加值	建筑业增加值
地区	全国	全国	全国	全国	全国	全国	全国	全国
频度	年	年	年	年	年	年	年	年
单位	亿元	%	亿元	%	亿元	%	亿元	亿元
2000	14 716.20	14.75	45 325.98	45.43	397 34.05	39.82	39 931.82	5 522.30
2001	15 501.20	14.06	49 262.02	44.67	455 07.17	41.27	43 469.82	5 931.70
2002	16 188.60	13.38	53 624.38	44.32	511 89.04	42.30	47 310.73	6 465.50
2003	16 968.30	12.43	62 120.77	45.49	574 75.55	42.09	54 805.84	7 490.80
2004	20 901.80	13.01	73 529.83	45.75	66 282.80	41.24	65 044.25	8 694.30
2005	21 803.50	11.73	87 127.33	46.87	76 964.91	41.40	77 034.44	10 367
2006	23 313	10.71	103 163.50	47.40	91 180.13	41.89	91 078.80	12 409
2007	27 783	10.37	125 145.40	46.69	115 090.9	42.94	110 253.87	15 296
2008	32 747	10.34	148 097.90	46.76	135 906.9	42.91	129 929.08	18 743
2009	34 154	9.88	157 850.10	45.67	153 625.1	44.45	135 849	22 601
2010	39 354.60	9.62	188 804.90	46.17	180 743.4	44.20	162 376.44	27 178
2011	46 153.30	9.53	223 390.30	46.14	214 579.9	44.32	191 570.81	32 840
2012	50 892.70	9.53	240 200.40	44.97	243 030	45.50	204 539.55	36 805
2013	55 321.70	9.41	256 810	43.67	275 887	46.92	217 263.92	40 807
2014	58 336.10	9.20	271 764.50	42.70	305 809.7	48.10	228 122.90	44 790
2015	60 863	9.00	274 277.80	40.50	341 566.9	50.50	228 974.30	46 456

数据来源：根据中经网统计数据库计算整理所得。

表 4-5 **2000—2015 年我国各地区第一产业增加值及同比增长率** 单位：亿元

年份	东部地区		中部地区		西部地区	
	第一产业增加值	同比增长（%）	第一产业增加值	同比增长（%）	第一产业增加值	同比增长（%）
2000	6 914.48	—	5 112.52	—	2 817.29	—
2001	7 272.31	5.18	5 356.69	4.78	2 911.66	3.35
2002	7 543.04	3.72	5 616.80	4.86	3 055.39	4.94
2003	7 958.16	5.50	5 840.32	3.98	3 377.99	10.56
2004	9 470.39	19.00	7 375.70	26.29	4 051.37	19.93
2005	10 476.74	10.63	8 104.34	9.88	4 422.57	9.16
2006	11 352.17	8.36	8 674.10	7.03	4 713.98	6.59
2007	12 862.91	13.31	10 059.09	15.97	5 641.63	19.68
2008	14 901.36	15.85	12 139.92	20.69	6 704.36	18.84
2009	15 748.47	5.68	12 670.84	4.37	6 810.24	1.58
2010	17 932.46	13.87	14 669.40	15.77	7 930.97	16.46
2011	20 847.79	16.26	17 182.61	17.13	9 417.63	18.74
2012	22 667.83	8.73	18 994.15	10.54	10 711.60	13.74
2013	24 558.80	8.34	20 640.30	8.67	11 757.84	9.77
2014	24 830.75	1.11	21 113.87	2.29	12 391.46	5.39
2015	25 966.40	4.57	21 717.30	2.86	13 179.30	6.36

数据来源：根据中经网统计数据库计算整理所得。

表 4-6　**2000—2015 年我国各地区第二产业增加值及同比增长率**　单位：亿元

年份	东部地区		中部地区		西部地区	
	第二产业增加值	同比增长（%）	第二产业增加值	同比增长（%）	第二产业增加值	同比增长（%）
2000	28 125.8	—	12 049.11	—	5 608.96	—
2001	30 669.4	9.04	13 173.17	9.33	6 012.26	7.19
2002	34 266.4	11.73	14 597.94	10.82	6 702.49	11.48
2003	41 587.8	21.37	16 973.82	16.28	7 854.23	17.18
2004	51 667.8	24.24	21 167.18	24.70	9 609.25	22.34
2005	62 137.1	20.26	23 738.38	12.15	11 047.73	14.97
2006	73 406.2	18.14	28 566.63	20.34	13 673.62	23.77
2007	86 684.8	18.09	35 060.16	22.73	16 592.26	21.35
2008	102 277	17.99	43 894.17	25.20	20 709.82	24.82
2009	108 338	5.93	48 270.88	9.97	23 287.32	12.45
2010	129 042	19.11	61 208.42	26.80	29 814.53	28.03
2011	150 570	16.68	75 919.90	24.04	37 326.26	25.19
2012	160 927	6.88	82 666.59	8.89	42 055.28	12.67
2013	172 129	6.96	88 223.96	6.72	46 409.31	10.35
2014	180 796	5.04	90 721.32	2.83	48 995.77	5.57
2015	183 463	1.48	91 038.10	0.35	49 387.30	0.80

数据来源：根据中经网统计数据库计算整理所得。

表 4-7　2000—2015 年我国各地区工业增加值及同比增长率　单位：亿元

年份	东部地区		中部地区		西部地区	
	工业增加值	同比增长（%）	工业增加值	同比增长（%）	工业增加值	同比增长（%）
2000	24 730.85	—	10 334.79	—	4 417.49	—
2001	26 955.25	8.99	11 222.02	8.58	4 658.27	5.45
2002	30 113.94	11.72	12 339.50	9.96	5 134.58	10.23
2003	36 646.49	21.69	14 128.62	14.50	6 002.46	16.90
2004	45 742.65	24.82	17 624.56	24.74	7 467.11	24.40
2005	55 874.46	22.15	20 452.22	16.04	9 097	21.83
2006	66 329.06	18.71	24 822.42	21.37	11 422.80	25.57
2007	78 619.98	18.53	30 747.79	23.87	13 971.44	22.31
2008	92 709.70	17.92	38 743.86	26.01	17 527.73	25.45
2009	96 485.13	4.07	41 791.17	7.87	19 221.09	9.66
2010	114 957.33	19.15	53 490.63	28.00	24 869.88	29.39
2011	134 045.77	16.60	66 666.24	24.63	31 163.78	25.31
2012	142 829.05	6.55	72 327.71	8.49	34 796.90	11.66
2013	152 542.38	6.80	76 956.48	6.40	38 015.32	9.25
2014	159 402.53	4.50	78 440.04	1.93	39 497.79	3.90
2015	161 070.30	1.05	78 193.50	−0.31	38 929	−1.44

数据来源：根据中经网统计数据库计算整理所得。

表 4-8　**2000—2015 年我国各地区第三产业增加值及同比增长率**　单位：亿元

年份	东部地区		中部地区		西部地区	
	第三产业增加值	同比增长（%）	第三产业增加值	同比增长（%）	第三产业增加值	同比增长（%）
2000	22 699.40	—	9 104.54	—	4 777.22	—
2001	25 682.68	13.14	10 140.58	11.38	5 547.54	16.12
2002	28 935.24	12.66	11 170.27	10.15	6 133.38	10.56
2003	32 472.53	12.22	12 637.36	13.13	6 836.90	11.47
2004	37 487.69	15.44	14 518.71	14.89	7 892.38	15.44
2005	49 395.54	31.76	18 414.90	26.84	10 051.71	27.36
2006	57 914.38	17.25	21 232.75	15.30	11 519.55	14.60
2007	69 777.81	20.48	25 362.48	19.45	13 583.48	17.92
2008	81 034.82	16.13	29 649.8	16.90	15 909.13	17.12
2009	95 559.59	17.92	35 241.84	18.86	19 376.51	21.79
2010	113 083.50	18.34	40 939.72	16.17	22 421.14	15.71
2011	133 884.46	18.39	48 882.07	19.40	27 410.32	22.25
2012	150 179.01	12.17	56 128.41	14.82	32 222.24	17.56
2013	167 027.16	11.22	62 638.14	11.60	36 625.25	13.66
2014	188 774.69	13.02	73 457.16	17.27	43 269.48	18.14
2015	208 895.30	10.66	81 775	11.32	48 118.80	11.21

数据来源：根据中经网统计数据库计算整理所得。

表 4-9　**2015 年我国各地区第三产业增加值占比**　单位：亿元

地区	第三产业增加值	全国各地区 GDP	第三产业增加值占 GDP 比重（%）
全国	341 566.9	676 707.8	50.47
北京市	18 301.9	22 968.6	79.68
天津市	8 640.7	16 538.2	52.25
河北省	11 978.7	29 806.1	40.19
山西省	6 790.2	12 802.6	53.04
内蒙古自治区	7 213.5	18 032.8	40.00
辽宁省	12 976.8	28 743.4	45.15
吉林省	5 340.8	14 274.1	37.42
黑龙江省	7 652.1	15 083.7	50.73
上海市	16 914.5	24 965	67.75
江苏省	34 084.8	70 116.4	48.61
浙江省	21 346.6	42 886.5	49.77
安徽省	8 206.6	22 005.6	37.29
福建省	10 643.5	25 979.8	40.97
江西省	6 463.5	16 723.8	38.65
山东省	28 537.4	63 002.3	45.30
河南省	14 611.3	37 010.3	39.48
湖北省	12 736.8	29 550.2	43.10
湖南省	12 760.2	29 047.2	43.93
广东省	36 956.2	72 812.6	50.76
广西壮族自治区	6 542.4	16 803.1	38.94
海南省	1 971.8	3 702.8	53.25
重庆市	7 497.8	15 719.7	47.70
四川省	12 132.6	30 103.1	40.30
贵州省	4 715	10 502.6	44.89
云南省	6 169.4	13 717.9	44.97
西藏自治区	553.3	1 026.4	53.91
陕西省	7 213.9	18 171.9	39.70
甘肃省	3 341	6 790.3	49.20
青海省	1 000.8	2 417.1	41.40
宁夏回族自治区	1 294.3	2 911.8	44.45
新疆维吾尔自治区	4 200.7	9 324.8	45.05

数据来源：根据中经网统计数据库计算整理所得。

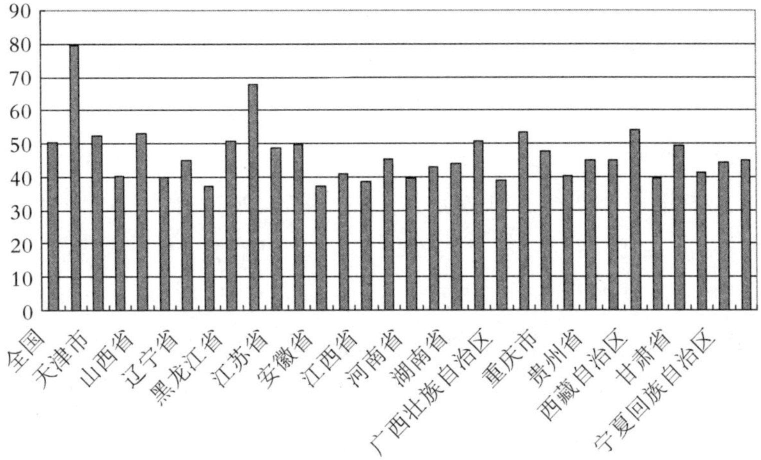

图 4-2 2015 年全国部分地区第三产业增加值占比

数据来源：中经网统计数据库。

2. 各地区消费和投资平稳增长

（1）各地区消费需求增长

2015 年，社会消费品零售总额 300 931 亿元，比上年名义增长 10.7%（扣除价格因素实际增长 10.6%）。其中，限额以上单位消费品零售额 142 558 亿元，增长 7.8%。按经营单位所在地分，城镇消费品零售额 258 999 亿元，比上年增长 10.5%；乡村消费品零售额 41 932 亿元，增长 11.8%。按消费形态分，餐饮收入 32 310 亿元，比上年增长 11.7%；商品零售 268 621 亿元，增长 10.6%。其中，限额以上单位商品零售 133 891 亿元，增长 7.9%。另外，全国网上零售额 38 773 亿元，比上年增长 33.3%。其中，实物商品网上零售额 32 424 亿元，增长 31.6%；非实物商品网上零售额 6 349 亿元，增长 42.4%。在实物商品网上零售额中，吃、穿和用类商品分别增长 40.8%、21.4%和 36.0%。

（2）各地区固定资产投资平稳增长

据国家统计局数据，2015 年，全国固定资产投资总额 551 590.04 亿元，比去年同期增长 10%。其中，有 25 个省份的增速超过或达到 10%，仅 6 个省份的增速在 10%以下。在全国 31 个省市自治区中，增速高于 20%的有 2 个，占比为 6.5%，分别为西藏、贵州。增速在 15%到 20%之间的为 9 个，占比为 29%；10%到 15%之间的为 13 个，占比为42%；0%到10%之间有5个，占比为16%，仅1个省份出现负增长的状态。值得注意的是，内蒙古自治区固定资产投资为13 529.15亿元，增速仅为0.1%。

（3）全国进出口总额下降

2015年，全球经济总体复苏乏力，前景艰难曲折，国内经济下行压力较大，对外贸易发展进入新常态。据我国海关2015年统计：①货物贸易进出口总值24.59万亿元，比2014年下降7%。其中，出口14.14万亿元，下降1.8%；进口10.45万亿元，下降13.2%；贸易顺差3.69万亿元，扩大56.7%。②一般贸易进出口值为13.29万亿元，下降6.5%，占进出口总值的54%，所占比重较上年提升0.3个百分点，其中出口增长2.2%。③民营企业进出口9.1万亿元，微降0.2%，占进出口总值的37%，提升2.5个百分点，其中出口增长3.1%。④出口机电产品8.15万亿元，增长1.2%，占出口总值的57.7%，较上年提升1.7个百分点。⑤纺织品、服装、箱包、鞋类、玩具、家具、塑料制品等7大类劳动密集型产品出口总值2.93万亿元，下降1.7%，占出口总值的20.7%。其中，玩具、家具、箱包、塑料制品出口保持增长。⑥部分大宗商品进口量保持增加。其中，进口铁矿砂9.53亿吨，增长2.2%；原油3.34亿吨，增长8.8%。⑦进口价格总体下跌11.6%。其中，铁矿砂、原油、成品油、大豆、煤炭和铜等大宗商品价格跌幅较深。⑧出口价格总体下跌1%，跌幅明显小于同期进口价格总体下跌幅度。由此测算，2015年我国贸易价格条件指数为112.1，表明我国出口一定数量的商品可以多换回12.1%的进口商品，意味着我国贸易价格条件明显改善，对外贸易效益有所提升。

（4）各地区消费价格

2015年12月，全国居民消费价格总水平同比上涨1.6%，比上年上涨1.4%。其中，城市上涨1.7%，农村上涨1.5%；食品价格上涨2.7%，非食品价格上涨1.1%；消费品价格上涨1.5%，服务价格上涨2.1%。全国居民消费价格总水平环比上涨0.5%。其中，城市上涨0.5%，农村上涨0.5%；食品价格上涨1.5%，非食品价格持平；消费品价格上涨0.7%，服务价格持平。全国居民消费价格指数同比涨幅基本同上年持平，见表4-10和表4-11。

表4-10　2000—2015年全国工业生产价格

年份	工业生产者出厂价格指数（上年=100）	工业生产者购进价格指数（上年=100）	年份	工业生产者出厂价格指数（上年=100）	工业生产者购进价格指数（上年=100）
2000	102.80	105.10	2008	106.90	110.50
2001	98.70	99.80	2009	94.60	92.10
2002	97.77	97.70	2010	105.50	109.58
2003	102.30	104.80	2011	106.03	109.10
2004	106.07	111.40	2012	98.28	98.15
2005	104.93	108.30	2013	98.09	97.99
2006	103	106	2014	98.11	97.83
2007	103.13	104.41	2015	94.80	93.90

数据来源：中经网统计数据库。

表4-11　2015年12月我国各地区居民消费和商品零售价格指数

地区	居民消费价格指数		商品零售价格指数	
	当月（上年同月=100）	累计（上年同期=100）	当月（上年同月=100）	累计（上年同期=100）
全国	101.6	101.4	100.4	100.1
北京市	102.0	101.8	99.0	
天津市	101.4	101.7	100.4	
河北省	101.6	100.9	101.3	
山西省	100.9	100.6	100.2	
内蒙古自治区	101.3	101.1	100.7	
辽宁省	101.6	101.4	100.9	
吉林省	102.1	101.7	100.9	
黑龙江省	101.1	101.1	100.2	
上海市	102.3	102.4	100.8	

续表

地区	居民消费价格指数		商品零售价格指数	
	当月（上年同月=100）	累计（上年同期=100）	当月（上年同月=100）	累计（上年同期=100）
江苏省	102.2	101.7	101.0	
浙江省	102.5	101.4	101.0	
安徽省	101.4	101.3	99.8	
福建省	101.3	101.7	99.5	
江西省	101.5	101.5	100.4	
山东省	101.3	101.2	100.5	
河南省	101.1	101.3	99.7	
湖北省	101.2	101.5	100.5	
湖南省	101.3	101.4	100.2	
广东省	102.1	101.5	100.6	
广西壮族自治区	101.9	101.5	100.6	
海南省	100.9	101.0	100.1	
重庆市	101.0	101.3	100.0	
四川省	101.2	101.5	99.9	
贵州省	101.4	101.8	100.1	
云南省	102.0	101.9	101.3	
西藏自治区	102.3	102.0	101.7	
陕西省	101.4	101.0	100.2	
甘肃省	101.3	101.6	100.8	
青海省	101.6	102.6	100.5	
宁夏回族自治区	100.1	101.1	99.4	
新疆维吾尔自治区	100.7	100.6	99.9	

注：其中“上年同期”是指以上年开始至上年同月止累计。

数据来源：国家统计局。

(5) 商品房成交量

从表4-12可以看出，2000—2007年，我国房地产开发企业商品房销售额和销售面积逐年增加，但2008年受美国次债危机影响略有下降，2009—2013年也呈递增趋势。2014年，中国经济“新常态”成为高大上的财经流行语。其实，中国房地产业也进入了“新常态”，政策变调、增速下滑、结构调整、利润压缩、企业分化等行业新特征日渐显现。

表4-12 2000—2015年房地产开发企业商品房销售额和销售面积

指标	房地产开发企业商品房销售额	房地产开发企业商品房销售面积
地区	全国	全国
单位	亿元	万平方米
2000	3 935.44	18 637.13
2001	4 862.75	22 411.90
2002	6 032.34	26 808.29
2003	7 955.66	33 717.63
2004	10 375.71	38 231.64
2005	17 576.13	55 486.22
2006	20 825.96	61 857.07
2007	29 889.12	77 354.72
2008	25 068.18	65 969.83
2009	44 355.17	94 755
2010	52 721.24	104 764.65
2011	58 588.86	109 366.75
2012	64 455.79	111 303.65
2013	81 428.28	130 550.59
2014	76 292.41	120 648.54
2015	87 280.80	128 495

数据来源：中经网统计数据库。

从市场短期变化而言，经历2013年的市场繁荣之后，2014年市场全面降温，不分城市，不分高、中、低档产品，皆出现了明显降温。成交量下滑、价格下跌、投资增速放缓、房屋开工下降，所有市场指标皆下滑。但也应看到积极信号，比如房贷政策由紧趋松；中央实行“分类指导，双向调控”；地方政府因地制宜地采取了放松限购、支持合理需求的措施。在政策暖风频吹之下，少数指标复苏，比如大城市的住宅成交量显著反弹，房价环比跌幅率收窄，市场信心有所恢复。

4.1.3 我国地区金融生态环境

1. 各地区银行业

（1）银行业金融机构地区分布

从目前银行业金融机构整体运行情况看，各大商业银行的资产和机构仍然主要集中在东部沿海地区及经济较为发达的中西部中心城市，信贷资源以优先满足东部沿海地区为主，即便中西部地区及欠发达地区的中心城市优化了信贷结构，其所获得的贷款余额在趋势上看是上升的，不过总量仍处于绝对弱势地位。因此，一定程度上看，我国区域经济格局形成的资金地区性集中可以通过银行业金融机构的地区分布反应出来。

从表 4-13 可以看出，2013 年，我国各地区的银行业金融机构网点分布和资产总额占比均保持稳定增长，东部地区银行业资产总额占比最高，中部和西部地区占比趋势略微提升。东部地区的银行业金融机构个数占比和资产总额占比一直位居各地区首位，金融机构个数占比基本稳定在 40%左右，但资产总额却达到 60%左右。

表 4-13　**2009—2013 年我国银行业金融机构地区分布情况**　单位：%

地区 / 年份	东部		中部		西部		东北	
	机构个数占比	资产总额占比	机构个数占比	资产总额占比	机构个数占比	资产总额占比	机构个数占比	资产总额占比
2009	39	61	25	15	27	17	9	7
2010	39.5	60.5	23.6	14.8	27	17.5	9.9	7.3
2011	39.0	60.2	24	14.6	27.3	17.9	9.7	7.2
2012	39.5	59.5	23.4	14.9	27.7	18.5	9.4	7.1
2013	39.5	58.9	23.7	15.1	27.2	19.1	9.6	6.9

注：因为个人搜集数据能力有限，尚未收集到 2014 年和 2015 年数据。

资料来源　范珂. 我国商业银行贷款集中度对其收益与风险的影响 [D]. 西安：西北大学，2015.

（2）金融机构人民币新增存贷款变动

根据中国人民银行发布的《2015年金融统计数据报告》显示：2015年全年人民币贷款增加11.72万亿元，因此多增1.81万亿元。分部门看，住户部门贷款增加3.87万亿元，同比多增5 813亿元，其中，短期贷款增加8 199亿元，中长期贷款增加3.05万亿元；非金融企业及机关团体贷款增加7.38万亿元，同比多增升8 988亿元，其中，短期贷款增加1.9万亿元，中长期贷款增加3.54万亿元，票据融资增加1.66万亿元；非银行业金融机构贷款增加3 767亿元。

2015年全年外币贷款减少502亿美元，同比少增1 323亿美元。

2015年全年人民币存款增加14.97万亿元，同比多增1.94万亿，其中，住户存款增加4.4万亿元，非金融企业存款增加5.28万亿元，财政性存款减少9.4亿元，非银行业金融机构存款增加4.08万亿元。

2015年全年外币存款增加167亿美元，同比少增905亿美元。

从表4-14可以看出，2009—2013年我国东部地区贷款余额占比始终保持在60%左右，在整个贷款余额地区分布中是过度集中的地区，西部地区贷款余额占比虽然呈持续增长，但是净增长额不高，地区集中度没有得到显著性的改善。值得关注的是，我国东部、中部、西部地区贷款余额增速均下降，可能意味着贷款规模在扩大的同时，宏观经济在下行，商业银行不良率或许还会上升，资产质量将继续承压。

表4-14　**2009—2013年我国贷款余额及新增贷款地区分布情况**

单位：%

地区 年份	东部		中部		西部		东北	
	贷款余额占比	贷款余额增速	贷款余额占比	贷款余额增速	贷款余额占比	贷款余额增速	贷款余额占比	贷款余额增速
2009	60.9	30.3	14.5	33.8	17.6	37.6	7	30.9
2010	60.2	18.7	14.6	21.4	18.1	23.4	7	19.7
2011	59.4	13.7	14.7	17	18.8	19.5	7.1	17.5
2012	58.6	13.3	14.9	16.9	19.4	18.4	7.1	15.1
2013	57.7	11.5	15.2	15.7	20	17.2	7.1	14

注：因为个人搜集数据能力有限，尚未收集到2014年和2015年数据。

资料来源　范珂．我国商业银行贷款集中度对其收益与风险的影响［D］．西安：西北大学，2015.

从表 4-15 可以看出，截至 2014 年年底，东部、中部、西部和东北地区中长期贷款余额分别为 24.55 万亿元、7.44 万亿元、11.10 万亿元和 3.31 万亿元，均比上年增长。但是，中长期贷款余额占比增速继续下降。在经济增速下行压力不断增加的情况下，中长期贷款余额却呈规模增长，通过分析可以发现矛盾产生的原因：居民部门的中长期贷款呈高速增长，而企业部门的中长期贷款在下降，短期贷款却快速上升。这体现了银行的风险偏好和当下的经济特征：一方面房贷风险相对较低，而许多工业领域面临产能过剩的困扰，风险加大；另一方面，不少企业新增贷款用于资金短期周转，而非长期的项目投资。因此，未来既要提升金融服务实体经济的能力、降低融资成本，又要对实体经济面临的产能过剩等突出问题，进行针对性的结构改革。此外，产能过剩领域用于“借新还旧”的新增贷款并没有投入到实体经济中，由此使新增贷款增速和经济增速背离。

表 4-15　**2011—2014 年银行业金融机构中长期贷款地区分布情况**　单位：亿元

地区/年份	东部		中部		西部		东北	
	中长期贷款余额	余额比率（%）	中长期贷款余额	余额比率（%）	中长期贷款余额	余额比率（%）	中长期贷款余额	余额比率（%）
2011	171 086.22	50.25	48 308.77	58.94	74 053.50	70.26	23 690.88	59.54
2012	182 070.97	54.62	54 811.67	57.05	82 730.51	66.62	26 566.14	57.96
2013	223 267.79	14.74	62 744.60	14.47	94 779.20	14.56	29 730.87	11.91
2014	245 503.64	9.96	74 381.01	18.55	110 988.45	17.10	33 119.94	11.40

数据来源：中国区域金融稳定报告（2015）。

（3）涉农贷款余额情况

为贯彻落实国家“三农”发展政策要求，中国银行业持续创新研发金融产品，助推农业企业规模化、产业化发展。截至 2015 年年底，银行业金融机构涉农贷款余额 26.4 万亿元，同比增长 11.7%，涉农贷款余额在各项人民币贷款余额中的占比达 28.1%，涉农新增贷款在全年新增贷款中占比为32.9%，新增贷款中超过1/3的款项投向了“三农”发展。

（4）各地区银行业金融机构不良贷款情况

从表4-16可以看出，各地区银行业金融机构资产质量保持尚好，2012年，东部和东北地区银行业金融机构不良贷款余额略有增长，但不良贷款率均呈小幅下降。

表4-16 **2011—2012年我国各地区不良贷款余额和不良贷款率** 单位：亿元

地区 / 年份	东部		中部		西部		东北	
	不良贷款余额	不良贷款率	不良贷款余额	不良贷款率	不良贷款余额	不良贷款率	不良贷款余额	不良贷款率
2011	3 769.44	1.20%	2 482.34	3.03%	1 989.68	1.89%	1 679.61	4.22%
2012	4 294.86	1.19%	2 221.79	2.31%	1 818.20	1.46%	1 816.38	3.96%

数据来源：中国区域金融稳定报告（2015）。

但根据《2015中国金融不良资产市场调查报告》显示，截至2015第三季度，商业银行不良贷款余额达到11 836亿元，不良率达到1.59%。调查报告称，预计2015年第四季度不良贷款余额会达到12 637.82亿元，不良贷款率为1.67%，预计2016年第四季度不良贷款率会达到1.94%，经济下行压力将导致商业银行信贷资产形成不良贷款的时间提前。就目前情况而言，东部沿海地区的商业银行不良贷款比较严重，根据东方资产的调查显示，如果未来不良贷款形势持续恶化，华南珠三角、华东长三角以及东部沿海地区依然是银行不良贷款潜在高发区。这些地区经济更为发达，融资更为活跃，经济结构调整较快，经济活动风险偏好较高，相应地不良贷款比率也更高。

从表4-17可以看出，各商业银行不良贷款率从高到低依次为农村商业银行、大型商业银行、股份制商业银行、城市商业银行和外资银行。

表 4-17 **各商业银行不良贷款余额**

指标	大型商业银行不良贷款余额	股份制商业银行不良贷款余额	城市商业银行不良贷款余额	农村商业银行不良贷款余额	外资银行不良贷款余额	大型商业银行不良贷款率	股份制商业银行不良贷款率	城市商业银行不良贷款率	农村商业银行不良贷款率	外资银行不良贷款余额
频度	季（期末）	季（期末）	季（期末）	季（期末）	季（期末）	季（期末）	季（期末）	季（期末）	季（期末）	季（期末）
单位	亿元	亿元	亿元	亿元	亿元	%	%	%	%	%
2010-06	3 247.7	592.1	360.7	288.2	60.4	1.46	0.80	1.11	2.34	0.72
2010-09	3 087.3	586.7	339.1	284.4	56.6	1.35	0.76	1.00	2.16	0.65
2010-12	3 081	565.1	325.6	272.7	48.6	1.31	0.70	0.91	1.95	0.53
2011-03	3 100	552	333	299	49	1.20	0.70	0.90	1.80	0.50
2011-06	3 030	530	326	299	44	1.10	0.60	0.80	1.70	0.50
2011-09	2 879	531	330	297	40	1.10	0.60	0.80	1.60	0.40
2011-12	2 996	563	339	341	40	1.10	0.60	0.80	1.60	0.40
2012-03	2 994	608	359	374	48	1.04	0.63	0.78	1.52	0.49
2012-06	3 020	657	403	426	58	1.01	0.65	0.82	1.57	0.58
2012-09	3 070	743	424	487	63	1.00	0.70	0.85	1.65	0.62
2012-12	3 095	797	419	564	54	0.99	0.72	0.81	1.76	0.52
2013-03	3 241	896	454	612	62	0.98	0.77	0.83	1.73	0.59

续表

指标	大型商业银行不良贷款余额	股份制商业银行不良贷款余额	城市商业银行不良贷款余额	农村商业银行不良贷款余额	外资银行不良贷款余额	大型商业银行不良贷款率	股份制商业银行不良贷款率	城市商业银行不良贷款率	农村商业银行不良贷款率	外资银行不良贷款余额
频度	季（期末）	季（期末）	季（期末）	季（期末）	季（期末）	季（期末）	季（期末）	季（期末）	季（期末）	季（期末）
单位	亿元	亿元	亿元	亿元	亿元	%	%	%	%	%
2013-06	3 254	956	496	625	63	0.97	0.80	0.86	1.63	0.60
2013-09	3 365	1 026	526	656	62	0.98	0.83	0.87	1.62	0.57
2013-12	3 500	1 091	548	726	56	1.00	0.86	0.88	1.67	0.51
2014-03	3 771	1 215	619	795	60	1.03	0.92	0.94	1.68	0.52
2014-06	3 957	1 366	680	872	68	1.05	1.00	0.99	1.72	0.59
2014-09	4 272	1 527	786	1 002	81	1.12	1.09	1.11	1.86	0.69
2014-12	4 765	1 619	855	1 091	96	1.23	1.12	1.16	1.87	0.81
2015-03	5 524	1 882	1 002	1 291	126	1.38	1.25	1.29	2.03	1.07
2015-06	6 074	2 118	1 120	1 474	133	1.48	1.35	1.37	2.20	1.16
2015-09	6 474	2 394	1 215	1 643	138	1.54	1.49	1.44	2.35	1.19
2015-12	7 002	2 536	1 213	1 862	130	1.66	1.53	1.40	2.48	1.15
2016-03	7 544	2 825	1 341	2 060	150	1.72	1.61	1.46	2.56	1.30

数据来源：中经网统计数据库。

2. 各地区基础设施发展

（1）交通

交通情况采用公路密度（每百平方公里的公路总里程数）表示。由图 4-3 可知，2015 年位于平原地区的各省份交通基础设施发达，公路密度高。密度较低的省份大多位于偏远地区或山区。

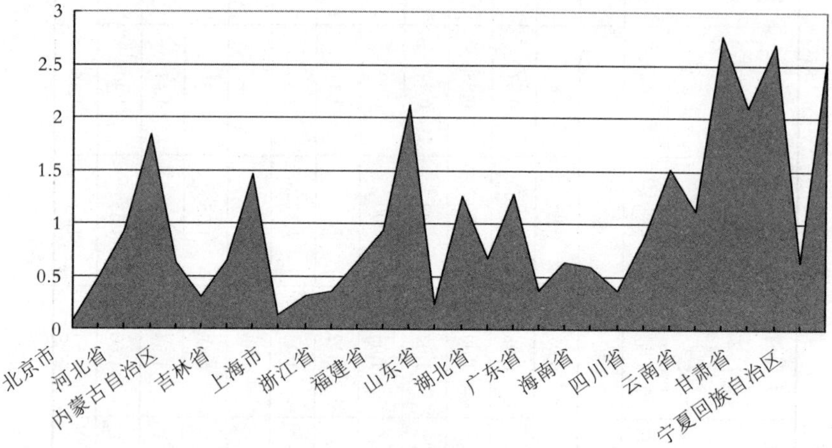

图 4-3　2015 年我国部分地区公路密度

数据来源：中经网统计数据库。

（2）通信

通信情况采用各地区人均地区邮电业务总量表示。从图 4-4 可知，北京、上海、广东、浙江等地区排名较靠前，依次为 4 135.95 元/人、3 735.08 元/人、3 126.96 元/人、3 054.87 元/人。中西部地区人均邮电业务量偏低。

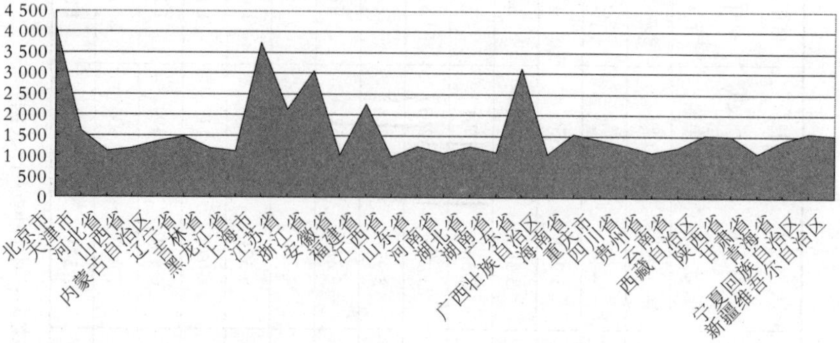

图 4-4　我国各地区人均邮电业务总量

数据来源：中经网统计数据库。

（3）医疗

医疗情况采用各地区每千人拥有的医院床位数表示。从表 4-18 和图 4-5 可知，新疆、辽宁、四川等地区每千人拥有医院床位数依次为 5.6 张、4.88 张、4.57 张，这些省份多为人口输出大省；浙江、江苏、广东等省份每千人拥有医院床位数依次为 3.57 张、3.88 张、3.07 张，这些省份多为人口基数较大；北京、上海每千人拥有医院床位数依次为 4.48 张、3.79 张，这两个地区分别作为政治中心和经济中心，拥有最先进的医疗水平，所以人均床位数水平排名相对靠前。

表 4-18 **我国各地区每千人拥有的医院床位数** 单位：张/千人

地区	2008	2009	2010	2011	2012
北京市	6.65	6.8	6.8	6.84	4.48
天津市	4.22	4.26	4.45	4.46	3.46
河北省	2.77	2.95	3.15	3.35	3.61
山西省	3.47	3.78	4.12	4.15	4.26
内蒙古自治区	3.01	3.16	3.4	3.64	4.01
辽宁省	3.92	4.09	4.42	4.67	4.88
吉林省	3.45	3.7	3.91	4.12	4.31
黑龙江省	3.29	3.49	3.71	3.87	4.22
上海市	5.55	5.67	6.01	6.17	3.79
江苏省	3.01	3.16	3.31	3.63	3.88
浙江省	3.19	3.35	3.57	3.71	3.57
安徽省	2.23	2.4	2.53	2.73	3.44
福建省	2.37	2.73	2.96	3.24	3.45
江西省	2.05	2.22	2.34	2.56	3.2
山东省	3.17	3.4	3.68	3.94	4.44
河南省	2.4	2.65	2.82	2.97	3.89
湖北省	2.52	2.8	2.98	3.31	3.99

续表

地区	2008	2009	2010	2011	2012
湖南省	2.52	2.81	3.06	3.34	4.02
广东省	2.8	2.99	3.25	3.45	3.07
广西壮族自治区	2.13	2.34	2.51	2.63	3.35
海南省	2.39	2.51	2.72	2.97	3.2
重庆市	2.39	2.65	2.92	3.22	4.12
四川省	2.58	2.88	3.14	3.47	4.57
贵州省	1.94	2.23	2.33	2.55	3.73
云南省	2.69	2.94	3.24	3.56	3.94
西藏自治区	2.97	2.82	2.87	3.04	2.59
陕西省	3.1	3.26	3.4	3.61	4.16
甘肃省	2.7	2.85	3.14	3.26	3.85
青海省	3.09	3.32	3.49	3.93	4.31
宁夏回族自治区	3.16	3.33	3.5	3.77	4.1
新疆维吾尔自治区	4.48	4.84	5.08	5.39	5.6

数据来源：根据中经网统计数据库整理所得。

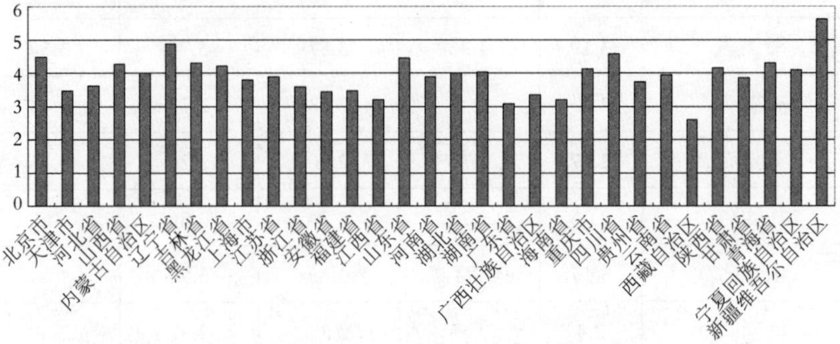

图 4-5　2014 年我国各地区每千人拥有的医院床位数

数据来源：中经网统计数据库。

（4）教育

教育情况采用各地区每千人拥有的高等教师数表示。从图 4-6 可知，北京、天津、上海三市每千人拥有高等教师数分别为 6.16 人、3.1 人和 3.02 人；陕西、湖北两省份拥有数量较多且质量较高的高等学府，每千人拥有高等教师数分别为 2.74 人和 2.22 人，反映了我国高等教育水平的现实情况；云南、青海两省份每千人拥有高等教师数分别为 1.03 人和 1.06 人，在全国排名靠后，且与全国最高水平相差较大。

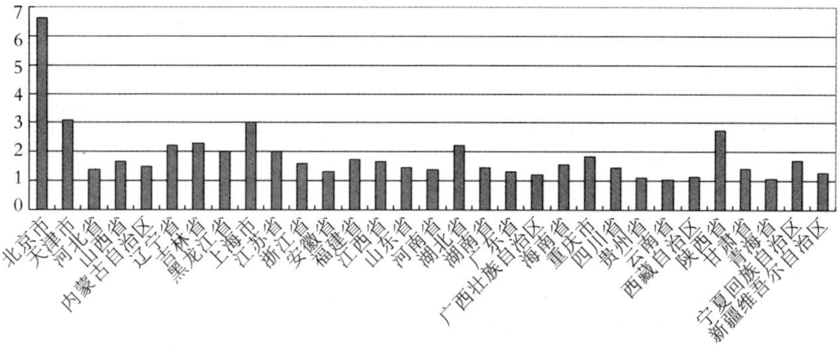

图 4-6　2014 年我国各地区每千人拥有的高等教师数

数据来源：中经网统计数据库。

3. 社会环境

（1）人口老龄化的特点

从表 4-19 可以看出，我国自 2001 年开始已经进入老龄化社会阶段，2015 年我国 65 岁以上人口数量达到 14 374 万，占全国比重 10.5%。根据发达国家经济发展与人口结构变化情况来看，大部分国家是在物质财富积累到一定程度后才进入到人口老龄化阶段。而我国自 2001 年开始就已经有 7.1%的人达到了 65 岁及以上，当年 GDP 仅为 1 041.6 美元，不及德国、英国和加拿大的 1/20，仅为美国和日本的 3%左右，与发达国家存在较大差距。

（2）人口老龄化的影响

一是人口老龄化影响劳动生产率。一方面，老龄化人口导致劳动适龄人口总量减少和劳动适龄人口的年龄结构趋于老化，老龄化人口严重

表 4-19　　2000—2015 年全国人口老龄化情况一览表

年份	年末65岁以上人口数（万人）	65岁及以上人口占总人口比重（%）	老年人抚养比（%）
2000	8 821	6.96	9.92
2001	9 062	7.1	10.09
2002	9 377	7.3	10.38
2003	9 692	7.5	10.65
2004	9 857	7.6	10.69
2005	10 055	7.7	10.67
2006	10 419	7.9	10.96
2007	10 636	8.1	11.10
2008	10 956	8.3	11.33
2009	11 307	8.5	11.60
2010	11 894	8.9	11.90
2011	12 288	9.1	12.25
2012	12 714	9.4	12.66
2013	13 161	9.7	13.08
2014	13 755	10.1	13.69
2015	14 374	10.5	14.30

数据来源：中经网统计数据库。

制约着劳动生产率的提高。另一方面，由于年长劳动力的技能更新相对较慢，接受新知识和新技术的能力偏低，新的行业、新的职业和新的工种的社会分工复杂，这些都要求劳动力有较强的适应能力和较新的知识技术结构。因此，人口老龄化不利于劳动生产率提高，对经济发展起到阻碍作用。

二是人口老龄化影响劳动力成本。2015 年，每百名劳动适龄人口需要抚养 14.3 个老人，这意味着在不降低养老保障待遇标准的条件下，劳动力的人均养老保障负担将不断加重。劳动力成本的增加又会对产业竞争能力带来不利影响。

三是人口老龄化影响产业结构。一方面，老龄化人口不适应技术革新和产业结构调整所带来的职业转换和必要的调动，不利于企业改革创新，较难适应产业结构调整。另一方面，随着老龄化人口比重的上升和数量的增加，老龄化人口的需求和消费特点会对市场和产业结构产生较大冲击。

四是人口老龄化影响社会保障制度。由于人口生育率和增长率的下降，我国赡养年龄人口比率相应地不断上升，体现在养老保险制度中，即参保的退休职工相对于在职职工的赡养率的不断上升。同时，退休人数增加导致人口老龄化对医疗保险的影响，退休人数急剧增加，医疗总费用增加，加之居民平均期望寿命提高，享受医保的时间相应延长，退休人员的平均医疗费用高于在职职工。养老保障属于准公共产品，需要由政府和社会资本同时介入。

4. 产业环境

（1）债券市场发行情况

2015 年，债券市场发行规模较 2014 年同比增长 29.52%，共发行各类债券 82 808.22 亿元，其中，私募债券较 2014 年同比增长 726.57%，共计发行 4 699.56 亿元；公司债券较 2014 年同比增长 491.31%，共计发行 5 853.99 亿元。

（2）货币市场运行情况

2015 年，我国货币市场利率先升后降，整体呈下行趋势。2015 年 12 月，固定利率的企业债券加权平均发行利率为 4.06%，较 2014 年同期下降 1.46 个百分点。公司信用类债券收益率大幅下行，企业融资成本降低。

4.1.4 区域经济运行与金融运行需要关注的方面

1. 区域经济运行中需要关注的方面

（1）各地区经济增长放缓

自 2014 年，受错综复杂的国际经济环境、国内经济下行压力以及各类风险挑战明显增多的影响，各地区经济增长外部环境仍非常严峻，主要经济体经济增长动力疲软。在这样的背景下，我国传统制造业产能普遍过剩，高耗能、高污染行业尤为明显，一些新兴产业的盲目发展导致企业经营状况恶化。更为重要的是，在各地区着力发展战略性新兴产业和现代服务业时，受制于各地区经济转型造成的新的经济增长点尚未对经济增长形成有效支撑，各地区经济增速放缓趋势较为明显。从增长动力转型方面看，固定资产投资和出口增速放缓，但消费保持较稳定的增长趋势。2015 年，社会消费品零售总额名义增长为 10.7%，这说明我国经济增长动力将从投资和出口驱动向消费驱动转变。

（2）各地区经济结构任务仍然艰巨

从经济结构调整方面看，2015 年，我国第二产业同比增长 6%，第三产业同比增长 8.3%。同时，全国用电量同比增长仅为 0.5%，工业用电尤其是重化工业用电基本呈现零增长或负增长，但第三产业用电量同比增长 7.5%，这表明第三产业发展强劲。各地区 2015 年投资回升主要依靠国有及国有控股投资推动，民间投资尚未表现出明显加速，经济企稳基础仍不稳固，部分领域投资可能继续集中在投资大、见效快的产能过剩领域，其结果将影响经济结构调整和产业升级。

（3）各地区产业升级和竞争力有待加强

从产业升级方面看，2015 年我国第二产业同比增长 6%，其中工业同比增长 5.9%，规模以上工业增加值同比增长 6.1%。在规模以上工业中，高技术产业增长较快，其增速达到 10.2%。计算机、通信产业以及高端装备制造业都呈现出快速增长的态势。同时，反映与消费息息相关的行业，如纺织业、食品业、家具业等均保持了较稳定的增长态势。而高耗能、高污染的重化工业的增速明显放缓。这都反映了我国产业结构正在不断地优化、不断地升级。

从产业竞争力升级方面看，虽然按人民币计算，2015 年我国出口同比下降 1.8%，按美元计算，出口同比下降 2.8%，但这种下降主要是由于全球经济增速放缓以及全球贸易增速大幅下跌所导致的。在同一时期，美国的出口下降 6.8%，德国出口下降 11.2%，日本出口下降 9.4%，印度的出口下降 17.5%。值得注意的是，我国出口占全球市场的份额由 2014 年的 12.4%增加到 2015 年的 13.4%，占全球市场的份额增加了一个百分点。这就说明，尽管我国出口增速放缓，但是我国产业竞争力在逐步上升。

综上所述，我国经济增长仍处于转型的过程中，经济增速放缓与转型升级步伐加快同时并存。那么，要正确处理好经济增速放缓与转型升级步伐加快之间的关系：一方面，需要保持经济稳定增长，避免经济大起大落中断经济转型升级的进程；另一方面，需要建立能够充分反映我国转型过程中经济实际增长的新指标体系，准确向外界传递信息，为经济发展与产业转型营造良好的舆论和预期环境。只有经济增长才是国家税源基础，才能创造更多的财政收入，才能缓解地方政府财政支出压力，避免地方政府债务出现更大缺口。

2. 金融运行中需要关注的方面

（1）区域经济增长差异

2015 年，全国各地区经济增速出现小幅下降。各省份发布的 GDP 数据显示，东部、中部、西部地区生产总值比上年增长了 6.07%、4.99%和 5.06%，增速较上年分别回落了 1.56 个、2.53 个和 4.1 个百分点。从国际环境看，世界经济复苏是不及预期的，同时美国加息预期进一步强化，部分经济体债务负担沉重，“紧财政、宽货币”以及贸易投资保护主义等，新兴经济体面临全球贸易、金融等多方面挑战。从国内环境看，投资回升仍主要依靠国有及国有控股投资推动，经济企稳的基础仍不够稳固，经济结构还在调整的关键阶段。另外，前期增长较快的行业受市场容量限制进入调整期，部分领域投资冲动持续较强与经济内生增长动力相对不足，加之结构不平衡、资源环境约束、生态文明建设任务艰巨等，共同构成了 2015 年我国经济增长环境的复杂性。

在这种国内外环境下，处于经济发展不同阶段的东部、中部和西部地区，所面临的金融发展问题也有所不同。同中、西部地区相比较，东部地区经济结构调整步伐较快，但外需低迷难以拉动经济增长；虽然民间融资活跃，但是暴露出较多的企业担保链风险，影响了企业和银行机构的资产质量；金融产品创新以及商业银行表外业务扩张，导致了相关风险管控总体滞后于业务发展，带来更多的潜在风险隐患。中部地区重点行业、企业经济效益增长乏力，银行业虽加快改革，但部分领域信用风险不容忽视。

西部地区整体经济发展规模和竞争力欠缺，企业融资渠道相对狭窄，信贷配给现象比较普遍，信贷风险较大，缺乏金融创新能力。

（2）区域性金融风险

对我国东部、中部、西部地区的区域金融运行现实情况的研究表明，我国资源分布、自然禀赋、经济运行状态等均呈现出非均衡发展特征，直接造成了各地区金融发展差异的形成。新常态下区域性金融风险的形成主要基于以下几个原因：一是工业企业经营效益下降导致的信贷风险。经济欠发达地区的经济增长往往依靠要素投入，这种长期过度依赖导致经济极易受到能源和资源供给的影响，近来持续的经济低迷直接影响着银行业金融机构的不良贷款率。二是地方债务风险引发的区域性金融风险。地方政府融资平台资金大多投资于投入大、回收期长、收益不稳定的项目，而融资平台的很多资金来自于银行贷款，那么就会导致商业银行潜在的信用危机和流动性风险加大，进而引发区域性金融风险。三是内控不足导致金融机构内部控制风险。法人金融机构的权利往往集中于少数的高层管理人员，如果内部监督机制不健全，极易导致信用风险发生，加之部分地区尤其是农村地区的金融法律意识淡薄，难免发生区域性金融风险。

（3）信用风险、市场风险和流动性风险

从近年来我国各地区金融业改革情况来看，改革已经取得明显成效，金融市场融资功能持续增强，银行业发展脚步加快，但在金融行业发展中出现了一些薄弱环节和潜在风险。中国银行发布的《2015 年经济金融展望报告》指出，我国 2015 年金融业面临三大潜在风险。金融危机以来，各国经济金融结构性调整在一定程度上强化了金融稳定性。2013 年全球经常账户不平衡比 2006 年缩减 1/3，美国等主要国家财政赤字及债务有所改善。但是，2014 年 10 月以前出现的全球金融趋稳局面还很脆弱，且金融波动性加大。就金融危机风险指标（ROFCI）而言，2014 年整体处于安全区域，年均值 38.45，比 2013 年略降。金融市场在 2014 年年初、中旬和 10 月曾有较大幅度波动，指标进入不稳定区域，但影响并未延续和恶化。整体上，信用风险较高但相对稳定并趋于下降，市场风险及流动性风险较低但趋于上升。

2015年金融业面临如下潜在风险源：一是货币政策风险。主要市场的宽松政策造成实体经济高度依赖于金融市场及其流动性，对政策变化十分敏感。相应地美国经济增长对全球经济带来的正面效应也可能减轻政策紧缩的负面作用。二是影子银行风险。充足流动性、长期低利率、对银行严监管等促使资金向非银行高风险资产倾斜，全球影子银行规模也持续上升，2013年达27万亿美元。其中，英国影子银行规模占GDP的比例是其他地区的两倍以上；美国影子银行在本国系统性风险中的贡献率从2009年的23%上升到33%，高于其他发达市场；新兴市场特别是中国的影子银行迅速增长，但新兴市场的影子银行限于国内，风险外溢效应有限。影子银行的高杠杆率、成熟期及流动性错配有可能成为系统性风险之源。例如，美国的CDO、CLO、高收益公司债券、高杠杆贷款、次级贷款以及ABS发行自2011年以来大幅攀升，接近危机前水平。三是新兴市场脆弱性风险。随着美国货币政策紧缩及美元升值，新兴市场出现资本流出，并导致该市场MSCI指数下降，部分新兴市场货币贬值，波动性上升。绝大部分新兴市场外资是低流动性的直接投资，而且这些市场的整体流动性较低，虽然新兴市场资本净流入将会受阻，但剧烈资本外逃可能性并不大。仍应关注部分新兴市场资本外流可能的风险传导，主要体现为该市场正遭遇增长减速，而资本外逃会经由本币贬值、利率上升、资产价格下降，导致经济增长进一步减速，诱发金融危机，特别是那些金融市场容量小、不稳定、政府债务高、经常账户赤字、不太依赖出口的国家。例如，土耳其、巴西、印度、印尼和南非等新兴经济体的脆弱性不容忽视。

4.1.5 我国地方政府融资现状

关于我国地方政府融资现状，本书将分别介绍地方政府融资平台、地方政府债券、政策性银行贷款这三种主要形式。本研究立足分析地方政府债务现状及其发生原因，以及对经济生活产生的影响，积极探索新型城市化融资（PPP）模式（即公私合作伙伴关系）的作用、特点、操作模式等，借鉴国内外典型城市化融资（PPP）模式的成功经验，尝试分析PPP模式在我国城镇基础设施、教育、养老、卫生服务等方面的应用及前景。

4.2 地方政府融资平台

4.2.1 地方政府融资平台现状

1. 融资平台的运营模式

目前，我国地方政府融资平台主要有三种运营模式，见表 4-20。

表 4-20 地方政府融资平台运营模式

类别	决策			执行			控制			反馈			监督			责任		
	政府	企业	社会	政府	企业	社会	政府	企业	社会	政府	企业	社会	政府	企业	社会	政府	企业	社会
政府主导型	●			●			●		●	●		●	●		●			
企业自主型	●				●		●	●		●	●		●	●			●	
政府—企业协作型	●	●		●	●	●	●	●		●	●	●	●	●		●	●	

数据来源：中投顾问产业研究中心。

（1）政府主导型

在这种模式中，地方政府行使决策权力，依托政府科层制由官僚组织来执行，动员能力比较强。控制普遍采用强制推行的方式进行，层级特征明显；信息反馈通过“自下而上”方式传递；监督主要依靠自身监督，特殊情况下采用社会监督；责任主体不明确，权责不分导致问责制度难以落实。

（2）企业自主型

在这种模式中，地方政府行使决策权力，依托现代企业的管理机制运作实现执行力；控制上体现为政府、企业共管；信息反馈实行政府与企业的双向流动，沟通机制较为通畅；监督方式上以企业内部监控为主，政府纪检部门为辅；企业为责任主体。

（3）政府—企业协作型

在这种模式中，地方政府和企业共同行使决策权力，体现为地方政府与企业就具体政策的磋商和对话；执行力上发挥企业、政府和社会组织的各自优点；控制上表现为政府通过行政命令、决议文件的方式对企业监管；信息反馈实行政府与企业的双向流动，沟通机制较为通畅；监督方式上以企业内部监控为主，政府纪检部门为辅；企业为责任的主要承担主体。

2. 融资平台的业务领域

地方政府融资平台是地方政府行使职能的主要资金来源渠道，是政府进行公共投资的实体，并且往往采取债务融资模式。因此，融资平台的债务融资主要应用于具有经营性质的资本性项目支出。资本性项目支出可以产生收益，不易造成未来债务本金和利息无法支付的债务风险。

地方政府具有经营性质的资本性项目支出一般具有公益性，其产生收益的能力各有不同。经营性项目可以采取融资平台市场化运作以促进市场效率提升和降低风险，其原因如下：一是经营性项目具有规模经济效应，该类项目外部效应不明显，可以通过市场化收费的方式实现垄断利润，所以较易吸引社会资本。但是，政府必须采取价格监控、财政补贴等多种方式对自然垄断的效率损失进行控制。二是经营性项目可以降低融资成本。经营性项目自身收益可以进行融资抵押，便于地方政府以更有效的方式进行融资，进而降低融资成本，项目市场化运作带来的未来营运风险同样也会降低融资成本。三是融资平台可以降低地方政府投融资风险。融资平台进行的经营是以项目为导向的，在预算约束与金融市场监管下，可以有效地将地方政府融资直接进行投资，承担投资损益的风险向经营实体转移，防止单个公共服务项目建设风险影响到地方财政，实现项目风险由政府与私人部门共同承担。四是融资平台可以提高经营效率。融资平台的资金来源不论是股权还是债权，其在社会资本追求利润最大化原则下运营，监管项目风险、降低运营成本与实现高效率是融资方、投资方和政府共同追求的目标。五是促进整体公共服务水平提高。融资平台对经营性项目的建设目标是满足社会公共需要，在大型项目建设固定成本较高情况下，融资平台对项目进行融资可以隔离地方政府风险，地方政府则可以通过财政补贴等方式快速实现公共服务提供，推进公共服务水平提高。

综上所述，融资平台的业务领域应该选择地方政府资本性支出中的经营性领域，尤其是以收益性经济建设项目为主，融资规模效应的存在可以实现市场效率的改进。

3. 融资平台的风险

随着我国城镇化脚步加快，地方政府投资规模逐渐增大。以城投公司为主的地方政府融资平台通过银行、保险公司等中介机构获得以满足城镇化发展所需的基础设施投资改造资金，已经成为地方政府融资的主要方式。受国际金融危机与地方财政收入不确定性的影响，地方政府融资平台可能会遇到偿债风险，进而演化为包括金融风险、财政风险与公共风险在内的融资平台风险①。

（1）金融风险

地方政府融资平台的筹资行为受到金融机构与中央政府的双重约束。目前，在我国的预算法、担保法等法律制度以及当前的财政金融体制下，金融机构对融资平台的约束和中央政府对地方财政的预算约束都是“软约束”，不具有强制性。因此，地方政府融资平台蕴藏的财政风险极易向金融风险转化。

融资平台向金融机构转移风险进而产生金融系统风险。总体来看，我国地方政府债务尚处于可控状态，但仍有部分隐藏债务风险容易导致金融机构出现风险。地方政府融资平台的审计结果显示，审计署审计的 6 576 家融资平台公司中，358 家公司通过“借新还旧”方式偿还债务 1 059.71 亿元，这些债务包括负有担保责任的债务和其他相关债务，“借新还旧”率平均达到半数以上（55.2%）；148 家公司存在逾期尚未偿还的债务 80.04 亿元，债务率平均为 16.26%。融资平台偿债困难的出现，增加了发生微观金融风险的可能性，最终有可能导致金融机构无法正常运营。例如，从表 4-21 可以看出，中国工商银行、中国银行与交通银行的平台贷款余额均呈上升趋势，平台贷款余额占各金融机构贷款余额比重基本都在 10%左右，平台贷款不良率有所升高，如果出现大范围的融资平台偿债困难，不断累积和传播的微

① 杨波．地方政府融资及其风险分担机制研究［R］．北京：中国财政科学研究所，2011：62.

观金融风险将逐渐产生中观金融风险。如果再发生商业银行大量贷款到期而地方政府无法还清的情况，融资亏损风险传导到整个银行业，最终形成宏观金融风险，这种风险进一步传导到实体行业领域，各个实体经济主体将做出理性预期，影响到市场机制的作用发挥，最终造成整个金融系统的不稳定。

表 4-21　**2010 年 6 月和 2011 年 6 月部分上市银行平台贷款情况**

类别	平台贷款余额（亿元）		平台贷款占比（%）		平台贷款不良率（%）	
	2011年6月	2010年6月	2011年6月	2010年6月	2011年6月	2010年6月
中国工商银行	9 310	6 990	13.26	11.00	0.25	0.02
中国建设银行	5 800	5 800	9.7	10.84	1.1	0.11
中国农业银行	5 300	5 331	10	11.53	1	—
中国银行	5 315	4 197	8.7	7.78	0.17	0.07
交通银行	3 083	1 435	12.96	6.93	0.19	—

资料来源　杨艳. 从地方政府融资平台看财政风险向金融风险的转化 [J]. 经济学家，2013（4）：85.

地方政府向中央政府转移风险进而产生金融系统风险。融资平台是地方政府为缓解地方财政支出压力而设立的，在我国当前政治制度以及财政体制下，在地方政府出现财政支出困难时，中央政府会通过财政转移支付等方式进行援助，不会允许地方政府破产。自 2009 年起，我国地方政府负债规模的快速扩张无疑会加大地方政府的债务偿付风险。中央政府代地方政府发债或地方政府自行通过融资平台进行融资，都可能导致地方财政出现偿债风险，中央政府作为最后“兜底人”势必面临极大的财政风险，使财政风险向财政风险货币化转变，即中央政府在发行债券后，通常委托中央银行进行公开市场购买，换句话说，中央财政通过财政透支方式缓解了中央财政困难，但是这种财政风险货币化的做法虽然短时间之内缓解了中央财政面临的宏观财政风险，却不能减少全社会面临的风险总量，并且有可能引发经济运行的流动性过剩，从而进一步引发通货膨胀风险，最终影响整个金融体系的稳定。

（2）财政风险

由于地方政府债务统计口径的不同，融资平台的贷款余额存在多种说法和数字。根据中国银监会统计口径，截至 2013 年 6 月底的贷款余额为 9.7 万亿元；根据野村证券[①]（2013）数据，2012 年我国地方政府融资平台未偿还债务已达 11 万亿元；根据渣打银行[②]（2013）数据，2012 年底地方政府融资平台债务未偿还余额为 19 万亿元 ~ 20 万亿元。由于地方政府同地方融资平台之间的特殊关系，融资平台的债务基本已经成为地方政府或有负债与隐性债务的重要组成部分。因此，地方政府融资平台极易发生财政风险[③]。

一是资金来源的财政风险。从地方政府融资平台的资金来源来看，主要是地方政府财政部门及其相关机构注入的财政资金、划拨土地、股权或债券等国有资产构成，各地也基本都是通过划拨土地、规费、国债等方式成立一个资本金和资产可以达到融资标准的城投公司；从地方政府融资平台的经营来看，其资产的虚拟化程度较高的同时，盈利能力较弱。根据审计署 2010 年的审计结果，全国共计 6 576 家融资平台，其中 1 033 家融资平台公司存在资金注入问题（如虚假出资、注册资本不到位、违规出资以及抽出资本等），1 734 家融资平台出现经营亏损；从信用担保来看，地方政府及下属机构进行了较多的违规或变相担保，如通过提供担保函或者承诺在无力偿还时提供临时性的担保等，这种过度的“增信”行为使得地方政府融资平台的偿债风险加剧。根据审计署审计报告显示，2010 年 6 月国务院下发了《关于加强地方政府融资平台公司管理有关问题的通知》，全国仍有 7 个省级、40 个市级、107 个县级地方政府融资平台通过县级政府及所属部门出具承诺函，或以财政收入等形式违规提供担保 464.75 亿元；从银行运行角度看，部分银行缺乏对地方政府融资平台的监督与管理，或者没有严格按照商业银行贷款管理原则进行信贷管理和风险管理，导致融资平台公司累积了大量偿债风险，进而演变为地方政府财政风险。

---

① Nomura China：Rising risks of financial crisis［R］. Japan:Asia Special Report，2013.

② 张莫，赵婧. 渣打发布亚洲债务大起底：中国政府债务占 GDP78%［J/OL］.［2013-7-29］. http://finance.people，com.cn/n/2013/0729/c/004-22359380.html.

③ 杨艳. 从地方政府融资平台看财政风险向金融风险的转化［J］. 经济学家，2013（4）：83.

二是资金运用的财政风险。融资平台的信贷资金主要用于纯公益性项目、半公益性项目以及非公益性项目三大类。商业银行通常将融资平台贷款分为三种情况：有经营现金流的非公益性项目，类似于项目融资，商业银行按照项目建成后的现金流测算还款资金，也即通过项目自身经营现金流进行偿还，这种情况下融资平台公司信用风险向政府财政风险转移的可能性很小；项目建成后难以形成充足现金流，不能完全偿还贷款本息，由地方政府提供财政补贴，将项目本身的现金流和财政补贴共同作为还款来源，这种情况要求地方政府或将每年贷款本息通过财政预算的形式列示，或地方政府提供担保，如果进行有限担保或违规担保则极易导致地方政府成为负有连带责任的债务人，融资平台公司的信用风险极易转为地方政府财政风险；完全没有现金流的公益性项目，地方政府必须提供充足的财政保障和信誉担保，融资平台公司最终依靠地方政府税收收入和行政事业费进行债务偿还，偿债负担完全落到地方政府身上。虽然融资平台资金可以投向上述三类项目，但是根据实际情况，当前大部分融资平台贷款投向了纯公益性与半公益性项目，盈利能力低下导致地方政府出现“借新还旧”与逾期偿债。根据审计署审计报告，截至2011年年底，全国有22个市级政府和20个县级政府由于偿债能力有限，“借新还旧”率超过了20%；有4个市级政府和23个县级政府逾期债务率超过了10%。

三是资金管理的财政风险。在融资平台资金使用与经营中，地方政府处于主导与操控地位，而融资平台公司只具备相对的使用权利，独立操作性不强。同时，融资平台法人治理结构不完善，大多数融资平台公司缺乏完整的实体运作结构，财务与审计以及管理团队都不够规范，市场化运作能力不强，缺乏风险控制能力。更为重要的是，信息不对称导致的道德风险与逆向选择，使得融资平台资金管理中产生人为的财政风险，部分融资平台债务资金在使用过程中未能及时安排或存在挤占与挪用现象，这极大地削弱了融资平台为公共基础设施服务的功能，导致地方政府收支缺口扩大，引发了地方政府的融资风险。根据审计署审计报告，2010年年底地方政府存在的尚未支出的债务余额11 044.47亿元，而地方政府为此增加的财政资金利息多达67.74亿元。

（3）公共风险

地方政府财政收支存在缺口导致地方财政支出压力不断增大，从而使地方政府融资平台必须不断增加负债才能满足日益增长的公共产品和服务需求，当融资平台采取“融资平台—土地财政—打捆贷款”的运作模式时会引发公共风险。

一是推高房价。2008 年的美国次债危机爆发后，我国做出 4 万亿经济刺激计划，地方政府在投资热潮中，以“融资平台—土地财政—打捆贷款”的运作模式作为融资平台方式。地方政府的财政资金划拨、土地划归以及规费注入等不断投入到融资平台企业中，在市场上对这类企业给予各种形式的政府担保贷款，这类企业将所得资金用于该片土地开发建设，将后期土地升值收益用于还本付息。在这一运作过程中，土地扮演着多种角色，即地方政府财政收入、平台企业注册资本、基础建设项目启动资金以及银行贷款的抵押品等。那么，只有当土体维持较高的价格时，这一融资模式才能得以顺利运转。为了融资平台的这一融资模式能够顺利运转，地方政府成了抬高地价与房价的主要推手。根据财政部 2015 年的统计数据显示，当年全国土地出让收入达 33 657.73 亿元，占全国 GDP 的比重达 4.97%，占当年财政收入的比重为 22.44%。2015 年 4 季度末，全国 105 个主要监测城市的综合、商业、住宅和工业地价，分别为 3 633 元/平方米、6 729 元/平方米、5 484 元/平方米和 760 元/平方米，同比分别增长 3.16%、2.70%、3.92%和 2.38%。

二是宏观经济调控困难。融资平台企业资金来源主要为银行的中长期贷款，资金使用主要面向城市基础设施和公用事业，体现出资金使用期限久、资金回流慢的特点，为避免“半拉子”工程出现，地方政府需要银行系统不断注入资金。因此，地方政府融资平台有“绑架”商业银行贷款的可能，造成国家货币政策调控空间缩小，持续的信贷注入还有可能引发通货膨胀。

4. 融资平台的规模和结构

（1）规模

为拓宽地方政府融资渠道与弥补地方政府融资缺口，20 世纪 80 年代，我国产生了地方政府融资平台。在运行了较长的时间之后，并未引起大家广泛关注，直到2008年美国次债危机席卷全球后，我国地方政府实施了积极的4万亿经济刺激计划，其结果极大地促进了地方政府投融资需求的持续增加，加之适度宽松的货币政策为地方政府融资平台提供了有力的政策支持，我国地方政府融资平台数量及融资规模迅速增长。2008年初，我国各级地方政府融资平台负债规模约1万亿元[①]；2009年年底，全国各级地方政府融资平台公司共计3 800余家[②]，县区级融资平台公司占70%以上，贷款余额规模约5万亿元，新增贷款9.59万亿元，其中约3.8万亿元流向地方政府融资平台；2010年年底，我国地方政府融资平台公司共计1万余家，省、市、县三级融资平台分别占2.51%、25.06%和72.43%，显然县级融资平台公司较多[③]；2010年年底，全国地方政府融资平台贷款增速回落，但地方政府融资平台公司债务余额在全国地方政府性债务余额中占比高达46.38%[④]。

（2）区域分布

地方政府融资平台是由地方政府及其部门和机构通过财政拨款或注入土地、股权等资产的方式设立的，承担着政府投资项目的融资功能，拥有独立的法人资格的经济实体，一般情况下包括城建投资公司、城建开发公司、城建资产经营公司等。在市场上，地方政府融资平台主要以向商业银行贷款的方式进行融资，并将所得资金重点投入到城市基础设施建设以及公共事业改善方面。运行较好且具有代表性的地方政府融资合作模式的地区有上海、重庆、天津。曲斌（2013）指出，区域经济发展同地方政府融资平台之间呈现正向关系，即经济发展水平较高的地区，其政府融资平台数量也相对较多；反之，经济发展水平较低的地区，其政府融资平台数量也相对较少。根据相关数据显示，我国经济发展较好的东部地区的政府融资平台占全国总数的50%左右。但值得注意的是，在中部、西部地区中，县级政府融资平台占比却较高。此外，唐洋军[⑤]（2011）认为，地方政府融资平台的贷款规模也存在着较大的地

---

① 詹向阳．辩证看待地方政府融资平台发展［J］．中国金融，2010（7）：38-40．
② 余子良．地方政府融资平台的来龙去脉与风险规避［J］．改革，2013（1）：77-78．
③ 杨艳．从地方政府融资平台看财政风险向金融风险的转化［J］．经济学家，2013（4）：83．
④ 审计署办公厅．全国地方政府性债务审计结果［EB/OL］．［2011-06-27］．http://www.audit.gov.cn/n1992130/n1992150/n19925001/2752208.htmt．
⑤ 唐洋军．财政分权与地方政府融资平台的发展：国外模式与中国之道［J］．上海金融，2011（3）：19-26．

区差异。例如，经济发达区域的长三角、珠三角和环渤海地区，其融资平台贷款余额占该地区全部贷款余额的 30%、11%和 20%，总计达 61%；经济发达程度相对较低的东北、中部和西部地区的融资平台贷款余额占全部贷款余额的 8%、14%和 17%，总计达 39%；经济发达的三大区域融资平台贷款余额约为东北、中部和西部地区的 2 倍。由此可见，经济发达程度影响到了地方政府融资平台与贷款的区域分布。根据国家审计署 2013 年 6 月发布的地方政府本级政府性债务审计结果显示，全国 36 个地方政府债务余额接近 3.85 万亿元。其中，银行贷款占比较高，达到 78.07%，相比 2010 年出现下降。根据中国银监会数据统计，2012 年年底我国地方政府融资平台贷款余额占银行贷款余额的比重相比前两年呈下降趋势，贷款规模为 9.3 万亿元，占银行贷款余额的 13.8%。

（3）债务状况

地方政府融资平台主要以信贷融资为运营资金的主要来源，其中商业银行贷款是主要来源方式。在不同的金融机构运营中，地方政府融资平台贷款余额差距较大。从现实情况来看，中国工商银行、中国农业银行、中国银行、中国建设银行、交通银行等五大国有商业银行的地方政府融资平台贷款余额占整个金融机构平台贷款余额半数左右。但是，随着金融机构加强对五大国有商业银行的监管，地方政府融资平台贷款也逐渐转向中小银行，并有可能呈现逐渐增多趋势。从各银行统计中粗略估计，截至 2011 年 6 月底，地方政府融资平台在中国工商银行的贷款余额为 9 310 亿元，较 2011 年初的 6 416 亿元有所增加；在中国农业银行的贷款余额为 5 301 亿元，比 2010 年末增加 1 323 亿元；在中国建设银行的贷款余额为 5 800 亿元，较一季度末略有上升；在中国银行的贷款余额为 5 315 亿元；在交通银行的贷款余额由年初的 1 774 亿元上升到 3 083 亿元，约占总贷款的 12.5%。国家审计署 2013 年 6 月发布的地方政府本级政府性债务审计结果指出，举债主体包括政府部门与机构以及融资平台公司等七大类。从全国来看，融资平台是第一大举债主体，占全国债务总额的 37.45%。从各省份情况来看，在融资平台公司占比中，重庆市融资平台公司债务所占比重为 66.28%，显著高于全国平均水平（37.22%）和其他省份；而排名前五的其余四个省份占比也超过了50%，分别为海南省（55.49%）、湖北省（52.51%）、湖南省（52.39%）和山东省（50.3%）；北京市、河南省和吉林省的融资平台公司债务占比均不超过20%，分别为11.05%、14.85%和18.53%。可见，融资平台公司债务占比在各省份之间差异很大。此外，截至2013年6月底，融资平台负有偿还责任的债务40 755.54亿元，负有担保责任的债务8 832.51亿元，可能承担一定救助责任的债务20 116.37亿元。

4.2.2 地方政府融资平台存在的问题

1. 微观层面债务风险突出

由于对地方政府融资平台的债务数量缺乏统一的统计口径，因此，很难在整体上对地方政府融资平台的债务风险进行量化。国家审计署对地方政府融资平台的贷款余额、逾期贷款数量进行了审计与评估，审计结果指出，当前我国地方政府融资平台债务风险如果不及时处理，很容易爆发为现实的经济风险[①]。2012年以前，我国地方政府融资平台偿债率不超过20%的警戒线，并且有研究者认为，中国经济的稳定运行和良好前景有助于地方债务风险的逐步释放的同时，可以增加地方政府可支配财力，更为重要的是，地方政府融资平台将偿还本息资金的主要来源寄托在土地收入上。

事实上，2015年地方政府GDP下行压力较大，短期内取消融资平台的可能性很小。根据审计署2015年度中央预算执行和其他财政收支审计情况的结果显示：

一是部分地方政府发债融资未有效使用。抽查发现，2015年年底，在黑龙江、湖南、北京、内蒙古和广东5个地区发行的置换债券中，138.4亿元（占2%）发绩融资未及时使用，主要是为达成提前还款协议或偿还手续办理滞后等原因所导致；在湖南、山东、河南和广东4个地区使用的置换债券融资中，112.57亿元（占2%）发债融资未按规定的优先顺序偿债；在内蒙古、浙江和湖南3个地区新增债券融资中，

① 梅建明. 关于地方政府融资平台运行的若干问题［J］. 财政研究，2011（5）：65.

24.23 亿元（占 4%）发债融资因项目未落实等原因尚未使用。

二是有的地区仍违规或变相举债。抽查发现，截至 2015 年底，浙江、四川、山东和河南 4 个地区通过违规担保、集资或承诺还款等方式，举债余额为 153.5 亿元；有的地方出现一些隐性债务，内蒙古、山东、湖南和河南 4 个地区在委托代建项目中，约定以政府购买服务名义支付建设资金，涉及融资 175.65 亿元；浙江、河南、湖南和黑龙江 4 个地区在基础设施建设筹集的 235.94 亿元资金中，不同程度存在政府对社会资本兜底回购、固化收益等承诺。

因此，从当前地方政府融资平台来看，隐性的债务风险尚未爆发，部分地区的政府偿债率和负债率已经远超过警戒线，不能仅从宏观上看风险。

2.“土地财政”导致宏观调控效果欠佳

地方政府通过注入土地资产等方式进行融资平台建设，用土地资产向银行进行抵押贷款，得到贷款之后用来进行基础设施投资和建设，土地环境改善后融资平台又将升值的土地出让，进而获得更大的收益。同时，政府也从房地产开发中获取了较大的收益。由此可见，“融资平台—土地开发—政府收入”形成了一个完整的利益链条。在 2015 年 5 月之前，市场将过多的目光投向了地方债发行及置换，融资平台几乎陷于停滞。财政部数据也显示，2015 年之前，省级地方债券发行量维持在 2 000 亿元 ~ 4 000 亿元的规模，远低于同期城投债的发行量，而城投债则是稳中有升，到 2014 年达到 1 万亿元左右。但 2015 年以来，情况剧变，地方政府债券发行量飙升，城投债巨量缩减，造成这种变化的主要原因是国务院出台《关于加强地方政府性债务管理的意见》（以下简称《意见》），对融资平台融资的收紧以及巨额地方债置换的顺利推进，使得地方政府债券对城投债的替代效应增强。

地方政府融资平台和土地财政的关系短期内仍是难以割裂的。虽然《意见》明确划清政府与企业界限，指出政府债务只能通过政府及部门举借，不得通过企事业单位举借。这也意味着融资平台不能再代替政府履行融资职能，从一定意义上讲，政府融资平台不复存在。然而，面对中国 16 万亿元的地方债务，《意见》对融资平台的约束有限。实际上，一些地方融资平台真正被取消的很少，对地方政府来说，融资平台更多承接债务的“借新还旧”功能。多位市场人士分析认为，在政府债务与日俱增的背景下，地方政府自发自还的债券要完全代替融资平台发债的可能性很小。那么，土地财政和地方政府融资平台的关系导致国家宏观调控政策效果欠佳就不难理解了。

3. 政企不分导致责任主体模糊

一般而言，地方政府融资平台是由地方政府直接或间接出资搭建的融资工具。因此，地方政府可以直接控制，并且在经营和管理过程中扮演着重要角色，这样的融资平台在经营上根本不可能做到政企分开、独立经营。与此同时，政府和融资平台间的管理和代理关系非常复杂。从领导职务上看具有行政级别，一般由政府部门、监管机构领导兼任。地方政府融资平台既不像公司和企业，又不像政府机构，在很大程度上使得地方政府融资平台主体定位模糊，地方政府同时具有融资平台经营者和管理者双重角色，这显然违背了“所有权和经营权相分离”的公司运营原则，造成了地方政府融资平台的治理困难，同时也极大地削弱了市场化条件下融资平台的作用。

4. 信息不透明导致缺乏外部约束

作为独立的经济主体，地方政府融资平台的资产负债情况、现金流量和损益状况等信息的及时公开和披露，对债权人和社会公众非常重要。但是，目前获取我国各地方政府融资平台的相关数据较难，这对合理控制负债带来很大的操作难度。同时，融资平台公司之间的互保现象以及现存的较为模糊和隐匿的债务权责关系将导致地方政府债务隐性化，纳税人无法客观地认识地方政府的真实资产规模或偿债能力，无法正确评估地方公共产品的供给成本。更为重要的是，地方政府融资平台也无法科学地把握融资总量和结构，造成自我约束的不足，加之在政府背景下难以实施有效监管，外部约束也严重缺失。此外，地方政府与融资平台存在的行政任职导致财政信息不透明，因而社会公众难以确定地方政府融资平台的合理融资规模，银行也很难估计其最优贷款规模。

4.3 地方政府债券

地方政府债券（Local Treasury Bonds）是指某一国家中有财政收入的地方政府或地方公共机构发行的债券。地方政府债券一般用于交通、通信、住宅、教育、医院和污水处理系统等地方性公共设施的建设。地方政府债券一般也是以当地政府的税收能力作为还本付息的担保。地方发债有两种模式，第一种为地方政府直接发债；第二种是中央发行国债，再转贷给地方，也就是中央发国债之后给地方用。在某些特定情况下，地方政府债券又被称为“市政债券”。

4.3.1 城投债

1. 城投债的产生

城投债的产生有以下原因，分税制的改革造成地方财政收入占全国财政收入的比例不断下降，城镇化建设进程中资金需求巨大，2014 年以前的预算法规定不允许地方政府直接发行债券，导致地方政府纷纷进行融资创新，寻求新的融资方式去突破在现行法律制度框架内解决资金短缺的窘境。城投债作为地方政府融资的一种手段，具有其他融资渠道不可比拟的优点，如制订和安排的发行计划具有主动性和灵活性；地方政府可以对发债企业的生产经营活动予以干预并给予政策性优惠；信用级别高且收益率较高等。

2. 城投债的发展

（1）企业债券

2009 年是企业债券发展的分水岭。2009 年城投债发行的总额为 1 759 亿元，是 2002—2008 年发行总金额的 1.29 倍。究其原因，在中央出台的应对金融危机的 4 万亿经济刺激计划中，中央投资 1.18 万亿元，其余资金来源于地方配套资金和民间资金，城投公司则承担了地方政府融资的主要重担。2010 年，受国家经济强劲复苏及经济结构转型的影响，国家严格把关城投债的审核，全年共发行城投类企业债券 1 572 亿元，比 2009 年总额有所回落。2012 年城投债发行总量为

4 739.1 亿元，2014 年达到 5 599.90 亿元，见表 4-22。

表 4-22　2002—2014 年城投公司企业债券发行量及占企业债券比重

	城投企业债		企业债		城投债占比	
	期数（期）	金额（亿元）	期数（期）	金额（亿元）	期数占比（%）	规模占比（%）
2002年	3	45.00	11	315.00	27.27	14.29
2003年	4	83.00	19	440.00	21.05	18.86
2004年	3	44.00	19	351.60	15.79	12.51
2005年	16	204.00	39	674.00	41.03	30.27
2006年	18	215.00	53	1 075.00	33.96	20.00
2007年	33	345.00	87	1 709.35	37.93	20.21
2008年	25	426.00	71	2 366.90	35.21	18.00
2009年	120	1 759.00	190	4 252.33	63.16	41.37
2010年	118	1 572.00	182	3 602.03	64.84	43.64
2011年	141	1 795.00	203	3 485.48	69.46	51.50
2012年	400	4 739.10	496	7 999.31	80.65	59.24
2013年	—	3 518.80	—	87 016.27	—	—
2014年	—	5 599.90	—	118 749.8	—	—

数据来源：Wind 资讯、鹏元、中债资信整理。

从城投企业债占企业债比重看，企业债的“城投化”趋势明显，成为我国企业债发行的主要力量。从 2014 年城投债券发行的相关政策可以看出，国家对城投债券发行的监管越来越严格，越来越规范，究其原因应该是企业债的发行更多地以“城投化”的方式进行，进而影响了城投债券的发行规模，见表 4-23。

从 2014 年城投债券募集资金的用途看，用于补偿营运资金和偿还银行贷款的规模大幅膨胀，偿还银行贷款首次成为第一大资金投向，存量债券主要用于市政道路等基础设施、偿还银行贷款、保障房和补偿运营资金。根据审计署公布的全国政府性债务审计结果，截至 2013 年 6 月末，2014 年到期需偿还的地方政府负有偿还责任债务占全部债务余额的 21.89%，2014 年为地方政府性债务偿还的最高峰。城投企业在债务偿还和资金周转上的压力显著上升，如图 4-7 和图 4-8 所示。

表 4-23　**2014 年城投债券发行的相关政策**

发布时间	政策名称	政策主要内容
2014年2月	中国银行间市场交易商协会主承销商会议	拟对城投类企业所在地方的行政级别不进行限制，只需符合“六真”原则，且需满足地方政府本级债务率不超过100%或负债率不超过60%，以2013年6月后审计署第二次审计结果为准
2014年3月	财政部《关于2013年中央和地方财政预算执行情况及2014年财政预算草案的报告》	在允许地方政府规范举债的同时，进一步加强地方融资平台公司举债管理，规范融资平台公司融资行为，抓紧剥离融资平台公司承担的政府融资职能
2014年4月	国家发改委发行县级城镇化集合债券	拟推出县级城镇化集合债券，城投企业债券的县级发行主体不再仅局限于百强县
2014年4月	国家发改委《关于2014年深化经济体制改革重点任务的意见》	规范政府举债融资制度。“开明渠、堵暗道”，建立以政府债券为主体的地方政府举债融资机制，剥离融资平台公司政府融资职能
2014年5月	国家发改委《关于创新企业债券融资方式扎实推进棚户区改造建设有关问题的通知》	在偿债保障措施较为完善的前提下，对国有大中型企业发债用于工矿区、棚户区改造的，适当放宽企业债券发行条件，开展棚户区改造项目收益债券试点，项目收益债券不占用地方政府所属融资平台公司年度发债指标，扩大“债贷组合”用于棚户区改造范围
2014年5月	《2014年地方政府债券自发自还试点办法》（财库〔2014〕57号文）	确立地方政府自发自还发债机制
2014年8月	《预算法修正草案》四审稿通过	经国务院批准的省、自治区、直辖市的预算中必需的建设投资的部分资金，可以在国务院确定的限额内，通过发行地方政府债券举借债务的方式筹措

续表

发布时间	政策名称	政策主要内容
2014年9月	国家发改委《关于全面加强企业债券风险防范的若干意见》	从资产质量、融资成本和地方政府性债务风险等多个方面新增了城投企业的发债准入审核条件，提高发行主体的资产负债率标准，将企业债发行申报间隔时间由6个月延长至1年
2014年10月	国务院《关于加强地方政府性债务管理的意见》（国发〔2014〕43号文）	政府债务不得通过企业举借，剥离融资平台公司政府融资职能，对甄别后纳入预算管理的地方政府存量债务，各地区可申请发行地方政府债券置换
2014年10月	国家发改委《企业债风险防范细则与说明》	不再要求地方政府出具债券偿债保障措施文件，凡未取得批文的企业债，在募集和评级书中涉及政府偿债保障措施的内容要对照国务院43号文件进行修改，已取得批文但未发行的债券在发行披露时不要再有涉及政府偿债保障的内容
2014年12月	银行间市场交易商协会《关于进一步完善债务融资工具注册发行工作的通知》	规定了主承销商在承销城建融资企业债券时需要调查的11项内容，新增了平台资格、债务甄别、与政府相关的市场化安排、财政性资金流入、补充三年内审计结果等内容
2014年12月	中证登《关于加强企业债券回购风险管理相关措施的通知》	地方政府性债务甄别清理完成后，对于未纳入地方政府一般债务与专项债务预算范围的企业债券，仅接纳债项评级为AAA级、主体评级为AA级（含）以上（主体评级为AA级的，其评级展望应当为正面或稳定）的企业债券进入回购质押库

资料来源　和讯债券．2014年全国城投债券发行情况分析［EB/OL］．［2015-01-20］.http：//bond.hexun.com/2015-01-20/172557751.html.

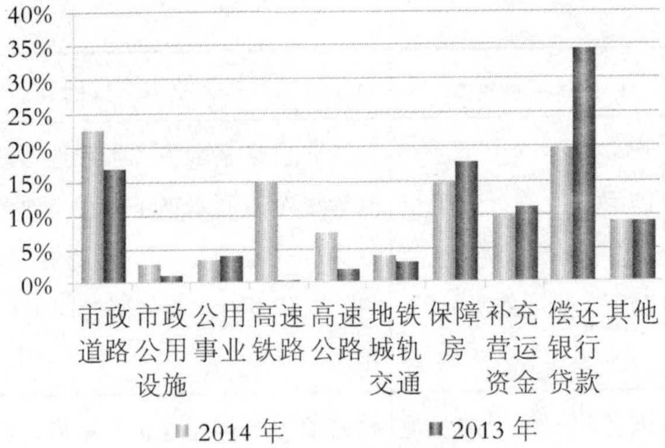

图 4-7 2013 年和 2014 年债券募集资金用途占比对比

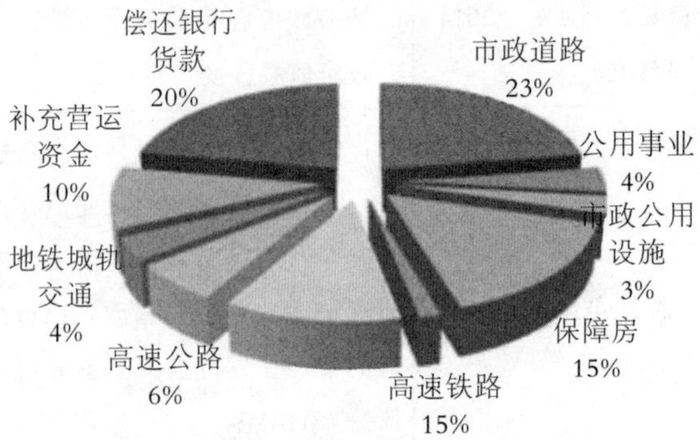

图 4-8 截至 2014 年年底债券募集资金用途占比

资料来源 和讯债券. 2014 年全国城投债券发行情况分析［EB/OL］.［2015-01-20］.http：//bond.hexun.com/2015-01-20/172557751.html.

从所有债券募集资金用途来看，受 2014 年以来上述变化的影响，截至 2014 年年底，虽然市政道路仍是历史发行所有债券募集资金的最主要用途，占比达 22.98%，但用于偿还银行贷款的资金占比已达 22.05%，排名已居第 2 位，用于保障房和补偿运营资金的占比分别为 15.60%和 9.73%，分别位居第 3 和第 4，如图 4-9 和图 4-10 所示。

城市基础设施投融资类主体的债券发行量最大，存量占比最高且仍略有上升；铁路类主体发行量增长最快；高速公路类主体发行量增速最低，存量占比有所下滑。

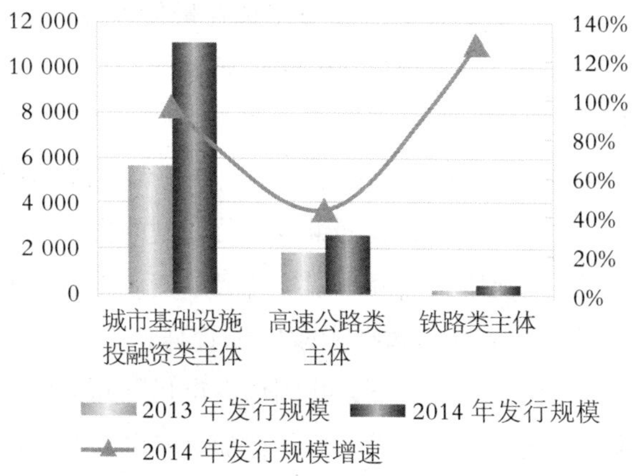

图 4-9　2013 年和 2014 年不同职能主体债券发行规模和增速对比（单位：亿元）

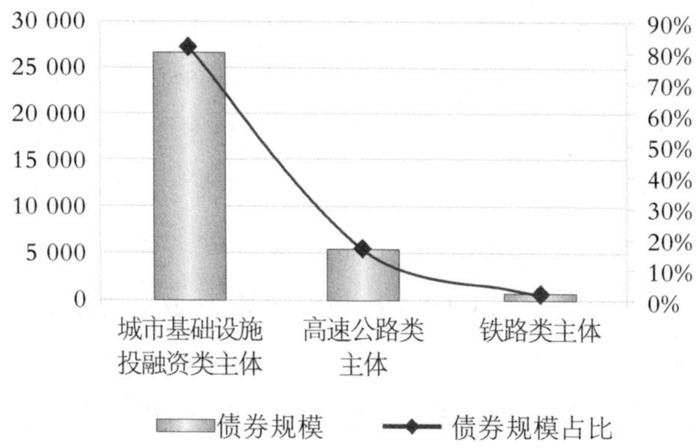

图 4-10　截至 2014 年年底不同职能主体存量债券规模对比（单位：亿元）

资料来源　和讯债券. 2014 年全国城投债券发行情况分析［EB/OL］.［2015-01-20］. http://bond.hexun.com/2015-01-20/172557751.html.

从债券发行来看，发行量方面，2014 年，城市基础设施投融资类主体仍然是发行债券主力，发行规模达 11 051.90 亿元，占比 79.35%，较 2013 年的 74.40%仍有所上升。增速方面，2014 年，铁路类主体债券发行规模同比增长 128.79%，为增长最快主体；城市基础设施投融资类主体债券发行规模增长 96.51%，也实现高速增长；而高速公路类主体债券发行规模同比增长 42.71%，增速落后于前两个主体。

从存量债券来看，截至 2014 年年底，城市基础设施投融资类主体存量债券规模仍然最大，为 26 528.36 亿元，占比达 81.91%，较 2013

年末的80.23%略有上升；高速公路类主体存量债券规模仍位居第2，占比16.29%，但已较2013年的17.99%有所下滑。

（2）短期融资券

2015年，我国经济进入增速换挡期、结构调整阵痛期和前期政策消化期，下行压力持续加大，我国继续实行稳健的货币政策和积极的财政政策，共进行了5次降息和降准引导社会融资成本的下降；央行运用多种货币政策工具，加强和改善宏观审慎管理，保持流动性的适度充裕；在人民币国际化发展背景下，我国债券市场国际化发展水平不断提升，投资主体多元化和债券品种多样化，加之养老基金入市，增加短融投资需求，导致短期融资券发展迅速。

2015年，城投类企业所发短融的期数和规模分别为289期和2 229.70亿元，发行期数较上年增长14.68%，但发行规模下降19.29%，平均单笔发行规模下降近三成。城投类企业短融发行期数和发行规模在总发行期和总发行规模的占比分别为26.15%和23.51%，与上年相比发行期数占比略有增加，而发行规模占比则有所下降。2016年，城投类企业所发短融的期数和规模分别为261期和2 437.00亿元，较上年降幅明显。城投类企业短融发行期数和发行规模在总发行期数和发行规模的占比分别为18.25%和10.62%，与上年相比均有小幅下降。从短融发行主体的行业分布看，交通基础设施、电力、建筑与工程、石油与天然气以及供消费用燃料等排名靠前。

3. 城投债的未来前景

根据财政部下发到省级财政部门的《地方政府性存量债务清理处置办法》（征求意见稿）（以下简称《处置办法》）中提到："2015年12月31日前，对符合条件的在建项目后续融资，政府债券资金不能满足的，允许地方政府按照原渠道融资，推进项目建设。2015年12月31日之后只能通过省级政府发行地方政府债券方式举借政府债务。"上述内容表明，地方融资平台债券仅剩下一年的发行窗口，而且在这期间，发行额度从严审核，并且纳入地方预算管理。另外，《处置办法》还对存量地方城投债的甄别和偿还方式做了具体规定，并进一步明确了为数众多的城投企业今后的转型方向。

（1）2015年城投债收尾窗口

2014年，国务院发布《关于加强地方政府性债务管理的意见》（国发〔2014〕43号），随后，财政部向地方财政部门和部分城投公司下发了《处置办法》，该《处置办法》对存量债务的甄别、处理方法做了具体规定。尽管此次《处置办法》主要内容是处理存量城投债并对后续的政府融资方式做出规定，但意味着城投债和城投公司将结束使命。在过渡阶段，部分在建项目的融资方式仍然可以按照原来的融资渠道进行融资，即仍然可以发行城投债，但必须经过严格审批方可执行。《处置办法》同时规定了在建项目的范围，地方各级政府要结合存量债务清理甄别工作，逐笔审核并锁定在建项目，并根据国务院批准的存量债务清理及甄别结果，对政府举债在建项目实行名录管理并且核实政府举债在建项目的真实性。

此外，并非所有的2014年9月30日之前的在建项目都可以发行城投债融资，城投公司发行的债券只有用于保障房、公路、水利等几个领域内的在建项目可以称作城投债，享有政府信用，其他类债券将等同于企业债券。在2015年12月31日之后，地方政府举借债务只能通过发行地方政府债券，或者通过PPP方式对在建项目进行后续资金缺口融资。

（2）城投公司未来发展方向——关闭、合并、转型

按照《处置办法》的规定，在遵循“只减不增”原则的基础上，妥善处理存量债务和在建项目后续融资，通过关闭、合并、转型等方式，抓紧妥善处理融资平台公司。至于城投公司目前承担的融资业务将逐步被剥离，除符合条件的过渡期内的在建项目后续融资外，融资平台公司不得新增政府债务余额。融资平台公司承担的政府融资职能中，对没有收益的公益性事业，由地方政府发行一般债券融资；对有一定收益的公益性事业，主要由地方政府发行专项债券融资或采取政府与社会资本合作（PPP）模式融资。

为解决城投公司的融资主体向产业经营实体转型的问题，需破解以下几个难题：一是存量债务如何划清，这些融资主体原本是政府的融资渠道，如何界定划转债务与资产需要明确；二是那些原本只是作为融资

通道并未有经营实业经历的平台公司转型是否顺畅；三是转型过程中是否面临国有资产流失。

（3）存量债务消化

正确处理存量债务是避免城投债增量以及处理城投公司转型的关键一步，按照《处置办法》应遵循“存量锁定、分类处理”。存量债务是指截至 2014 年 12 月 31 日尚未清偿完毕的地方政府性债务，包括两个部分：一是 2013 年全国政府性债务审计确定的截至 2013 年 6 月 30 日的各笔债务，其 2014 年 12 月 31 日余额根据审计结果及地方政府性债务管理系统（以下简称“债务系统”）统计的债务增减变化额确定；二是 2013 年 6 月 30 日后新发生的各笔债务，其 2014 年 12 月 31 日余额根据“债务系统”统计的债务增减变化额确定。

在对存量债务进行甄别之后，区分政府是否负有偿还债务责任以及政府或者相关债务主体的偿还能力：对政府负有偿还责任的存量债务，财政部门应根据项目性质、项目收益、偿债资金来源、举债单位、债权类型等，逐笔甄别为一般债务和专项债务；对政府负有担保责任和一定救助责任的存量债务，财政部门要按照《担保法》和《新预算法》有关规定，分清有效担保和无效担保；对合法合规的担保债务，要纳入或有债务监控范围；对超时效担保和无效担保债务，地方政府要及时清理，妥善处置。地方各级政府要将锁定后的政府债务及或有债务情况及时向同级人大或其常委会报告，并按照信息公开的有关要求及时向社会公开。至于存量债务的偿还方式，根据债务的不同性质区别对待。

4.3.2 中央政府代发债

1. 产生及发展

2009 年，我国允许通过中央财政代发地方政府债券，发行了 2 000 亿元地方债，并将其纳入地方预算构成地方政府债务。随后，2010—2013 年，我国中央政府代发地方政府债券分别为 2 000 亿元、2 000 亿元、2 500 亿元、3 500 亿元。这极大地满足了地方政府的资金需求，配合了国家宏观经济政策，应对了国际金融危机。但是，中央政府代发地方债也逐渐显露出弊端。

（1）诱发道德风险

中央政府代发地方政府债券，对地方政府债务进行预算软约束，有可能导致地方政府超额申报举债数额，诱发道德风险。

（2）发债利率过低

在发债时，财政部以国债收益率为基准对利率进行了限定，使中央政府代发地方政府债券时利率过低，与地方债信用风险极不匹配，并且没有体现不同地方政府之间的信用差别。同时，财政实力与偿债能力不同的地方政府之间，发行成本几乎没有差别，其结果是债券本身缺乏投资价值而备受市场冷落。

（3）缺乏信息披露

中央政府代发地方政府债券，没有明确规定地方政府责任，也没有明确规定地方财政的信息披露责任，既无法向投资者解释风险差异，也无法发挥市场机制以及社会监督作用。

综上所述，中央政府代发地方政府债券不能成为地方政府融资的主要方式，只能说是一种过渡性的制度安排。

2. 现状

据统计，2014 年到期的城投债规模超过了 3 000 亿元。其中，中长期城投债到期达 1 564.84 亿元，滚动到期的短融城投债达 1 986.8 亿元，合计 3 551.64 亿元，较 2013 年上涨 67.34%。其中，3 月为全年兑付压力的最高点。根据政府工作报告，2015 年拟安排财政赤字 1.35 万亿元，比 2014 年增加 1 500 亿元，财政赤字率为 2.1%左右。其中，中央财政赤字 9 500 亿元，由中央代地方发债 4 000 亿元。历史资料显示，地方政府债券发行总额逐年增加，到 2012 年增加到了 2 500 亿元，当年还新增了 7 年期的地方政府债券。2013 年，地方政府债券规模进一步扩大至 3 500 亿元。同时，自行发债试点地区又新增了山东省和江苏省。也就是说，2014 年，中央代地方发债 4 000 亿元，是中央代地方发债的最高值。这一数字较 2013 年增加了 500 亿元，也是 2009 年中央首度代地方发债后的新高。从地区上看，2014 年江苏省城投到期兑付量遥遥领先，达 945.97 亿元。其次，为北京市和上海市，分别为

702.33 亿元和 509.62 亿元。

4.4 政策性银行贷款

新型城镇化的发展需要大量资金，并且资金周期长、回收慢。因此，需要发挥“开发性金融骨干作用”[①]。政策性金融具有两方面含义：一是可以直接为基础设施投资项目筹资和投资；二是可以通过制度安排带动民间资本投资，并且推进我国城镇化建设。

4.4.1 产生及发展

古典经济学认为，发挥市场机制“看不见的手”的调节作用可以自动实现资源的有效配置。然而，由于竞争不足造成垄断，导致产业、区域和社会发展不平衡，商业性金融机构很难提供足够的金融服务，加之公共物品和准公共物品在完全由市场提供条件下，供给和需求容易产生不足需要政府介入。通过理论和实践证明，在多数情况下，完全依靠市场机制自动实现社会资源的有效配置是不现实的。政府不得不介入社会资源配置领域，利用经济的或行政的方式引导社会资金流向，进而合理参与资源配置。政策性金融则成为政府参与资源配置的手段之一，政策性金融的产生也是“市场缺陷与政府干预、资源配置主体和资源配置目标错位与失衡的必然结果”[②]。

党的十八届三中全会公布的《全面深化改革若干重大问题的决定》中，明确提出要深化政策性金融改革。政策性金融的本质是“公共性”[③]。从政策性金融的目标看，其以金融资源配置的社会合理性为最终目标，在金融发展权和金融平等权方面以保障“强位弱势群体”为主；从政策性金融的活动领域看，其主要集中于商业性金融不愿涉足市场失灵的领域，如低收益行业、不发达地区、农村等弱势群

---

① 在 2013 年中央城镇化会议中，李克强总理讲要发挥开发银行在城镇化中的骨干作用。

② 魏加宁，等. 地方政府债务风险化解与新型城市化融资［M］. 北京：机械工业出版社，2014：229.

③ 白钦先，张坤. 政策性金融公共性与财政公共性的比较研究［J］. 中央财经大学学报，2014（10）：26.

体的金融发展权方面；从政策性金融的运作机制看，主要表现在两个方面：一方面是非排他性的制度安排，即政策性金融扶持的对象是群体，扶植的项目大多具有较强的正外部性，并且利率变化不再由经济内生决定；另一方面是政策性金融与国家强权紧密结合，因为政策性金融作为国家干预经济和金融的重要手段，必然脱胎于国家，并且其实现也只能以国家为主体，依靠国家强制权力在合理与适度的范围内完成。

白钦先①（2010）认为，政策性金融是指在一国政府的支持和鼓励下，以金融资源配置的社会合理性为最大目标，以国家信用为基础，以政府政策性扶植的强位弱势群体为金融支持对象，以优惠的存贷利率或信贷、保险（担保）的可得性和有偿性为条件，在专门法律的保障和规范下而进行的一种特殊性金融制度安排。它包括政策性银行和政策性非银行金融机构和其他制度承载体，包括规范性意义的政策性贷款和特定政策性意向的存款、投资、担保、贴现、信用保险、存款保险、利息补贴等一系列特殊性资金融通行为。政策性金融是为了实现产业政策等特定的政策目标而采取的金融手段，是为了培养特定的战略性产业，在利率等方面予以优惠，并有选择地提供资金。

4.4.2 职能定位

政策性金融的产生、存在和发展是在中央财政支持下进行的，作为市场机制失灵或不足的产物，政策性金融是介于财政与商业金融之间的一种金融形式，其服务领域和支持范围是动态变化的。根据上述分析，政策性金融的职能定位主要表现在以下几个方面：

1. 支持较大范围的准公共产品生产和流通

从我国政策性金融的产生、发展来看，仅仅将其作为专业银行商业化改革的“副产品”，在功能上并未从国家经济发展战略角度来规划其长远发展，而是承担各专业银行留下的某些特定政策性融资业务，对从事的政策性业务范围也始终没有清晰的界定。这不仅影响到政策性金融

① 白钦先，王伟. 科学认识政策性金融制度［J］. 财贸经济，2010（8）：6.

体系的构建，还影响到决策层对政策性金融的必要性判断。因此，必须从长远角度考虑我国政策性金融的服务领域，如城乡基础设施建设、城市与区域开发、老工业基地改造等。最典型的例子是政策性金融机构解决基础设施投资长期资金不足的市场失效问题。由于商业银行、资本市场以及财政投入在相当长时间内，难以向基础设施建设提供长期的资金，导致基础设施建设缺乏有效的资金支持和有效的资产管理。因此，必须有经济指导性的政策性金融支持。

2. 支持私人产品的生产和流通

导致私人产品供给不足的原因很多，比如某些产业、地区、领域受到经济社会发展的“瓶颈”制约，或受到垄断性的市场结构制约，或受到某个关键环节的技术制约，进而成为经济全局和长期发展的桎梏。那么，政策性金融的存在可以部分消除经济社会发展的“瓶颈”制约，并绕过垄断性的市场结构，提高金融市场的竞争程度。据中科院预测中心报告显示，随着居民生活水平提高，消费结构升级加速，受经济下行压力影响，传统消费拉动作用减弱，新兴消费尚未形成规模，粮食、蔬菜等食品消费引发通货膨胀，凸显许多私人产品生产和流通环节的市场缺陷。此外，在加快科技创新的风险投资以及提高我国产品国际竞争力所需的大量资金领域中，也存在着严重的资金不足和金融服务不足，这些均需要政策性金融以合适的方式提供充足的资金支持。

3. 支持“强位弱势群体”对信贷配给的需求

信息不对称导致信贷配给现象长期存在。实际上，导致信贷配给现象的因素很多，比如，那些风险较高及成本与收益不对称的行业和强位弱势群体都容易受到商业银行信贷配给的制约。此外，信贷配给现象的长期存在，成为政策性金融存在的现实理论依据，也成为实施信贷配给政策的有效载体，政策性金融可以解决市场失灵的信贷配给。同时，信贷配给的存在也成为政策性金融弥补市场缺陷和有效配置金融资源的有力工具。但是，政策性金融的存在也有可能引发逆向选择和道德风险，因此必须加强信用风险防范。

4.4.3 政策性金融在地方政府融资缺口中的作用

1. 城市化发展的资金支持

城市化建设进程中需要解决人、地和资金三个问题。在这三个问题当中，资金是资源配置的基础，而城市化本身就是资源重新配置的过程。城市化发展速度和发展水平直接受到国家或地区获取资金能力的影响。长期以来，我国二三线城市的发展主要依靠地方政府，但地方政府自主发债才刚起步以及债券市场发展的滞后，导致地方政府难以依靠财政性资金和银行贷款去推进城市化发展。具体来看，财政性资金不具有跨期限资源配置能力且资金规模有限，基础设施建设期限较长，短期之内难以回收资金，商业银行贷款的期限错配更是难以满足基础设施建设需要。那么，政策性银行贷款就成为地方政府的重要融资渠道。我国债券市场正不断发展、成熟、壮大，未来的城市化发展仍然需要不断拓展融资渠道，政策性金融与其他融资渠道之间需要互补和共存，成为未来城市化融资的重要途径。

2. 引导民间资本投入

政策性金融的主要业务范围为准公共产品的生产和流通、私人产品的生产和流通、“强位弱势群体”的信贷配给。换句话说，政策性金融主要是做商业性金融难以有效发挥作用的事情，其引导性主要体现在城市化建设中对新兴产业或区域的推动。对于那些处于成长前期、发展前途不明朗的重点产业或领域，政策性金融给予一定金融支持，体现扶植意向，降低投资收益的不确定性，从而增强其他金融机构和投资者的信心，进而吸引民间资本介入。当商业性金融机构对这些领域的投资积极地增加时，政策性金融机构会逐渐退出，转而扶植其他产业或领域，形成良性的政策性金融机构引导机制，促进商业性金融和民间资本向国家产业政策或区域规划领域投资，提高整个社会资本的投资收益，促进城市化发展。

3. 促进城市化与地区均衡的可持续发展

城市化与地区均衡的可持续发展离不开充沛的财力。如果按照市场原则进行地方政府债券发行，我国中西部欠发达地区的财政实力以及管理水平将会导致这些地区从债券市场进行融资的能力受到限制。为防止过度出现“马太效应”，政策性金融可以根据生产力的地区分布进行区域配置，合理安排区域信贷政策，促进城市化与地区均衡的可持续发展。

4.4.4 政策性金融在地方政府融资缺口中面临的问题

1994 年以前，我国由中国工商银行、中国农业银行、中国人民银行、中国建设银行四大国有专业银行分担政策性金融功能。我国政策性金融体系构架的基本确立，经历了 1994 年国家开发银行、中国进出口银行和中国农业发展银行组建、2001 年的中国出口信用保险公司组建、2008 年的国家开发银行改制，标志着我国政策性金融体系随着改革开放的推进不断调整。总的来看，我国政策性金融在经济社会发展中发挥了一定作用，但仍然存在不少问题。

1. 政策性金融与商业性金融相互交错

1993 年，国务院发布《国务院关于金融体制改革的决定》，对我国政策性金融做了明确定位：“建立政策性银行的目的，是实现政策性金融和商业性金融分离，以解决国有专业银行身兼二任的问题；割断政策性贷款与基础货币的直接联系，确保人民银行调控基础货币的主动权。”但在实际操作中，政策性金融商业化、商业性金融政策化的色彩时淡时浓，政策性金融发展缺乏科学合理的规划，发展体系不完整，区域布局不合理，与商业性金融相互交错，边界不清。

2. 缺乏专门法律和评价指标

我国政策性金融机构的主旨是体现国家的产业政策等意图，目前仍处于机构章程规范阶段，尚无专门法律和评价指标。在实际管理中，商业性金融法律成为政策性金融机构所遵从的基本法律，这种行为极易妨碍政策性金融功能的有效发挥，也易诱导政策性金融的商业化。虽然商业性银行的法律或某些评价指标也适合于评价政策性金融机构的稳健性，但从整体上看，有可能诱导其偏离国家政策取向。

3. 监管主体不清晰

政策性金融是财政职能的延伸，是政府的财政性工具，客观上需要具有明确行使管理职责的主体部门承担职责，并建立科学的政府意图决策和传导机制。但在现行体制下，我国政策性金融机构由多个部门负责业务管理和指导，如金融债券发行、年度业务规模、市场准入、业务监管、业务指导等均由多个相关行业部门直接或间接管理。值得一提的是，这些不同部门的不同职责定位，导致其在政策性金融机构的业务重点、规模控制、风险防范等方面的理念和诉求出现不一致，直接结果则是使政策性金融陷入两难境地，进而影响了政策性金融的初衷。

4. 业务动态调整机制缺失

我国政策性金融机构产生已有 20 多年，其业务范围不断扩大，已超出章程的规定。作为特殊的金融企业，由于政策层面没有明确界定政策性金融业务主体和业务范围，目前尚难以实现业务范围的动态调整，也难以有效约束政策性金融机构自发的业务调整行为。同时，政策性金融机构没有对不同性质业务实行分类管理、分账核算，不同类别业务的成本、收益难以区分，导致政策性业务和商业性业务界线逐渐模糊。

5. 内部治理结构不合理

我国政策性金融机构的管理方式偏于行政化，内部治理结构不合理，追求盈利的倾向难以克服，尤其是近年来开展了许多新增业务，部分新增业务具有明显的商业化色彩，甚至与商业性金融出现竞争，弱化了政策性职能定位，导致金融资源配置的战略性与社会合意性明显下降。

4.4.5 深化政策性金融体制改革的思路[①]

1. 明确政策性金融机构的设立原则与职责分工

构建政策性金融法律体系，以专门立法形式明确政策性金融体系

---

① 中研网讯. 我国政策性金融发展面临的主要问题［EB/OL］.［2015-01-15］. http: //www.chinairn.com/news/20150116/173250693.shtml.

的战略定位、总体框架、经营宗旨以及退出程序，以正面清单方式明确政策性金融机构的业务范围、资产负债形式与资金融通渠道和规则，明确政策性金融与政府融资、商业性金融的界限。政策性金融服务于强位弱势群体，商业性金融服务于强位强势群体，虽然政策性金融机构与商业性金融机构在具体运作、操作、管理以及业务、方法等方面没有太大差别，但是二者的定性、定位、宗旨、性质等方面都存在根本不同，所以，政策性金融机构的设立应遵循专业性、政策性和低成本性三大原则。

2. 明确政策性金融业务范围及其动态调整机制

为合理地利用政策性金融资源，更好地发挥政策性金融作用，在商业化或市场化运作基础上，结合原有分工、修改章程以及制定法律法规，明确界定政策性金融机构的业务范围，确立政策性金融机构的地位，着力解决政策性金融的缺位和越位问题。同时，根据国内外经济形势变化和宏观调控政策意图，适时调整政策性金融业务领域。当务之急，应当将具有公共产品性质的住房保障、重大基础设施建设、科技进步、环境保护等公益性领域纳入政策性金融支持范围，同时结合国家“十三五”发展规划，将推进农业现代化、优化现代产业体系、拓展网络经济空间、推进新型城镇化等纳入政策性金融业务范围。同时，丰富政策性金融机构类型，充分发挥政策性银行、保险、担保、产业基金等机构与业务的组合效应。

3. 明晰政策性金融监管主体及监管权责

国家财政是国家信用的提供者，既承担政策性风险，又是政策性金融机构的出资人。按照便利、高效、权责一致的原则，国家财政部门应是政策性金融的主要监管者。从道理上讲，政策性金融是准财政性功能，需要财政给予补贴或支持。因此，国家财政应通过评价和考核其政策绩效、构建长效的资本补充机制等方式，实施微观与宏观相结合的审慎监管，并将其风险纳入财政风险管理范畴。对政策性金融机构的监管，在接下来的改革中应确立金融资本约束机制，提高内控和监管的有效性。

4. 促进政策性金融与商业性金融合作

在政策性金融严格执行人民银行制订的金融方针政策的前提下，借鉴国际经验，注重开展与有资质的商业性金融机构的业务合作，充分发挥金融机构的整体力量，优势互补以分散和防范信贷风险。结合市场化合作模式，委托商业性金融机构提供具体的政策性金融服务，双方通过协议提供业务成本补偿和合理回报，并共同承担风险。这样可以降低政策性金融机构业务的运营成本和运营风险，利用市场遴选机制和监督机制提高政策性金融服务的透明度和效率。

4.5 我国地方政府融资困境的原因分析

近几年，我国房地产下滑对经济影响较大，为了抵消其对经济的拖累，扩大基建投资规模或许是提高经济增长的一个重要方法。但是，由于地方政府税收和土地出让收入减少，以及严格控制地方政府债务，使地方政府正面临融资困境。

4.5.1 经济增速放缓和税制改革

1. 经济增速放缓

自1978年的改革开放到2013年，我国经济增速平均为9.9%，尤其是1991—2013年，经济增速平均为10.2%[①]。但是，目前我国经济增长速度发生了显著的变化[②]，2014年我国经济增速为7.3%，2015年经济增速为6.9%。很多学者认为，当前的经济增速放缓将是未来很长一段时间的常态。根据陈彦斌（2012）采取的预测方法，对资本、劳动力、人力资本和全要素生产率（TFP）历史运动轨迹的主要决定因素进行分析，预测中国当前经济增速放缓具有长期化趋势，未来经济增速将大幅下降。经济增速放缓有助于缓解高增长带来的环境压力，但是，也要正视其带来的地方政府融资困境。

（1）经济增速明显放缓的趋势将削弱社会稳定性

长期以来，经济的高速增长成为缓解各类社会矛盾与维护社会稳定

① 朱文蔚．经济增速放缓对中国政府性债务可持续问题的影响［J］．统计与信息论坛，2015（1）：46-51.

② 陈彦斌，姚一旻．中国经济增速放缓的原因、挑战与对策［J］．中国人民大学学报，2012（5）：76-87.

的主要方式，我国经济与社会已经适应并依赖高速经济增长。经济增速明显放缓的趋势将严重削弱社会的稳定性：一方面，就业问题高度依赖经济高速增长。从经济增长的就业弹性看，1979—1989 年为 0.34，1990—2000 年为 0.1，2000—2010 年为 0.05，呈明显下降态势。究其原因，经济增长模式、产业结构、劳动力结构以及劳动力市场效率等因素是决定就业弹性走势的主要原因，且中短期内这些因素都难以发生根本性改变。因此，就业弹性在未来也将基本保持在低水平上。另一方面，居民生活尤其是低收入居民生活水平依赖高速经济增长。当经济保持低迷状态时，中低收入群体尤其是社会弱势群体的福利水平和对社会的满意度将会下降。在中短期内我国的财政压力、产业结构的资本密集化和国有企业的强势市场地位等深层次因素难以有实质性改变，这就意味着难以改变居民在未来收入分配格局中的弱势地位，甚至还有可能进一步恶化。

（2）经济增速的趋势性放缓将带来较大社会风险

在未来潜在经济增速处于较低水平的基础上，实际经济增速的进一步下降可能导致短期经济增速过低的阵痛，这使得我国必须通过宏观调控政策迅速刺激经济恢复。但经济衰退和通胀有可能在宏观调控政策下并存，这将削弱宏观调控政策治理短期经济衰退的能力，意味着经济增速的趋势性放缓将带来较大的社会风险。首先，未来经济可能长期呈现增长放缓和通胀压力高企并存的特征。在较大的成本推动和输入型通胀压力情况下，劳动力成本、资源环境成本、农产品价格以及国际大宗商品价格未来可能均趋于上涨，依赖过去有效抑制通胀发生的因素、货币深化和房地产市场高速发展的政策措施可能无法奏效，所以，增长放缓和通胀压力高企并存将是未来长期存在的现象。其次，通胀将导致我国居民家庭的财产大量缩水，社会福利大幅降低，而未来我国通胀将可能长期存在，必然会导致中低收入家庭和农村居民的食品支出占比相对更高。由于富人的资产持有结构更为多元化且实际资产占比更高，所以，通胀将更严重地侵蚀中低收入家庭的财产，进一步拉大贫富差距。最后，宏观调控政策对短期经济衰退能力影响将会被削弱。在兼顾“保增长”和“控通胀”两大政策目标时，总需求管理是治理短期经济衰退的主要手段，但这种手段既可以对“保增长”有所裨益，又可以进一步加大居于高位的通胀压力，反之则相反。因此，寻找平衡治理短期经济衰退的能力将会面临被严重削弱的局面。

（3）经济增速放缓将造成物质资本和人力资本的双重流失

人力资本流失的主要原因是我国与发达国家在教育水平、法制环境、医疗体系、环境质量以及食品安全等方面存在显著差距，经济的发展活力是留住和吸引精英群体的关键。当前，我国经济发展活力仍然远强于发达国家，但据估计，我国有16%的高净值人士将会移民，原因是为了海外投资和业务发展便利。如果未来我国经济增速显著放缓，同时发达国家逐渐走出金融危机阴霾，我国与发达国家之间经济增速差距将逐渐缩小，其结果将会削弱我国经济对于精英群体的吸引力，加剧精英群体的流失，最终导致物质资本和人力资本的双重流失，将对国家的发展前途造成严重的不利影响。

2. 税制改革

自2012年开始，国务院批准上海在交通运输业和部分现代服务业实行“营改增”试点，上海即成为全国首个“营改增”试点地区。截至2013年2月底，全国试点“营改增”企业达到12万户。据财政部部长楼继伟预测，全部推开“营改增”后每年预计减税约3 000亿元。这种“上下互动”型改革，有学者认为，短期内将会给地方财政造成巨大压力。

（1）“营改增”对地方收入的影响

2016年5月，在全国范围内推行“营改增”政策，这是继1994年的分税制改革以来的第二次大规模税制改革。许多学者最初普遍认为这项改革可以降低相关企业税负，弥补增值税抵扣链条缺失，促进产业结构升级。但是，在现有财政税收管理体制下，很多地区仍不愿意在上海试点之前成为试点地区。究其原因，长期以来，地方税种一直以营业税作为最重要的税收收入来源，见表4-24。由于营业税和增值税分别由地方税务局和国家税务总局负责征收和管理，在实行“营改增”后，本来就捉襟见肘的地方财政收入很可能变得更加困难。

表 4-24　　2005—2014 年全国地方税分税种所占比重情况　　单位：%

年份	2014	2013	2012	2011	2010	2009	2008	2007	2006	2005
国内增值税	16.49	15.36	14.24	14.57	15.89	17.45	19.35	20.09	20.99	20.78
营业税	29.95	31.83	32.85	32.85	33.65	33.82	31.80	33.14	32.62	32.24
企业所得税	14.93	14.81	16.00	16.41	15.44	14.98	17.21	16.27	17.61	16.81
个人所得税	4.99	4.85	4.92	5.89	5.92	6.05	6.40	6.62	6.45	6.58
资源税	1.76	1.78	1.81	1.45	1.28	1.29	1.30	1.36	1.36	1.12
城市维护建设税	5.85	6.02	6.20	6.35	5.31	5.43	5.75	5.97	6.13	6.22
房产税	3.13	2.93	2.90	2.68	2.73	3.07	2.93	2.99	3.38	3.43
印花税	1.51	1.46	1.46	1.50	1.57	1.54	1.55	1.64	1.33	1.27
城镇土地使用税	3.37	3.19	3.26	2.97	3.07	3.52	3.51	2.00	1.16	1.08
土地增值税	6.62	6.11	5.75	5.02	3.91	2.75	2.31	2.09	1.52	1.10
车船税	0.91	0.88	0.83	0.73	0.74	0.71	0.62	0.35	0.33	0.31
耕地占用税	3.48	3.36	3.43	2.62	2.72	2.42	1.35	0.96	1.12	1.11
契税	6.76	7.13	6.07	6.73	7.54	6.63	5.62	6.27	5.70	5.78
烟叶税	0.24	0.28	0.28	0.22	0.24	0.31	0.29	0.25	0.00	0.00

数据来源：国家统计局网站。

通过图 4-11 可知，增值税和营业税的 2015 年第一季度历史数据显示，两税收入占全年收入比重的平均值约为 25%，按照这一比重和 2015 年一季度两税收入，预计 2016 年两税将合计实现收入 5.5 万亿元。其中，约 3 万亿元营业税原归属地方财政。2014 年两税收入为 4.8 万亿元，按照《全面推开营改增试点后调整中央与地方增值税收入划分过渡方案》明确“以 2014 年为基数核定中央返还和地方上缴基数”。那么，地方基数应该是 2.4 万亿元，按照营改增后新的中央和地方分成比例计算，2016 年 5.5 万亿元的两税归属地方的收入约为 2.7 万亿元，占比 50%。

（2）“营改增”后地方税收失去主体税种

营业税、企业所得税和个人所得税是当前我国地税收入的三大主体税种，也是地税收入增长的主力。2014 年，全国三大税种入库共计 29 492.01 亿元，占全部地税收入的 49.87%，其中营业税 17 712.79 亿元，同比增长 3.15%；企业所得税 8 828.64 亿元，同比增长 10.59%；个人所得税 2 950.58 亿元，同比增长 12.94%；三大主体税种收入合计增收 1 741.55 亿元，占地方税收增收总额的 33.18%。“营改增”全面展开后，地方税收收入中营业税将基本消失，企业所得税则因新增企业在“营改增”后改由国税征管进而失去新的增长空间，企业所得税与个人所得税由于丧失发票管理权限而未能作为地方税收收入的来源，这种结果势必造成地方税收三大主体税种全面削弱。更为重要的是，“营改增”后原有营业税纳税人需由地税移交给国税管理，受制于征管信息难以对接以及各自权利、权限与各自利益博弈的影响，增加了税收征收管理难度。

（3）“营改增”影响不同地区之间的税收缺口

由于我国区域经济发展不平衡，中部、东部和西部经济结构差异明显，各地对营业税的依赖程度有较大差别，这些都将影响“营改增”全面展开后的地方税收缺口大小。以个别地区为例：山西省、四川省等地区主要依靠煤炭资源和电力行业，第二产业占据主导地位，其增值税收入超过了营业税收入；东部沿海地区依靠金融业、物流业等现代服务业为主，第二、三产业如果评分秋色的话，营业税收入大大超过了增值税

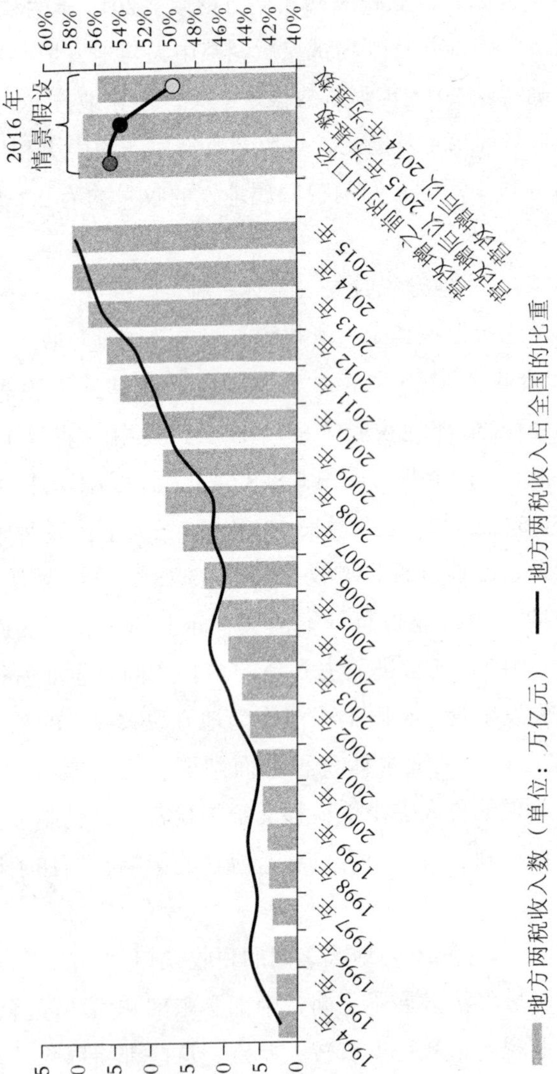

图 4-11　地方两税收入与地方两税收入占全国的比重

收入。因此，“营改增”后，以第三产业为主的地区受到的影响较小，而那些以煤炭资源和电力行业为主的地区受到的影响将较大。

4.5.2 土地出让收入下滑

2015年，我国加快推进供给侧结构性改革，固定资产投资特别是房地产投资增速大幅回落进而带来土地需求不足，全国土地出让收入规模大幅下滑。2015年，全国缴入国库的土地出让收入为33 657.73亿元，同2014年相比下降21.6%①。其中，招拍挂和协议出让价款29 820.20亿元，下降22.4%；补缴的土地价款1 455.18亿元，下降23%；划拨土地收入1 103.57亿元，增长17.8%；出租土地等其他收入1 278.78亿元，下降24.4%。从土地出让收益中计提的教育资金、农田水利建设资金分别为436.69亿元和423.51亿元，同比下降33.4%和35.6%。通过对前三个季度的土地出让收入进行分析，发现前三个季度土地出让收入分别下降34.6%、37.9%、26%，第四季度止跌回升增长9.5%。第四季度增长的主要原因是积极财政政策与稳健的货币政策兼收并蓄，同时，中央和地方政府陆续出台稳定房地产市场的政策。

1. 土地出让收入与地方政府融资约束

根据吉瑞（2015）对我国地方政府2002—2010年间的279个样本的动态数据分析，地方政府的投资与土地出让收入呈显著正相关关系。这种相关性说明了地方政府投资在一定程度上受到融资约束，即地方政府的资金来源渠道比较有限，地方政府投资过度依赖于土地出让收入。同时，地方政府的“财权”“事权”不匹配导致财政缺口，加大了融资约束现象，财政缺口较大的省份其投资和土地出让收入之间的敏感性更强。由此，地方政府的投资行为导致了严重的债务问题，融资约束是其过度依赖于土地财政的根本原因。

2. 土地出让收入继续减少

经济增速放缓导致我国土地市场需求不足，2015年全国国有建设用地实际为53.36万平方米，同比下降12.5%。加之供给侧结构性改

① 财政部综合司. 2015年全国土地出让收支情况［J］. 中国财政，2016（7）：78-79.

革，我国在国有建设用地上采取差别化供地政策，房地产用地、工矿仓储用地和基础设施用地的价格不一，其中房地产用地和工矿仓储用地价格较高，基础设施用地价格较低，所以，用地类型结构改变是影响土地出让收入的重要因素。需要引起注意的是，我国房地产库存压力较大，房地产企业在购置土地方面更加谨慎。2015 年，全国土地出让面积 22.14 万平方米，同比下降 18.6%。此外，地价增幅逐步放缓。上述种种情况表明，在经济进入新常态情况下，我国土地出让收入将会继续出现放缓态势，进而影响到地方政府投资，其结果将产生地方政府融资缺口。

4.5.3 新地方政府债务框架

一直以来，地方政府主要通过融资平台公司等举借政府债务，这种方式在弥补地方财力不足、应对危机和抗击自然灾害、改善民生和生态环境保护、推动地方经济社会发展等方面发挥了积极作用。与此同时，举债缺乏规模控制、融资成本高企、债务收支未纳入预算、风险防控机制不健全等问题日益显现。2015 年，我国实行了一系列改革新举措进行地方债管理，构建了新地方政府债务框架。

1. 地方债务限额管理

对地方债务实行限额管理，设定“天花板”，是遏制地方债快速增长的一个长效机制。2015 年，全国人大批准了地方债总限额 16 万亿元，2016 年地方政府一般债券增加 7 800 亿元，专项债券增加 4 000 亿元，总的债务限额增加 1.18 万亿元，全部根据风险、财力等情况分解到各省级政府，省级政府在国务院批准的规模内可以适度举债，不得突破限额，市县确需举债的由省级代为举借。

2. 地方债务分类纳入预算管理

对地方政府负有偿还责任的存量债务进行甄别，将其分为四种情况：通过（PPP）模式转化为企业债务的，不纳入政府债务；项目没有收益，计划偿债来源主要依靠一般公共预算收入的，甄别为一般债务（如义务教育债务）；项目有一定收益，计划偿债来源依靠项目收益对应的政府性基金收入或专项收入，并能够实现风险内部化的，甄别为专项债务（如土地储备债务）；项目有一定收益，但项目收益无法完全覆盖的，无法覆盖的部分列入一般债务，其他部分列入专项债务。

3. 建立债务风险预警机制

2015 年 1 月 1 日开始正式实施的《新预算法》是全面深化财税体制改革的法律基础。预算公开成为建立债务风险预警机制的第一步。除涉密信息外，中央和地方所有使用财政资金的部门均应公开本部门预决算。这种公开透明的预算有助于增进公众对政府活动的知情权和监督权，也是控制债务风险的重要举措。同时，要建立地方政府债务风险预警和应急处置机制，勒紧债务风险的“缰绳”，有助于对债务风险实施动态监控，即使出现偿债风险，也可以及时处理，控制风险蔓延，避免引发系统性的财政金融风险。

4. 全面构建债务监管体系

财政部会同有关部门加强对地方政府举债融资行为的监管。财政部要求各地区严格遵守在批准的限额内发行地方政府债券，不得在限额之外进行企业举借政府债务，并及时制止了一些市县政府违法违规为企业举债提供担保的行为。新的地方政府债务框架，推进了债务管理制度改革，极大地规范了地方政府发债规模。从短期看，地方政府的举债受到限制进而影响到融资水平。

4.6 地区金融、地方政府融资与政府债务的关系

自 2004 年中国人民银行行长周小川提出“金融生态”[①]概念以来，时任中国社会科学院金融研究所所长李扬教授，组织研究了地区金融生态环境的评估，最后形成了一套地区金融生态环境的评估体系和模型。

4.6.1 地区金融发展

1. 地区金融与质量简介

从理论上看，狭义的金融体系运行包含金融产品和金融服务，广义

① 金融生态概念，尝试用来解释地方信用水平的显著差异。由于信用等级不同出现的微观经济主体间的个体风险差异，因经济周期影响和经济结构变动造成产业间的风险差异，但在统一经济体内部的各个地区之间，不应当存在比较明显的风险差异。

的金融体系涉及赖以活动区域的政治、经济、文化、法治等基本环境要素，涉及这种环境的构成及其变化，以及它们导致的主体行为异化对整个金融体系造成的影响。王国刚、冯光华（2015）[①]指出，对地区金融生态环境造成影响的因素包括经济基础、企业诚信、金融发展、法制环境、社会诚信文化、社会中介发展、社会保障制度、政府公共服务和金融部门独立性。根据这 9 项因素之间的内在联系，同时围绕经济转轨过程中政府主导经济资源配置的典型特征，提出了评价地区金融生态环境的 4 个指标，分别是地方政府治理、地区经济基础、地区金融发展和金融信用的制度基础及其基础设施。

良好的地区金融生态环境意味着和谐、统一的社会经济生活，建设良好的金融生态环境将有助于营造良好的区域经济发展环境，具有多方面的现实意义，主要表现在以下几个方面：

（1）影响区域经济的竞争力，推动地区金融生态环境体制建设

良好的金融生态环境对于地区金融建设起到了良好的推动作用，给当地经济带来巨大商机与融资便利。经济环境、法制环境、信用环境、市场环境和制度环境等都是金融生态环境发展中的重要组成部分，加快这些环境建设，可以起到促进区域经济竞争力和区域金融生态环境发展的“双赢”效果。反之，区域经济运行大起大落和金融生态环境恶化，会诱发地区金融风险，从而进一步恶化区域经济运行。具体来说，一方面，区域经济发展离不开资金的有效投放，市场上的资金流向与流量在很大程度上取决于金融生态环境的优劣，良好的金融生态环境将产生资金的聚集效应，这是市场经济资金流动与区域经济快速发展的必然趋势。另一方面，较差的金融生态环境会导致资金流出该地区，其直接结果是削弱了地区经济发展。

（2）引导金融资源优化配置，维护区域金融稳定运行

对于商业银行来说，全年信贷规模有限，金融生态环境是影响商业银行内部评级的重要因素，进而也直接关系到商业银行对该地区授权授信的程度。一般而言，商业银行总行会在全国范围内进行信贷规

---

① 王国刚，冯光华．中国地区金融生态环境评价［M］．北京：社会科学文献出版社，2015：3-5.

模调配，那些经济发达、金融资源丰富的沿海地区，所获信贷额度较高，存贷比也相应较高。除此之外，商业银行总行也会根据地区间风险收益的差异进行跨地区资金配置，进行调配各类银行之间及各银行分行之间的信贷头寸以及新建银行分支机构的区域布局等。因此，各商业银行随着金融改革的不断深入，已经开始建立内部评价体系，通过对各地方行政干预程度、不良资产比率、信用环境、处置不良资产效率等因素的综合评判，构建信用等级制度，并按等级确定对一个地区投放授信大小，最终引导金融资源的优化配置，形成信贷资源在全国地区间的分布。

（3）探索建立新的地方政绩考核体系

在地方政府绩效考核方面，单纯的GDP政绩考核导向缺乏审慎的公共投资计划和严格的预算约束。因此，地方政府利用举债资源，进行更多的项目建设。这种通过地方政府融资平台进行的举债，使地方政府面临隐性债务风险，如果缺乏有效的债务治理机制，地方政府将会出现债务的急剧膨胀，进而有可能引发严重的财政风险与金融风险。2013年，我国中组部下发了《关于改进地方党政领导班子和领导干部政绩考核工作的通知》，强调地方政府政绩考核不能简单以GDP作为标准，需要加强对地方政府债务状况的监管即把政府负债作为政绩考核的重要指标，强化对任期内举债情况的考核、审计与责任追究。构建良好的地区金融生态环境评估体系，为建立新的地方政绩考核体系提供了良好的思路。

2. 区域金融运行

地区金融发展水平是地区金融生态的绩效结果，是地区金融生态环境的重要组成部分。金融发展存在集聚效应和虹吸效应，发展水平较高的地区金融意味着较高的金融效率，较高的金融效率吸引资金向区域中心集聚。资金的集聚进一步加深金融市场的广度和深度，丰富分散金融风险的金融工具以及完善金融机构服务体系，进而形成资金滚动发展的良性循环。因此，地区金融发展水平直接反映出该地区金融生态环境的优劣。在评价地区金融发展水平时，包括金融深化、金融效率、金融市场发育以及私人部门得到的金融支持四个方面内容。

（1）金融深化

金融深化是政府放弃对金融的过分干预，使得利率和汇率充分反映供求状况，并有效控制通货膨胀。戈德史密斯考察了1861—1863年间世界各国金融机构的金融工具发行量与GNP之比后指出，发达国家和欠发达国家随着时间推移金融工具发行量与GNP之比均呈明显上升趋势，这一发现证实了金融机构在储蓄—投资转化中的作用在不断增强，为经济发展起到了推动作用。

（2）金融效率

金融效率是指金融部门的投入与产出，包括宏观金融效率、微观金融效率和金融市场效率。金融机构只有获得相应的效益才能得到良性发展。宏观金融效率包括货币政策效率、货币量与经济成果的比例关系、金融市场化程度和金融体系动员国内储蓄上的效率等几个方面。微观金融效率是指金融机构的盈利水平、资本创利水平、资产盈利水平、人均资产持有量、人均资本持有量、人均利润水平和资产质量等。金融市场效率包括货币市场效率和证券市场效率。对金融市场效率的考验可以从市场的规模、市场的结构和市场的成熟程度多个角度来分析。

（3）私人部门得到的金融支持

私人企业尤其是中小微企业在经济发展中起到促进就业作用，并承担一部分创新功能。但是，金融机构长期以来的信贷配给约束导致中小微企业获得贷款的额度低于申请的数额，甚至根本得不到贷款。所以，在评价地区金融发展水平时，将中小微企业新增贷款占比作为其中的一个指标。

（4）金融市场发育

金融纵深化已经成为全球经济发展的趋势，金融产品的工具增多也成为必然选择。其中，直接融资工具债券和股票的比例也会逐渐提高，对于银行而言，也将深入参与到大资管的理财时代中。根据王国刚、冯光华（2015）的地区金融发展水平评价体系，可用新增企业债券占比、新增股票融资占比和银行贷款替代产品占比三个指标来评价金融市场发育情况。

3. 区域经济运行

区域经济发展依靠实体经济，实体经济是金融主体的存在根据和生存空间。评价区域经济运行时，主要运用地区经济发达程度、经济结构和基础设施及公共服务三个指标。

（1）经济发达水平

影响金融生态的因素较多，其中，经济发达水平是一个重要因素。较强的经济发展水平和完善的实体经济既可以促进金融机构业务发展及实力壮大，也可以约束金融机构进而增强其稳健运营。同时，较强的经济发展水平可以抑制不良资产的产生，提高金融系统对不良资产的消化能力。国内外研究实践表明，金融生态系统平衡能力与经济发达程度表现出明显的正相关性，即经济越发达，金融生态系统的平衡能力越强，经济越落后，金融生态系统的平衡能力越弱[①]。通过对我国东部、中部和西部地区经济发达程度的研究，表明经济发达程度较高的东部地区，金融生态系统的平衡能力越强；经济发达程度相对落后的西部地区，金融生态系统的平衡能力越弱。这意味着我国地区之间金融资源的配置存在一定的壁垒，缺乏区域流动性，因此，经济实力对于金融生态系统的物质支撑作用就更加突出。

（2）经济结构

经济结构是指国民经济的组成和构造，它有多重含义。经济结构是一个由许多系统构成的多层次、多因素的复合体。影响经济结构形成的因素很多，最主要的是社会对最终产品的需求，而科学技术进步对经济结构的变化也有重要影响。一个国家的经济结构是否合理，主要看它是否建立在合理的经济可能性之上。结构合理就能充分发挥经济优势，有利于国民经济各部门的协调发展。因此，地区经济结构的优化程度决定了地区经济实力的强弱以及未来发展的态势。地区经济结构主要通过以下几个方面对地区经济发展产生影响：一是地区经济结构是否适合本地区实际情况并建立在坚实的经济基础之上，进而对地区整体经济发展方向、发展速度、发展质量和发展潜力产生影响；二是地区经济结构是否

① 王国刚，冯光华. 中国地区金融生态环境评价［M］. 北京：社会科学文献出版社，2014：80-81.

能够充分利用国内外一切有利因素，能否合理有效地利用人力、物力、财力和自然资源，进而对地区经济在国家总体经济结构调整过程中的地位以及相应地吸引资本进行投资的机会和提供就业的能力；三是地区经济结构受到国家及国际经济周期变化影响，其是否能够及时应对变化和速度的调整；四是不同的地区经济结构决定了其吸引外资的条件。总之，地区经济结构能否保证国民经济各部门协调发展；能否有力地推动科技进步和劳动生产率提高；能否既有利于促进近期的经济增长，又有利于长远的经济发展；能否取得最大经济效果和最大限度地满足人民需要，直接决定了该地区面对整体经济风险及其防范和化解金融风险的能力。

（3）基础设施及公共服务

基础设施是指为社会生产和居民生活提供公共服务的物质工程设施，是用于保证国家或地区社会经济活动正常进行的公共服务系统，是社会赖以生存发展的一般物质条件。基础设施包括交通、邮电、供水供电、商业服务、科研与技术服务、园林绿化、环境保护、文化教育、卫生事业等市政公用工程设施和公共生活服务设施等。

基础设施建设具有“乘数效应”，即能带来几倍于投资额的社会总需求和国民收入。一个国家或地区的基础设施是否完善，是其经济是否可以长期持续稳定发展的重要基础。世界银行《1994年世界发展报告：为发展提供基础设施》的报告指出，建立有效配置资源的基础设施可以促进经济增长、缩小贫富差距、促进环境可持续发展。基础设施所提供的公共服务是所有商品和服务的生产所必不可少的，因此，其总量的提高会促进总产出的增加。更为重要的是，基础设施只有达到一定的规模才能提供服务或有效地提供服务，两者具有整体不可分性。

从分类来看，基础设施分为农村基础设施与城市基础设施。城市基础设施是指为城市直接生产部门和居民生活提供共同条件和公共服务的工程设施，是城市生存和发展中顺利进行各种经济活动和其他社会活动所必须具备的工程性基础设施和社会性基础设施的总称。它对生产单位尤为重要，是达到经济效益、环境效益和社会效益的必要条件之一。因此，城市基础设施是决定一座城市经济基础的重要因素，进而起到间接改善金融生态环境的作用。地区金融发展水平都依赖于高质量的基础设施。良好的基础设施，如交通、通信等可以吸引更多的金融机构入驻，并对金融服务的规模和效率产生正面影响。金融本身具有的流动性促使资本为了追求回报率往往向基础设施完善的地区以及回报率高的地区流动。因此，城市基础设施的好坏直接影响到了金融生态环境是否平衡。本书运用交通、通信、医疗和教育等几个指标来考察地区城市基础设施建设（后续章节有介绍）。

4. 各地区区域金融稳定状况

根据王国刚、冯光华（2015）①对 2013—2014 年我国地区金融生态环境评价，我国不同地区间金融生态环境存在巨大差异，东部沿海地区分数普遍高于中部、东北部和西部地区，即东部沿海地区金融生态环境要优于其他地区，在地方政府债务与政府治理方面发展良好，如图 4-12 所示。当前，在我国地方政府债务统计口径不一的情况下，融资平台认定也存在差别，虽然一些客观指标在分析地区金融稳定状况与地方政府债务之间的关系时有所偏颇，但不难想象，区域金融稳定状况好坏与否可以影响到地方政府融资以及地方政府债务发展。

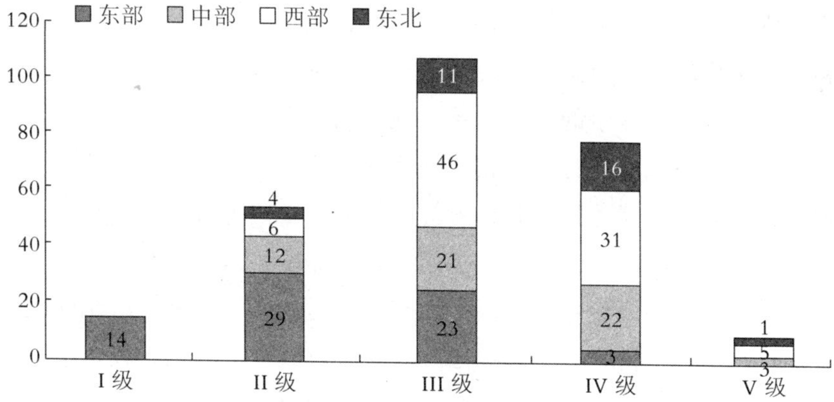

图 4-12　城市金融生态环境等级的区域分布

资料来源　王国刚，冯光华. 中国地区金融生态环境评价［M］. 北京：社会科学文献出版社，2015：63.

根据王国刚、冯光华（2015）运用的中国地区金融生态环境评分系统（主要运用地方政府债务对金融稳定的影响、地区经济基础、金融发

① 王国刚，冯光华. 中国地区金融生态环境评价［M］. 北京：社会科学文献出版社，2015：56-63.

展、制度与诚信文化四个方面的要素得出的结论），得分较高的为金融生态环境较好。此处，Ⅰ级综合评分高于 0.600 分，Ⅱ级综合评分位于 0.500～0.600 分，Ⅲ级综合评分位于 0.450～0.499 分，Ⅳ级综合评分位于 0.400～0.449 分，Ⅴ级综合评分低于 0.400 分。图 4-12 为金融生态环境五个等级的区域分布图，Ⅰ级生态环境的 14 个城市均位于东部沿海地区，Ⅱ级城市绝大多数也位于东部沿海地区，中部和东北的城市主要分布在Ⅱ级、Ⅲ级和Ⅳ级，西部城市也分布在上述三个等级中，但在Ⅱ级中分布较少。

4.6.2 地方政府融资与地区金融发展关系——地方债务问题是金融生态的异化

1. 地方政府发债需要良好的地区金融环境

自 2004 年中国人民银行行长周小川前瞻性地提出“金融生态”概念以来，金融改革发展和外部信用环境之间的有机联系已经被广泛认知并研究。十八届三中全会《全面深化改革若干重大问题的决定》提出建立规范透明的城市建设投融资机制，允许地方政府通过发债等多种方式拓展城市建设融资渠道。可见，一个公平、透明、多元化市场主体和充分有序竞争的生态体系是地方政府发债的必要外部环境。当前，我国地方政府债务增长较快同我国工业化、城镇化发展阶段密切相关，地方政府债务风险总体可控。但是，一些地方政府存在过度举债情况，而解决地方政府过度举债问题，需要实体经济和金融市场协调一致发展，需要建立既与新兴城镇化相适应又与法制经济相匹配的地方政府投融资模式，实现地方政府融资方式的市场化、投资决策的民主化、债务管理的法制化以及融资平台的分类规范化。在深入认识和剖析金融生态环境的基础上，规范地方政府发债环境，解决地方政府债务问题。

2. 地方政府债务问题是金融生态的异化

从金融生态环境看，地区金融生态的权责明晰、激励相容的内生信用机制是允许地方政府通过发债等多种方式融资的重要条件。良好的金融生态环境，可以引导金融资源优化配置，维护区域金融稳定运行，也可以促进各级政府探索科学的政绩考核体系。随着研究的深入，金融生态评价正在向地方政府债信风险评价转化。近几年，我国地方金融生态环境在向着良好的态势发展，同时，我们也看到地方债务问题实际上是金融生态的异化。2008年美国金融危机之后，中央政府和地方政府同银行之间的关系出现了很多模式。从2009年开始，我国政府推出了扩大内需，促进经济平稳较快增长的十项措施，到2010年年底约投资4万亿元。根据王国刚、冯光华等（2015）测算，“2009—2013年第3季度，我国的债务率上升了近75个百分点，截至2013年第3季度，我国非金融部门债务达到了GDP的2.03倍”。这意味着地方政府融资平台债务激增和影子银行的信用膨胀异常突出。在对我国金融生态环境问题进行研究时，金融业依托的宏观环境和制度条件尤为重要。绝大多数国家的金融风险都包含金融机构内部治理结构的天然缺陷和金融业生存的“外部环境”。

4.7 地方政府融资过程中必须把握的基本原则

4.7.1 地方政府融资必须满足地方基础设施服务

对于发展中国家而言促进经济发展的活动多数集中在城市区域[①]。城市的发展往往是一个国家经济发展的引擎，具有比较优势的城市在发展的同时，吸引了大量的投资和大量的移民，这些移民需要基础设施和公共服务。更好的基础设施可以吸引更多投资和带来新的利润。同时，可以带来更多的私人投资资金、外国资本和捐赠支持等。基础设施需求资金占GDP的5%，这已经远超过了多数发展中国家城市化发展的地方财政可支持限度。因此，城市公共财政面临的挑战是如何从经济增长中获取一定的份额以支持这些日益增长的公共支出需要，同时需要改善和治理已有城市居民的公共服务，保障本地居

① 本书采取的发展中国家和工业化国家的划分标准是按照世界银行在其世界发展指标（World Bank，2012）中所使用的传统术语，发展中国家指的是低收入和中等收入国家，工业化国家指的是高收入国家。虽然低收入和中等收入国家的界限已经越来越模糊了，但是这个分组方式大致上还是相关的。

民在财政政策的制定过程中拥有足够的话语权。通过实践调查分析，发现各个城市对公共服务需求将保持在较高水平上，并且成本还将持续增加。

1. 城市基础设施投资预测

Rou W.Bahl、Johannes F.Linn、Deborah L.Wetzel（2013）[①] 预测了一组年度基础设施投资，见表 4-25。

表 4-25　**基础设施中的投资、维护费和国家收入**　单位：十亿美元

国家收入组	加总GDP（2008年）	假定的增长率	基础设施					
			占一国GDP百分比			以2008年美元计价		
			投资	维护费	总计	投资	维护费	总计
低	509.60	5%	2.8%	1.7%	4.5%	14.00	8.80	22.80
中低	7 691.90	5%	3.5%	2.4%	5.9%	270.80	183.80	454.60
中高	7 471.90	5%	2.2%	1.5%	3.7%	165.20	113.20	278.40
发展中国家总计	15 673.40	—	2.8%	2.0%	4.8%	450.00	305.80	755.80
高收入国家总计	42 041.40	3%	0.8%	0.9%	1.7%	332.80	363.70	696.50
总计	57 714.80	—	1.4%	1.1%	2.5%	782.80	669.50	1 452.30

数据来源：世界银行（World Bank，2011）的 GDP 数据。

表内数据是建立在发展中国家 GDP 增长率为 5%和高收入国家 GDP 增长率为 3%的假设基础上。从表 4-25 可知，中低收入国家每年需要将 5.9%的 GDP 用于基础设施的投资和维护，而中高收入国家只需要 3.7%的 GDP 用于基础设施的投资和维护。总的来看，除了高收入国家，其余国家包括低收入、中低收入和中高收入国家的基础设施投资所需资金量都要高于维护所需资金量。该预测表明，高收入国家投资和维护所需资金量高达 6 965 亿美元，中低收入国家为 4 546 亿美

① 鲍尔，怀特兹．发展中国家大都市政府融资［M］．陶然，等，译．北京：科学出版社，2013：324-326.

元，发展中国家整体来看对年度投资的需求更大，维护所需资金量相对低一些。那么，发展中国家的新兴基础设施投资很可能需要融资，而维护费用则可以涵盖在经营费用中。

2. 基础设施建设的意义——乘数效应、集聚效应

由于国家的基础设施存量与收入高度相关，国内外各部门间基础设施存量也呈现高度相关性，如铺设道路充足的国家往往也会具备较强的发电能力。因此，城市基础设施建设能够产生较强的乘数效应和集聚效应，有利于经济发展。

（1）助推城市发展

梳理国内外关于城市化的研究发现：一方面，城市化与工业化关系密切；另一方面，相对于农村工作者，城市工作者具有更高的平均生产率，也就具有较高的收入水平。城市的兴衰受许多因素影响，城市基础设施的建设可以为不断增长的劳动人口提供充足的就业机会，从而有效解决失业问题；可以改善城市公共服务系统，并有效促进商业活动；可以应对城市碳排放，并有效改善城市生活环境，加快大都市建设脚步。

（2）助推经济发展

经济起飞离不开基础设施建设的助推。沿海地区经济快速发展和某些区域开发的成功，其共同的经验就是通过率先启动大规模的基础设施建设，设计更加紧凑的大都市模式可以更好地节约能源，降低提供城市基础设施的成本，并能够促进城市圈内各城市相互组合，将城市化和本地化的外部效应变为内部化，而那些较小的城市可以为拥有各种服务和先进产业的大都市提供便宜的土地和低租金住房，促进大都市获得集群化和规模化效应，为经济高速增长奠定坚实的基础。

4.7.2 地方政府融资必须促进城镇化发展

城镇化建设需要大量资金支持，一方面需要金融市场发挥作用，另一方面也需要政府的大力支持。地方政府融资在城镇化建设中发挥的作用十分重要，为了推动城镇化的快速发展，地方政府存在较强的融资需求，而且地方政府融资的能力、成本以及风险等都会对城镇化建设带来

直接影响。

1. 城镇化建设的资金需求

根据国际经验显示，城镇化每提高1个百分点，将会产生数以万亿元的投资和消费。目前我国城镇化率为50%，如果要达到发达国家的80%的城镇化率水平，据此测算大约需要30万亿元的投资和消费规模。现以农民工市民化为例介绍我国城镇化资金的需求水平，见表4-26。

表4-26 **以2011年不变价格估算的农民工市民化成本** 单位：亿元

项目	成本估算值
随迁子女教育成本和社会保障成本	4 152.83
社会救助、保障性住房成本	13 938.75
其中：东部地区	9 115.94
中部地区	2 453.22
西部地区	2 327.77
总成本	18 091.58

资料来源 冯俏彬. 农民工市民化总成本超1.8万亿元［J/OL］.［2013-03-04］. http://dz.jjckb.cn/www/pages/webpage 2009/html/2013- 03/04/content_71985. htm?div=-1.

此处仅以农民工市民化为例。目前我国有近16 000万农民工居住在城市，如果进行市民化身份转变，那么所花费的总成本将达到18 000亿元左右。这些成本当中，包括随迁子女教育成本、社会保障成本、社会救助成本和保障性住房成本等。其中，占比最大的两项为随迁子女教育成本和保障性住房成本。

具体分析，城镇化建设中对资金的需求主要体现在两个方面：

首先是公用基础设施投资，包括道路、桥梁、通信、水电煤气等。以地方财政公用基础设施投资支出为例，见表4-27。

其次是社会公共服务的投资，包括养老、医疗、教育等。以地方财政公共服务、民政部门医疗救助、地方财政住房保障支出等为例，见表4-28、表4-29和表4-30。

表 4-27　　**2005—2014 年地方财政公用基础设施投资支出情况一览表**

单位：亿元

年份	2014年	2013年	2012年	2011年	2010年
一般预算支出	129 215.49	119 740.34	107 188.34	92 733.68	73 884.43
一般公共服务支出	12 217.07	12 753.67	11 702.14	10 084.77	8 499.74
外交支出	1.45	1.39	1.44	2.75	1.17
国防支出	234.4	233.25	210.54	198.29	157.02
公共安全支出	6 879.47	6 489.75	5 928.13	5 267.26	4 642.5
城乡社区事务支出	12 942.31	11 146.51	9 060.93	7 608.93	5 977.29
农林水事务	13 634.16	12 822.64	11 471.39	9 520.99	7 741.69
交通运输	9 669.26	8 625.83	7 332.57	7 166.69	3 998.89
资源勘探电力信息	4 634.73	4 445.38	3 934.53	3 547.26	2 996.65
商业服务业等事务	1 319.78	1 336.55	1 351.71	1 394.79	1 273.35
金融监管等事务	258.7	212.97	249.69	235.34	148.88

年份	2009年	2008年	2007年	2006年	2005年
一般预算支出	61 044.14	49 248.49	38 339.29	30 431.33	25 154.31
一般公共服务支出	8 080	7 451.37	6 354.07		
外交支出	1.23	1.57	1.5		
国防支出	126.09	79.81	72.59		
公共安全支出	3 898.3	3 411.13	2 878.33		
城乡社区事务支出	5 103.76	4 191.81	3 238.49		
农林水事务	6 401.71	4 235.63	3 091.01		
交通运输	3 578.37	1 440.8	1 133.13		
资源勘探电力信息	2 370.89				
商业服务业等事务					
金融监管等事务	133.15				

数据来源：国家统计局网站。

表 4-28　**2005—2014 年地方财政公共服务支出情况一览表**　单位：亿元

年 份	2014年	2013年	2012年	2011年	2010年
一般预算支出	129 215.49	119 740.34	107 188.34	92 733.68	73 884.43
一般公共服务支出	12 217.07	12 753.67	11 702.14	10 084.77	8 499.74
教育支出	21 788.09	20 895.11	20 140.64	15 498.28	11 829.06
科学技术支出	2 877.79	2 715.31	2 242.2	1 885.88	1 588.88
文化体育与传媒支出	2 468.48	2 339.94	2 074.79	1 704.64	1 392.57
社会保障和就业支出	15 268.94	13 849.72	11 999.85	10 606.92	8 680.32
医疗卫生支出	10 086.56	8 203.2	7 170.82	6 358.19	4 730.62
年 份	2009年	2008年	2007年	2006年	2005年
一般预算支出	61 044.14	49 248.49	38 339.29	30 431.33	25 154.31
一般公共服务支出	8 080	7 451.37	6 354.07		
教育支出	9 869.92	8 518.58	6 727.06		
科学技术支出	1 310.7	1 051.86	858.44		
文化体育与传媒支出	1 238.32	955.13	771.43		
社会保障和就业支出	7 851.85	6 460.01	5 104.53		
医疗卫生支出	3 930.69	2 710.26	1 955.75		

数据来源：国家统计局网站。

2. 地方政府融资对城镇化建设的作用

2016 年 2 月，国家主席习近平对深入推进新型城镇化建设作出重要指示，强调“要坚持以创新、协调、绿色、开放、共享的发展理念为引领，以人的城镇化为核心，更加注重提高户籍人口城镇化率，更加注重城乡基本公共服务均等化，更加注重环境宜居和历史文脉传承，更加

表 4-29　　2005—2014 年民政部门医疗救助情况一览表

年份	2014年	2013年	2012年	2011年	2010年
城市医疗救助人次（万人次）	—	—	689.9	672.15	460.08
城市救助资助参加医疗保险（万人）	1 701.99	1 490.09	1 387.1	1 549.81	1 461.25
农村医疗救助人次（万人次）	—	—	1 483.8	1 471.83	1 019.24
农村救助资助参加医疗保险（万人）	5 021.73	4 868.74	4 490.4	4 825.3	4 615.42
城市医疗救助支出（万元）	—	—	708 802	676 408	495 203
农村医疗救助支出（万元）	—	—	1 329 105	1 199 610	834 810
年份	2009年	2008年	2007年	2006年	2005年
城市医疗救助人次（万人次）	410.37	443.6	—	—	—
城市救助资助参加医疗保险（万人）	1 095.89	642.6	—	—	—
农村医疗救助人次（万人次）	729.98	759.5	377.1	201.3	199.6
农村救助资助参加医疗保险（万人）	4 059.14	3 432.4	2 517.34	1 317.1	654.9
城市医疗救助支出（万元）	412 043	297 000	144 379	81 241	32 000
农村医疗救助支出（万元）	646 246	383 000	280 508	114 198	57 000

数据来源：国家统计局网站。

表 4-30　**2010—2014 年地方财政住房保障支出情况一览表**　单位：亿元

	2014年	2013年	2012年	2011年	2010年
地方一般预算支出	129 215.49	119 740.34	107 188.34	92 733.68	73 884.43
地方财政住房保障支出	4 638.31	4 075.82	4 068.71	3 491.87	1 990.4

数据来源：国家统计局网站。

注重提升人民群众获得感和幸福感。要遵循科学规律，加强顶层设计，统筹推进相关配套改革，鼓励各地因地制宜、突出特色、大胆创新，积极引导社会资本参与，促进中国特色新型城镇化持续健康发展”。城镇化建设是我国现代化建设的必由之路，是我国最大的内需潜力和发展动能所在。在其发展过程中，应该按照统筹城乡，围绕稳增长、调结构、惠民生，运用改革和创新全面推进新型城镇化建设，着力推进农民转移人口市民化，着力增加适应居民需求的公共产品和公共服务供给，着力构建与农业现代化相辅相成、相互促进的体制机制。综上所述，我国城镇化包括人口城镇化、空间城镇化、社会城镇化、经济城镇化、生态城镇化五个方面，在整个城镇化建设过程中，地方政府融资将发挥着重要的作用。

（1）资源配置功能

自 2006 年起，地方项目投资完成额的比重接近 90%，甚至高于 90%。2015 年，地方项目的年度投资完成额由 2006 年的 444 347.53 亿元提高到 1 515 327.85 亿元，年均增长率为 24.10%。其中，在固定资产投资方面，地方财政拨款金额逐年增加，已成为固定资产投资中最重要的资金来源之一。地方政府为实现经济与社会发展目标，通过财政、金融等渠道直接或间接筹措建设资金，将资金投向城镇化发展的领域、行业和项目等，起到了良好的资源配置作用，见表 4-31、表 4-32 和表 4-33。

表 4-31

固定资产投资中中央和地方项目完成额

指标	固定资产投资完成额（不含农户）中央项目累计	固定资产投资完成额（不含农户）中央项目累计同比增速	固定资产投资完成额（不含农户）地方项目累计	固定资产投资完成额（不含农户）地方项目累计同比增速	指标	固定资产投资完成额（不含农户）中央项目累计	固定资产投资完成额（不含农户）中央项目累计同比增速	固定资产投资完成额（不含农户）地方项目累计	固定资产投资完成额（不含农户）地方项目累计同比增速
地区	全国	全国	全国	全国	地区	全国	全国	全国	全国
频度	月	月	月	月	频度	月	月	月	月
单位	亿元	%	亿元	%	单位	亿元	%	亿元	%
2006-02	544.77	19.3	4 749.33	27.5	2011-03	2 540.41	3.0	36 924.49	26.8
2006-03	1 143.52	18.8	10 464.89	31.2	2011-04	4 123.49	2.6	58 592.74	27.4
2006-04	1 905.35	18.8	16 100.3	31.1	2011-05	5 670.29	0.3	84 584.23	28.0
2006-05	2 717.87	22.7	22 725.6	31.3	2011-06	7 360.1	-3.8	117 206.58	28.1
2006-06	3 770	25.1	32 598.36	32.0	2011-07	9 075.08	-4.7	143 344.78	28.0
2006-07	4 619.84	26.0	40 151.18	31.1	2011-08	10 722.4	-8.9	169 885.22	28.1
2006-08	5 682.25	29.4	46 911.40	29.1	2011-09	12 444.65	-7.5	199 829.34	27.7
2006-09	6 712.33	29.6	55 167.79	28.1	2011-10	14 260.41	-8.5	227 104.67	27.9
2006-10	7 757.08	29.6	62 313.44	26.5	2011-11	16 211.47	-8.5	253 240.65	27.5
2006-11	8 826.86	29.6	70 485.24	26.2	2011-12	20 208.73	-9.7	281 724.11	27.2
2006-12	10 792.36	21.1	82 680	24.9	2012-02	1 275.56	-7.9	19 913.26	24.0
2007-02	663.23	21.7	5 871.78	23.6	2012-03	2 392.89	-9.7	45 472.50	23.1

续表

指标	固定资产投资完成额（不含农户）中央项目累计	固定资产投资完成额（不含农户）中央项目累计同比增速	固定资产投资完成额（不含农户）地方项目累计	固定资产投资完成额（不含农户）地方项目累计同比增速	指标	固定资产投资完成额（不含农户）中央项目累计	固定资产投资完成额（不含农户）中央项目累计同比增速	固定资产投资完成额（不含农户）地方项目累计	固定资产投资完成额（不含农户）地方项目累计同比增速
地区	全国	全国	全国	全国	地区	全国	全国	全国	全国
频度	月	月	月	月	频度	月	月	月	月
单位	亿元	%	亿元	%	单位	亿元	%	亿元	%
2007-03	1 417.52	24.0	13 126.09	25.4	2012-04	4 097.51	-4.1	71 494.09	22.0
2007-04	2 334.28	22.5	20 260.14	25.8	2012-05	5 604.98	-7.7	103 319.23	22.1
2007-05	3 121.82	14.9	28 922.96	27.3	2012-06	7 597.49	-4.1	143 112.57	22.1
2007-06	4 308.07	14.3	41 769.75	28.1	2012-07	9 387.33	-3.0	174 924.46	22.0
2007-07	5 332.39	15.4	51 365.45	27.9	2012-08	11 395.17	0.2	206 562.91	21.6
2007-08	6 434.81	13.2	60 224.19	28.4	2012-09	13 609.17	2.3	243 323.72	21.8
2007-09	7 749.33	15.4	70 497.44	27.8	2012-10	15 939.24	5.1	276 602.76	21.8
2007-10	8 830.05	13.8	80 123.27	28.6	2012-11	17 997.73	6.1	308 238.45	21.7
2007-11	9 956.66	12.8	90 647.95	28.6	2012-12	21 662.97	5.89	343 172.09	21.72
2007-12	12 708.19	19.5	104 705.7	26.6	2013-02	1 331.16	4.4	24 344.76	22.3
2008-02	762.21	14.9	7 359.08	25.3	2013-03	2 686.53	11.6	55 405.75	21.4
2008-03	1 615.94	14.0	16 700.99	27.2	2013-04	4 444.34	8.5	86 874.84	21.3

续表

指标	固定资产投资完成额（不含农户）中央项目累计	固定资产投资完成额（不含农户）中央项目累计同比增速	固定资产投资完成额（不含农户）地方项目累计	固定资产投资完成额（不含农户）地方项目累计同比增速	指标	固定资产投资完成额（不含农户）中央项目累计	固定资产投资完成额（不含农户）中央项目累计同比增速	固定资产投资完成额（不含农户）地方项目累计	固定资产投资完成额（不含农户）地方项目累计同比增速
地区	全国	全国	全国	全国	地区	全国	全国	全国	全国
频度	月	月	月	月	频度	月	月	月	月
单位	亿元	%	亿元	%	单位	亿元	%	亿元	%
2008-04	2 679.73	14.8	25 730.35	27.0	2013-05	6 109.99	7.1	125 100.66	21.1
2008-05	3 698.70	18.5	36 565.51	26.4	2013-06	8 338.08	9.7	172 979.52	20.7
2008-06	5 123	18.9	53 312.98	27.6	2013-07	10 549.54	12.4	211 172.69	20.5
2008-07	6 679.20	25.3	65 480.88	27.5	2013-08	12 627.64	10.8	249 950.44	20.8
2008-08	8 217.45	27.7	76 702.24	27.4	2013-09	15 019.63	10.4	294 187.94	20.7
2008-09	9 855.50	27.2	90 015.22	27.7	2013-10	17 645.79	8.1	334 023.46	20.8
2008-10	11 365.45	28.7	101 823.6	27.1	2013-11	20 632.06	13.4	370 650.46	20.2
2008-11	13 124.25	31.8	114 489.9	26.3	2013-12	24 785.34	12.4	411 742.36	20.1
2008-12	16 641.42	29.6	131 525.8	25.7	2014-02	1 489.14	11.9	28 793.89	18.3
2009-02	1 069.51	40.3	9 206.28	25.1	2014-03	2 989.50	11.3	65 332.22	17.9
2009-03	2 107.04	30.4	21 454.95	28.5	2014-04	4 623.46	5.7	102 454.37	17.8

续表

指标	固定资产投资完成额（不含农户）中央项目累计	固定资产投资完成额（不含农户）中央项目累计同比增速	固定资产投资完成额（不含农户）地方项目累计	固定资产投资完成额（不含农户）地方项目累计同比增速	指标	固定资产投资完成额（不含农户）中央项目累计	固定资产投资完成额（不含农户）中央项目累计同比增速	固定资产投资完成额（不含农户）地方项目累计	固定资产投资完成额（不含农户）地方项目累计同比增速
地区	全国	全国	全国	全国	地区	全国	全国	全国	全国
频度	月	月	月	月	频度	月	月	月	月
单位	亿元	%	亿元	%	单位	亿元	%	亿元	%
2009-04	3 465.66	29.3	33 616.64	30.6	2014-05	6 640.77	8.7	147 075.71	17.6
2009-05	4 733.99	28.0	48 786.33	33.4	2014-06	9 553.85	14.6	203 216.6	17.5
2009-06	6 586.16	28.6	71 512.19	34.1	2014-07	11 689.32	10.8	247 803.6	17.3
2009-07	8 370.16	25.3	87 561.85	33.7	2014-08	14 054.48	11.3	291 732	16.7
2009-08	10 052.91	22.3	102 931.9	34.2	2014-09	16 773.32	12.2	341 013.87	16.2
2009-09	11 721.54	18.9	121 455.1	34.9	2014-10	19 405.96	10.4	386 754.65	16.2
2009-10	13 501.84	18.8	137 207.9	34.8	2014-11	22 054.19	7.3	429 013.39	16.2
2009-11	15 276.91	16.4	153 357.3	33.9	2014-12	25 370.78	10.8	476 634.12	15.92
2009-12	19 650.80	18.4	174 487.8	32.0	2015-02	1 578.64	6.0	32 898.77	14.3
2010-02	1 219.05	14	11 794.98	28.1	2015-03	3 370.72	12.8	74 140.54	13.5
2010-03	2 297.91	9.1	27 494.77	28.2	2015-04	4 996.06	8.1	114 982.44	12.2

续表

指标	固定资产投资完成额（不含农户）中央项目累计	固定资产投资完成额（不含农户）中央项目累计同比增速	固定资产投资完成额（不含农户）地方项目累计	固定资产投资完成额（不含农户）地方项目累计同比增速	指标	固定资产投资完成额（不含农户）中央项目累计	固定资产投资完成额（不含农户）中央项目累计同比增速	固定资产投资完成额（不含农户）地方项目累计	固定资产投资完成额（不含农户）地方项目累计同比增速
地区	全国	全国	全国	全国	地区	全国	全国	全国	全国
频度	月	月	月	月	频度	月	月	月	月
单位	亿元	%	亿元	%	单位	亿元	%	亿元	%
2010-04	3 832.64	10.6	42 910.11	27.6	2015-05	7 096.61	6.9	164 148.79	11.6
2010-05	5 399.97	14.1	61 958.33	27.0	2015-06	9 653.37	1.0	227 478.5	11.9
2010-06	7 443.24	13.0	90 604.14	26.7	2015-07	12 143.50	3.9	276 325	11.5
2010-07	9 242.61	10.4	110 623.6	26.3	2015-08	14 428.55	2.7	324 548.81	11.2
2010-08	11 199.72	11.4	129 798	26.1	2015-09	17 046.02	1.6	377 485.01	10.7
2010-09	12 906.32	10.1	152 963.3	25.9	2015-10	19 630.74	1.2	427 794.14	10.6
2010-10	14 845	10.0	172 711	25.9	2015-11	22 106.56	0.2	475 075.59	10.7
2010-11	16 837	10.2	193 861	26.4	2015-12	26 223.69	6.4	525 366.35	10.2
2010-12	21 837	8.9	219 578	26.3	2016-02	1 508.56	-4.4	36 499.23	10.9
2011-02	1 384.54	6.3	16 059.62	26.9	2016-03	3 463.75	2.8	82 379.08	11.1
					2016-04	5 497.44	10.0	127 094.51	10.5

数据来源：中经网统计数据库。

表 4-32　　2006—2015 年城镇固定资产投资中地方项目占比

年份	中央项目（亿元）	地方项目（亿元）	地方项目占比（%）
2006	54 472.23	444 347.53	89.08
2007	54 590.69	445 469.98	89.08
2008	54 864.69	448 131.18	89.09
2009	55 293.62	452 291.02	89.11
2010	55 697.57	458 488.38	89.17
2011	104 001.57	1 588 496.43	93.86
2012	101 352.18	1 555 425.58	93.88
2013	99 621.58	1 542 305.34	93.93
2014	98 048.80	1 529 215.20	93.97
2015	96 293.68	1 515 327.85	94.03

数据来源：中经网统计数据库。

表 4-33　　2006—2014 年我国各地区地方财政支出情况一览表　　单位：亿元

地区 \ 年份	2006	2007	2008	2009	2010	2011	2012	2013	2014
全国	30 431.34	38 339.3	49 248.49	61 044.1	73 884.42	92 733.7	107 188.36	119 740.34	129 215.5
北京市	1 296.84	1 649.51	1 959.29	2 319.37	2 717.32	3 245.23	3 685.31	4 173.66	4 524.67
天津市	543.12	674.33	867.72	1 124.28	1 376.84	1 796.33	2 143.21	2 549.21	2 884.70
河北省	1 180.36	1 506.65	1 881.67	2 347.59	2 820.24	3 537.39	4 079.44	4 409.58	4 677.30
山西省	915.57	1 049.92	1 315.02	1 561.68	1 931.36	2 363.85	2 759.46	3 030.13	3 085.28
内蒙古自治区	812.13	1 082.31	1 454.57	1 926.84	2 273.50	2 989.21	3 425.99	3 686.52	3 879.98
辽宁省	1 422.75	1 764.28	2 153.43	2 682.39	3 195.82	3 905.85	4 558.59	5 197.42	5 080.49
吉林省	718.36	883.76	1 180.12	1 479.21	1 787.25	2 201.74	2 471.20	2 744.81	2 913.25
黑龙江省	968.53	1 187.27	1 542.29	1 877.74	2 253.27	2 794.08	3 171.52	3 369.18	3 434.22
上海市	1 795.57	2 181.68	2 593.92	2 989.65	3 302.89	3 914.88	4 184.02	4 528.61	4 923.44
江苏省	2 013.25	2 553.72	3 247.49	4 017.36	4 914.06	6 221.72	7 027.67	7 798.47	8 472.45

续表

地区 \ 年份	2006	2007	2008	2009	2010	2011	2012	2013	2014
浙江省	1 471.86	1 806.79	2 208.58	2 653.35	3 207.88	3 842.59	4 161.88	4 730.47	5 159.57
安徽省	940.23	1 243.83	1 647.13	2 141.92	2 587.61	3 302.99	3 961.01	4 349.69	4 664.10
福建省	728.70	910.64	1 137.72	1 411.82	1 695.09	2 198.18	2 607.50	3 068.80	3 306.70
江西省	696.44	905.06	1 210.07	1 562.37	1 923.26	2 534.60	3 019.22	3 470.30	3 882.70
山东省	1 833.44	2 261.85	2 704.66	3 267.67	4 145.03	5 002.07	5 904.52	6 688.80	7 177.31
河南省	1 440.09	1 870.61	2 281.61	2 905.76	3 416.14	4 248.82	5 006.40	5 582.31	6 028.69
湖北省	1 046.99	1 277.33	1 650.28	2 090.92	2 501.40	3 214.74	3 759.79	4 371.65	4 934.15
湖南省	1 064.52	1 357.03	1 765.22	2 210.44	2 702.48	3 520.76	4 119.00	4 690.89	5 017.38
广东省	2 553.34	3 159.57	3 778.57	4 334.37	5 421.54	6 712.40	7 387.86	8 410.99	9 152.64
广西壮族自治区	729.52	985.94	1 297.11	1 621.82	2 007.59	2 545.28	2 985.23	3 208.67	3 479.79
海南省	174.54	245.20	357.97	486.06	581.34	778.80	911.67	1 011.17	1 099.74
重庆市	594.25	768.39	1 016.01	1 292.09	1 709.04	2 570.24	3 046.36	3 062.28	3 304.39
四川省	1 347.4	1 759.13	2 948.83	3 590.72	4 257.98	4 674.92	5 450.99	6 220.91	6 796.61
贵州省	610.64	795.40	1 053.79	1 372.27	1 631.48	2 249.40	2 755.68	3 082.66	3 542.80
云南省	893.58	1 135.22	1 470.24	1 952.34	2 285.72	2 929.60	3 572.66	4 096.51	4 437.98
西藏自治区	200.20	275.37	380.66	470.13	551.04	758.11	905.34	1 014.31	1 185.51
陕西省	824.18	1 053.97	1 428.52	1 841.64	2 218.83	2 930.81	3 323.80	3 665.07	3 962.50
甘肃省	528.59	675.34	968.43	1 246.28	1 468.58	1 791.24	2 059.56	2 309.62	2 541.49
青海省	214.66	282.20	363.60	486.75	743.40	967.47	1 159.05	1 228.05	1 347.43
宁夏回族自治区	193.21	241.85	324.61	432.36	557.53	705.91	864.36	922.48	1 000.45
新疆维吾尔自治区	678.47	795.15	1 059.36	1 346.91	1 698.91	2 284.49	2 720.07	3 067.12	3 317.79

数据来源：中经网统计数据库。

（2）资金支持功能

城镇化的资金来源包括政府资金和市场资金，政府资金支持则在整个资金中起到了导向性的作用，引导着市场资金的投资方向。政府资金支持包括中央财政资金和地方财政资金。随着我国经济的快速发展，各地方财政人均收入呈大幅增长，其中用在地方财政支持的教育、科学、文化、卫生、环境保护等方面较中央财政支持要高。

在教育事业费方面，地方财政支出在总支出中所占比重基本保持在90%左右。2007 年，我国教育事业费的地方财政支出总额为 6 727.06 亿元，占当年整个财政支出的比重为 94.45%；2010 年，地方教育事业费的财政支出总额为 11 829.06 亿元，占当年整个财政支出的比重为 94.26%；2014 年，地方教育事业费的财政支出总额为 21 788.09 亿元，占当年整个财政支出的比重为 94.56%，见表 4-34。

表 4-34　2007—2014 年我国教育事业费——中央财政支出和地方财政支出

指标	中央公共财政支出（本级）（亿元）	地方公共财政支出（亿元）	地方财政支出占比（%）
2007 年	395.26	6 727.06	94.45
2008 年	491.63	8 518.58	94.54
2009 年	567.62	9 869.92	94.56
2010 年	720.96	11 829.06	94.26
2011 年	999.05	15 498.28	93.94
2012 年	1 101.46	20 140.64	94.81
2013 年	1 106.65	20 895.11	94.97
2014 年	1 253.62	21 788.09	94.56

数据来源：中经网统计数据库。

在科学技术费方面，地方财政支出的规模从 2007 年的 858.44 亿元增长到2014年的2 877.79亿元，平均年增长率为33.60%。2007年，地方公共财政支出仅为858.44亿元，占比48.14%；2008年，地方科学技术费首次突破1 000亿元，占比49.40%；2014年，地方科学技术费增加到2 877.79亿元，占比54.15%，见表4-35。

表4-35　**2007—2014年我国科学技术费——中央财政支出和地方财政支出**

指标	中央公共财政支出（本级）（亿元）	地方公共财政支出（亿元）	地方财政支出占比（%）
2007年	924.6	858.44	48.14
2008年	1 077.35	1 051.86	49.40
2009年	1 433.82	1 310.70	47.76
2010年	1 661.30	1 588.88	48.89
2011年	1 942.14	1 885.88	49.27
2012年	2 210.43	2 242.20	50.36
2013年	2 368.99	2 715.31	53.41
2014年	2 436.66	2 877.79	54.15

数据来源：中经网统计数据库。

在医疗卫生费方面，地方财政支出的规模从2007年的1 955.75亿元增长到2014年的10 086.56亿元，占比从98.28%上升到99.11%。2007—2014年，医疗卫生费支出的地方占比基本保持较高的水平，见表4-36。

在文化体育与传媒方面，地方政府支出的规模从2007年的771.43亿元增长到2014年的2 468.48亿元。从绝对额上看，2014年比2007年地方政府财政支出增加了1 697.05亿元，年均增长率为31.43%，见表4-37。

表 4-36　**2007—2014 年我国医疗卫生费——中央财政支出和地方财政支出**

指标	中央公共财政支出（本级）（亿元）	地方公共财政支出（亿元）	地方财政支出占比（%）
2007年	34.21	1 955.75	98.28
2008年	46.78	2 710.26	98.30
2009年	63.5	3 930.69	98.41
2010年	73.56	4 730.62	98.47
2011年	71.32	6 358.19	98.89
2012年	74.29	7 170.82	98.97
2013年	76.70	8 203.20	99.07
2014年	90.25	10 086.56	99.11

数据来源：中经网统计数据库。

表 4-37　**2007—2014 年我国文化体育与传媒——中央财政支出和地方财政支出**

指标	中央公共财政支出（本级）（亿元）	地方公共财政支出（亿元）	地方财政支出占比（%）
2007年	127.21	771.43	85.84
2008年	140.61	955.13	87.17
2009年	154.75	1 238.32	88.89
2010年	150.13	1 392.57	90.27
2011年	188.72	1 704.64	90.03
2012年	193.56	2 074.79	91.47
2013年	204.45	2 339.94	91.96
2014年	223.00	2 468.48	91.71

数据来源：中经网统计数据库。

(3) 制度创新功能

制度创新（Institutional Innovation）是指在人们现有的生产和生活环境条件下，通过创设新的和更能有效激励人们行为的制度、规范体系来实现社会的持续发展和变革。所有创新活动都有赖于制度创新的积淀和持续激励，通过制度创新得以固化，并以制度化的方式持续发挥着自己的作用，这是制度创新的积极意义所在。

地方政府融资为城镇化建设筹集必要的资金，对城镇化的建设起着积极的助推作用。但是由于各地方政府实际情况各不相同，所以各地方政府的融资能力存在着差异。地方经济实力、资源禀赋、财政状况以及产业状况等诸多要素共同影响地方政府融资能力。

从表 4-38 可以看出，全国各地方政府财政收入能力各不相同。从地方政府融资主体来看，包括地方政府部门和机构、事业单位以及地方政府融资平台公司。从融资渠道来看，地方政府融资渠道越广泛融资难度越低。目前，我国地方政府的融资渠道主要是地方财政收入和银行贷款。随着地方政府融资平台债务余额增加，据审计署 2013 年审计结果显示，地方政府融资平台债务存量规模已突破 2 万亿元。此外，牛慕鸿、纪敏（2013）[①]指出，2012 年包括融资平台在内的我国地方政府债务估计可达 18 万亿元，如果加上 7.8 万亿元国债、6 500 亿元的中央代发地方政府债券以及 2 311 亿元的国务院部委介入的主权外债[②]，共计显性债务 26.7 万亿元，占当年 GDP 的 51.4%。如果再加上铁道部债务 2.66 万亿元等，累计债务 33.5 万亿元，占当年 GDP 的 64.5%，已经超出 60%的政府债务警戒线。

综上所述，地方政府融资在城镇化建设中的债务规模及风险，需要地方政府不断创新融资制度，寻找适合城镇化建设的新融资方式，特别是融资决策机制、统筹协调机制、组织管理机制和风险管理机制，达到解决地方政府融资缺口的目的。

---

① 牛慕鸿，纪敏．中国的杠杆率及其风险［J］．中国金融，2013（7）：16.
② 按当年汇率折算。

表 4-38 **2006—2014 年我国各地方政府财政收入** 单位：亿元

地区＼年份	2006	2007	2008	2009	2010	2011	2012	2013	2014
全国	18 303.58	23 572.62	28 649.79	32 602.58	40 613.05	52 547.11	61 078.29	69 011.17	75 876.6
北京市	1 117.15	1 492.64	1 837.32	2 026.81	2 353.93	3 006.28	3 314.93	3 661.11	4 027.16
天津市	417.05	540.44	675.62	821.99	1 068.81	1 455.13	1 760.02	2 079.07	2 390.35
河北省	620.53	789.12	947.59	1 067.12	1 331.85	1 737.77	2 084.28	2 295.62	2 446.62
山西省	583.38	597.89	748	805.83	969.67	1 213.43	1 516.38	1 701.62	1 820.64
内蒙古自治区	343.38	492.36	650.68	850.86	1 069.98	1 356.67	1 552.75	1 720.98	1 843.67
辽宁省	817.67	1 082.69	1 356.08	1 591.22	2 004.84	2 643.15	3 105.38	3 343.81	3 192.78
吉林省	245.21	320.69	422.80	487.09	602.41	850.1	1 041.25	1 156.96	1 203.38
黑龙江省	386.84	440.47	578.28	641.66	755.58	997.55	1 163.17	1 277.40	1 301.31
上海市	1 576.07	2 074.48	2 358.75	2 540.30	2 873.58	3 429.83	3 743.71	4 109.51	4 585.55
江苏省	1 656.68	2 237.73	2 731.41	3 228.78	4 079.86	5 148.91	5 860.69	6 568.46	7 233.14
浙江省	1 298.20	1 649.50	1 933.39	2 142.51	2 608.47	3 150.80	3 441.23	3 796.92	4 122.02
安徽省	428.03	543.70	724.62	863.92	1 149.40	1 463.56	1 792.72	2 075.08	2 218.44
福建省	541.17	699.46	833.4	932.43	1 151.49	1 501.51	1 776.17	2 119.45	2 362.21
江西省	305.52	389.85	488.65	581.30	778.09	1 053.43	1 371.99	1 621.24	1 881.83
山东省	1 356.25	1 675.39	1 957.05	2 198.63	2 749.38	3 455.93	4 059.43	4 559.95	5 026.83
河南省	679.17	862.08	1 008.90	1 126.06	1 381.32	1 721.76	2 040.33	2 415.45	2 739.26
湖北省	476.08	590.36	710.85	814.87	1 011.23	1 526.91	1 823.05	2 191.22	2 566.90
湖南省	477.93	606.55	722.71	847.62	1 081.69	1 517.07	1 782.16	2 030.88	2 262.79
广东省	2 179.46	2 785.80	3 310.32	3 649.81	4 517.04	5 514.84	6 229.18	7 081.47	8 065.08
广西壮族自治区	342.58	418.83	518.42	620.99	771.99	947.72	1 166.06	1 317.60	1 422.28
海南省	81.81	108.29	144.86	178.24	270.99	340.12	409.44	481.01	555.31
重庆市	317.72	442.70	577.57	655.17	952.07	1488.33	1 703.49	1 693.24	1 922.02
四川省	607.59	850.86	1 041.66	1 174.59	1 561.67	2 044.79	2 421.27	2 784.10	3 061.07
贵州省	226.82	285.14	347.84	416.48	533.73	773.08	1 014.05	1 206.41	1 366.67
云南省	379.97	486.71	614.05	698.25	871.19	1 111.16	1 338.15	1 611.30	1 698.06
西藏自治区	14.56	20.14	24.88	30.09	36.65	54.76	86.58	95.02	124.27
陕西省	362.48	475.24	591.48	735.27	958.21	1 500.18	1 600.69	1 748.33	1 890.39
甘肃省	141.22	190.91	264.97	286.59	353.58	450.12	520.39	607.27	672.67
青海省	42.24	56.71	71.57	87.74	110.22	151.81	186.42	223.86	251.68
宁夏回族自治区	61.36	80.03	95.01	111.58	153.55	219.98	263.96	308.34	339.86
新疆维吾尔自治区	219.46	285.86	361.06	388.78	500.58	720.43	908.97	1 128.49	1 282.34

数据来源：中经网统计数据库。

4.7.3 地方政府融资必须因时因地制宜

1. 适度扩展地方政府债券规模，加快地方政府债务融资方式转型

根据资料显示，2015年的发债规模远远不能满足地方政府融资需求，面对地方政府巨大的融资需求和压力，中央政府决定采取新增地方政府债券发行规模，逐步剥离地方政府依赖地方融资平台的融资模式，以降低地方政府融资成本，实现“债务新规”的政策目标。只有不断创新信息交流渠道，克服信息偏在问题，才能使中央政府确定的地方政府融资规模与地方政府的合理融资需求相吻合。

2. 进一步推进政府和社会资本合作的制度供给

与国外相比，我国政府级次太多，各级政府间的事权和财权较难理顺，地方政府融资渠道必须进行拓展。近两年，我国各级政府高度重视新型城市化融资（PPP）模式，在采取立法、示范项目、融资匹配等方面积极推进，进一步推进了政府和社会资本合作的制度供给。为促使PPP模式顺利实施，需从以下几方面着手推进：首先，加快出台《政府与社会资本合作法》，以制度形式规范PPP模式进而强调权威性和打破部门利益障碍；其次，设立专门机构或组织，梳理与调整各部门各地方有关PPP项目的法规与管理办法，协调PPP项目进展中的法规适用性及协调性，进一步完善提高法规的操作性；再次，建立政策协调支持体系，在法律法规基础上进一步整合资源，围绕PPP项目推进过程中出现的困难，建立多部门协作的政策支持体系，对项目生命周期的建设运营管理给予适宜的制度、融资、监管等方面的政策支撑；最后，健全市场环境，通过倡导契约精神、依法治国以及诚信的营商环境，创建PPP机制所必要的市场环境。

3. 通过资产证券化方式提高政府部分资产的流动性

随着我国经济进入新常态，在经济发展持续下行压力加大的背景下，通过“存量资产证券化”发展路径，变现政府的部分存量资产，可以极大地促进各级政府的改革进程，缓解地方政府巨大的支出压力和债务压力。更为重要的是，必须从国家层面警惕规避美国等发达国家由于资产证券化带来的金融风险。一方面，建立相应制度，严格管控入池资

金质量，简化产品结构设计；另一方面，强化信息披露，充分披露每个基础资产抵押担保情况，评级机构需要充分披露评级方法、流程以及利益冲突等相关信息，充分披露进行压力测试的现金流和抵押信息，投资者需要充分了解该证券风险特征和机构特征。

4. 积极构建政府资本性支出的基金化模式

从目前情况看，我国资本性支出效率仍存在较大的改进空间。帕累托效率改进的一个重要前提是政府与市场分工明确，尽管在政府的具体运作上也可以采用市场机制，市场内部也存在着非市场机制。但是，政府与市场各自的核心职责和行动目标是不一致的，为实现帕累托效率改进，吸引更多的社会资本投资建设地方基础设施，缓解地方政府财政支出压力，应在进一步加强对基金的规范化管理前提下，通过产业投资基金、股权引导基金等方式，积极构建政府资本性支出的基金化模式，发挥政策性基金的带动作用。通过这种由政府与社会资本共同设立引导基金的方式，高效率地将资金投向包括交通、环保、能源、教育、医疗、体育健身和文化设施等行业在内的地方项目。为达到效率最大化，各类合伙人在该基金中持有的份额可由政府与社会资本协商确定。

5. 扩大地方债券融资权

《新预算法》中明确了地方政府借债主体目前暂定为省级政府，言外之意，地方政府具有债务融资权，可以名正言顺地借债。目前我国正在加速推进城镇化建设，市级和县级地方政府是落实中央决策，执行具体任务的主角，依靠现有财力满足数以万亿计的城镇基础设施投资需求比较困难。因此，应努力创造条件逐步允许符合条件的市级和县级政府举债融资。同时，应当根据地方经济发展实际情况，从法律层面上确定有条件的市级和县级政府举债融资的资格，并在制度规范上明确举债规模和程序，制定地方政府发债的管理制度，做好地方政府债券发债额度管理、发债市场建设、发债技术规范及其相关配套措施。另外，对地方政府债务实行发行限额和纳入预算的双重管理模式，做好债务偿还预案，处理好中央与地方、地方政府与企业的关系。

4.7.4 地方政府融资必须防范债务风险

地方政府融资问题既是财政体制改革重要问题，也是投融资体制改革的重大问题。由于地方政府债务问题较为复杂，关系到经济发展，关系到社会稳定。因此，地方政府债务必须加强改善和治理，防范发生债务风险。

1. 完善财务综合报告制度

完善地方政府财务综合报告制度，改善政府会计制度，编制并披露地方政府资产负债表，提高政务规范性和财政的透明度，规范债务管理。在改革过程中，注重系统设计，引入权责发生制推动制度改革，重点关注权责发生制的设置。

2. 建立地方债务风险预警机制

一方面需要引入外部约束机制，通过专业评级公司对各地方债务进行等级评估，引入地方政府债务的市场评级制度；另一方面需要构建评估体系，通过建立地方政府债务评级和信息披露制度，构建地方政府债务监控指标体系，逐步构建地方政府债务融资合理空间的评估体系。

3. 构建风险监管框架和责任机制

设置风险监控指标体系，建立地方政府债务风险早期预警系统，以帮助缓解地方财政风险。同时，还要加强建立偿债基金制度，要求政府部门建立专门的偿债基金，由债务资金支持的各项目收益、当地财政收支盈余、预备费结余等均应按照规定进入偿债基金，并且对偿债基金实施封闭管理，严禁不当提取和使用。

4. 建立风险应急处置机制

通过运用债务存量的大数据信息，分析建立债务风险预警体系与应急处置系统。在出现债务危风险时，政府能够及时反应并规避，减少风险损失。

4.8 地方政府融资方式的未来前景分析

从目前情况看，我国地方政府融资方式主要包括银行贷款、发行债券、信托计划等。从未来发展前景看，我国地方政府在以银行为主导的金融体系下，银行贷款将是地方政府最主要的融资方式。但是，由于银行系统风险可能对整个经济体系产生重大影响，地方政府信贷以及银行借助其他渠道注入到融资平台的资金将会受到更加严格的监管。城投债的融资成本较低、融资期限长，可以进行规范化的市场运作，在短期内市场债券无法启动的情况下，仍是地方政府的主要融资方式。信托计划作为新兴融资方式，伴随法律制度和监管体系的完善，也将成为城镇化建设过程中资金来源的重要渠道。

更为重要的是，新型城市化融资（PPP）模式，将会成为提供地方政府基础设施建设和公共服务的资金来源的重要途径。同时，可以解决地方政府的财政资金短缺和管理效率低下的问题。

第5章　新型城市化融资（PPP）模式

5.1　公私合作PPP模式介绍

5.1.1　PPP模式的常见类型

根据财政部政府和社会资本合作中心编写的《国外PPP案例选编》[①]介绍，按照服务于经济社会发展的各个方面，将PPP项目分为经济类（主要包括交通运输、市政公用事业等）、社会类（主要包括保障性住房、教育、文化等）和政府类（主要包括司法、执法、防务等）。

按照PPP项目的运作方式，将PPP项目分为BOT（建设—运营—移交）、BOO（建设—拥有—运营）、TOT（转让—运营—移交）、ROT（改建—运营—移交）、O&M（委托运营）、MC（管理合同）等。上述运作方式的命名是以公共资产的所有权和使用权等控制状态为基础。

按照社会资本、特许经营者和项目公司获得收入的方式，将PPP

① 财政部政府和社会资本合作中心. 国外PPP案例选编［M］. 北京：中国商务出版社，2014：2-5.

项目收入来源分为三类：使用者付费、政府付费、可行性缺口补助（VGF），如图 5-1 所示。

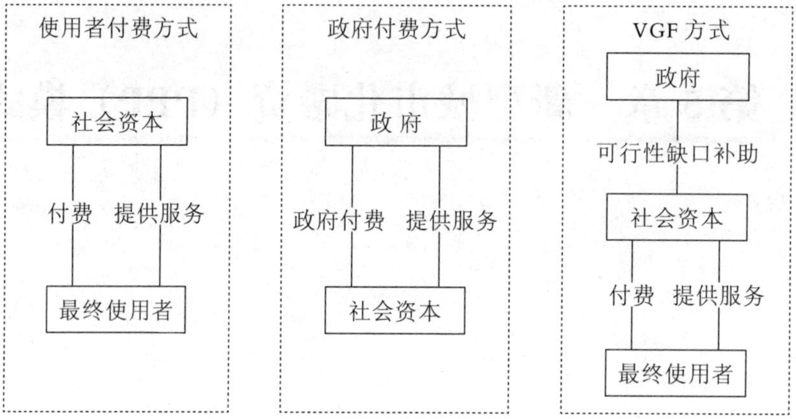

图 5-1 PPP 项目的三种支付方式

资料来源 财政部政府和社会资本合作中心. 国外 PPP 案例选编［M］. 北京：中国商务出版社，2014：3.

5.1.2 PPP 项目操作流程

PPP 项目操作流程可以分为五个阶段，分别是项目识别、项目准备、项目采购、项目执行、项目移交。PPP 项目操作流程介绍如图 5-2 所示。

5.1.3 公私合作的运营机制

1. 公私合作的项目结构

推行公私合作模式关键在于私营企业、民营资本与政府之间进行的利益制衡，在该模式下，参与公共基础设施建设与公共服务提供的各主体寻求自己的利益目标。如果不能正确处理项目参与主体结构之间的关系，那么，在公共服务领域，无论是政府还是企业，都难以实现公共服务模式的变革和改善公共设施状况，难以实现资源配置和最优利益选择。因此，厘清公私合作的项目结构十分有必要。本书采用徐盈（2013）[①]的 PPP 模式项目干系人结构图以表明公私合作的项目结构，如图 5-3 所示。

① 徐盈. PPP 项目融资模式干系人识别和管理策略分析［J］. 商业经济，2013（7）：63-65.

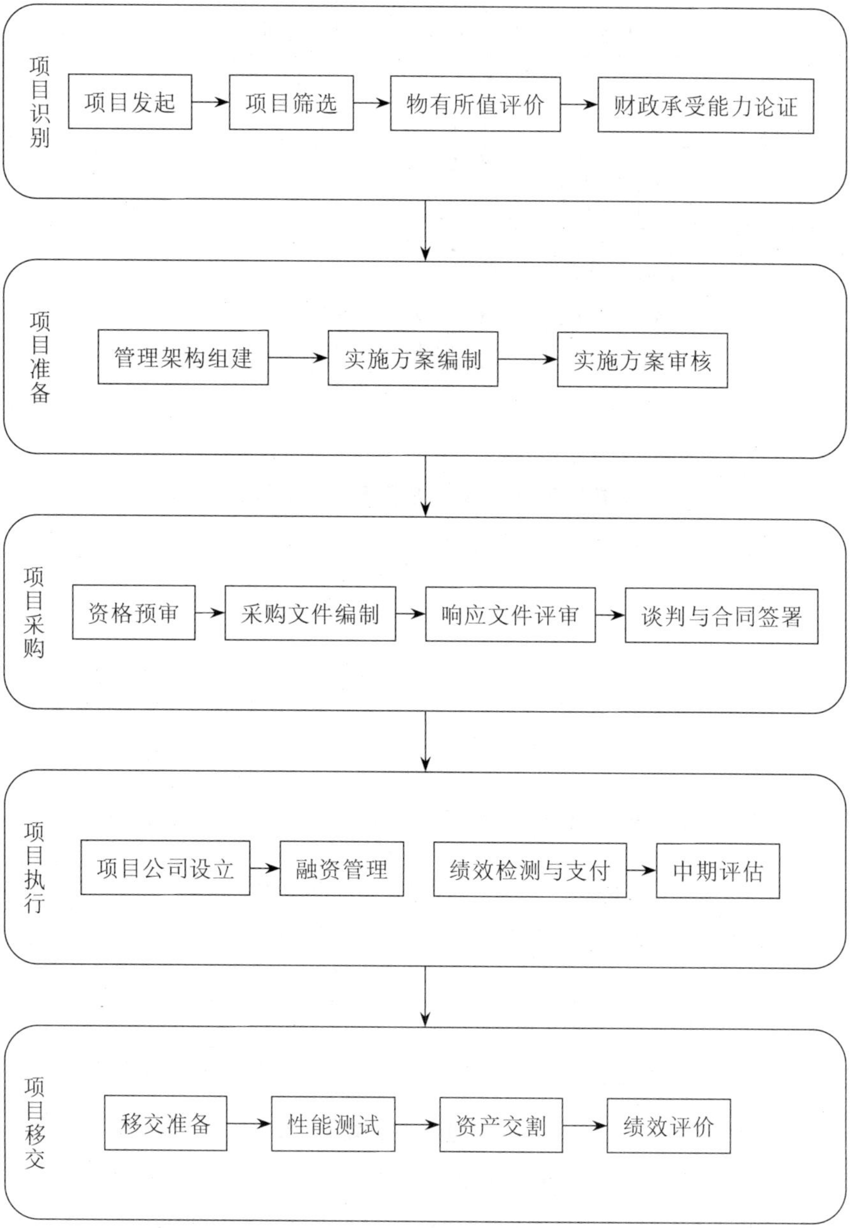

图 5-2　PPP 项目操作流程图

资料来源　财政部政府和社会资本合作中心．国外 PPP 案例选编［M］．北京：中国商务出版社，2014：5.

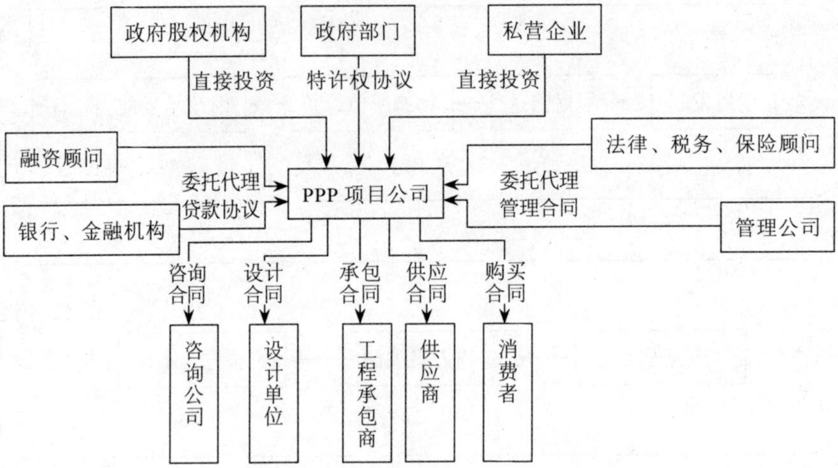

图 5-3 PPP 模式项目干系人结构图

同时，本书引用瑞银证券的 PPP 项目结构图①，如图 5-4 所示。

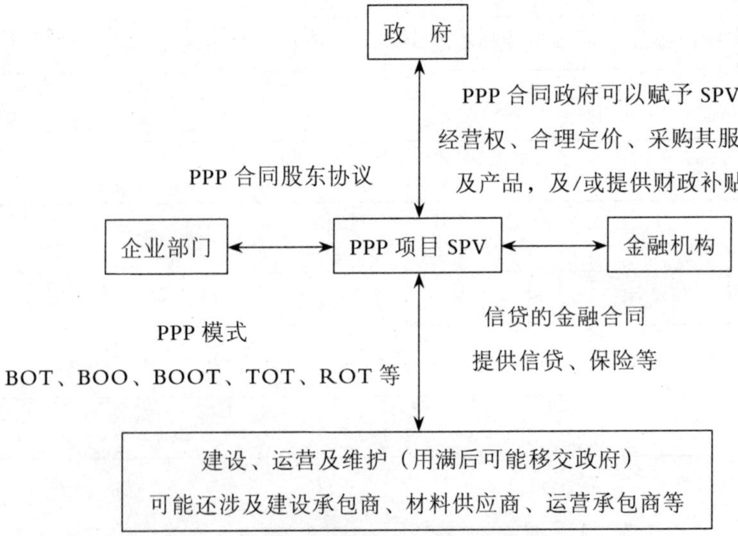

图 5-4 典型的 PPP 项目结构

根据徐盈与瑞银证券的 PPP 项目结构，可以得出以下几点看法：一是 PPP 项目（含 SPV）公司本身是项目建设运营的临时性公司，是执行 PPP 项目的主体，其在政府一定资本支持与授权下，将代表政府的股权投资机构和私人投资机构共同投入的资本形成公司的权益资本，

① 汪涛，胡志鹏. 地方政府融资缺口的化解和 PPP 的作用［J/OL］.［2015-05-27］. http://money.163.com/15/0527/10/AQK7BT4700253B0H.html.

通常情况下，项目本身的经营权与受益权由私人部门拥有，而公司日常经营管理的决策权则不受政府约束，除非处置重大资产、涉及运营安全等重大事项时，需要政府拥有决策权；二是PPP项目所涉及的主体较多且主体利益目标不一致，一般来讲，所涉及的主体包括政府或其专门负责PPP项目的机构、政府股权投资机构、私人股权投资公司、PPP项目公司、银行和金融机构、保险机构与公共服务的消费者等，政府部门和代表政府的股权投资机构的主要利益目标是实现公共物品的公共提供、社会效益的最大化和兼顾私人收益，私人部门等主体的主要利益目标是合理承担项目风险、获取项目经济回报、提升社会声誉和影响力、获得贷款利息和服务费用、向投保人收取保险费等，公共服务的消费者的主要利益目标是希望得到好的产品和满意的服务；三是推行公私合作模式需要契约精神和规则保障，作为地方建设融资和稳增长工具、改善公共服务状况的PPP模式，需要政府打破公共服务提供的行政垄断地位，秉承契约精神以及严格遵守利益共享、风险共担的规则，才能保证PPP项目推行下去，才能拓宽民间资本获利空间，减少政府负债，创新公共设施建设融资和稳增长。

2.运营机制——各参与者的权利平衡

作为更具效率性的市场化资源配置方式——公私合作（PPP），其运行机制包括项目开始、过程与结束的全过程，也就是资源的提供、控制与使用的各环节。通过对图5-3和图5-4的分析可知：

一是合作的参与各方持续性互动并建立一种长期关系是公私合作的基础。一般而言，在PPP模式下，PPP项目的合同期限是由目标项目的寿命、投资回收期等确定的，基础设施等公共服务类产品的投资大、建设周期与回收期较长。因此，公私合作是一种政府部门与私营部门的长期合作关系。在项目初始阶段，政府部门就必须考虑该私营部门是否具备长期运行的能力。同时，为了保障公共服务类产品的连续与高质量供给，需要由政府建立相关的监管部门同私营部门建立和谐的合作关系，发挥各自优势而形成长期合作伙伴关系，以市场化方式共同解决项目期限内的潜在问题与提高公共资源配置的效率。

二是参与合作的各方必须共同参与、共担风险。根据世界其他国家经验，公私合作可以比传统的官僚制更具有效率性。究其原因，公私合作各方在资源稀缺时，追求效率才是最佳选择，而市场则是进行资源配置的最佳场所。为满足消费者的低成本高服务的意愿，参与各方有权利和义务参与资源配置的过程，包括资金、信息、权威、信任度等。换句话说，参与者主要有消费者、生产者和提供者，公共产品的生产和提供是现代经营方式下的服务安排与服务生产分离的配置方式，是一种政府部门与私营部门共同承担责任和义务的混合所有制①，参与各方共同参与决策，共同承担责任。

三是合作的参与各方之间会形成不同的权力平衡机制。在公私合作中，私营部门负责项目的设计、建设、运营与维护，政府部门负责项目的完工情况、监督公共产品的有效运行、确保消费者的满足程度等。私营部门追求资本利益与政府部门追求社会效益之间总会出现不同利益诉求下的价值目标冲突。因此，政府部门必须采取一定的措施与激励机制，促使私营部门在资本利益实现的同时，保证同政府部门之间形成良性共赢合作关系；私营部门意识到在追求资本利益最大化的同时，社会效益的实现才能保证其获得可持续性资本利益，主动了解并落实政府政策，才能更好地保障自身的权利和利益。这种参与各方形成的不同的权力平衡机制，能够获取额外收益、更好地实现风险分担以及提高服务质量。

3. 公私合作的风险分担

公私合作伙伴关系 PPP 在合作项目中，合作方具有利益的一致性与冲突性。政府是公共产品和服务的提供者，追求的是社会效益，故其目标是确保及时提供公共产品和服务。同时，根据消费者的消费能力对产品进行价格限制；私营部门投资于项目时，追求的是投资回报，实现资本增值需求以及支付股东红利。由于各自追求的目标不一致，难免在公私合作项目内部产生损害合作双方有效性与效率性的行为，即投资风险产生。合作双方需要建立机制和措施进行风险分担：

一是建立信任机制。公司合作关系下，合作各方应该建立相互信任

---

① 陈婉玲．公私合作制的源流、价值与政府责任［J］．上海财经大学学报，2014（5）：77.

机制，建立的基础应该是历史过往以及过去交往过程中的双方了解程度，伴随信任程度加深，合作各方将增加彼此承担风险的信任以及为了对方的承诺更愿意放弃眼前利益而追求长远利益。

二是建立合理的收益机制。为了在合作过程中使项目参与各方都能获得合理的收益，政府与私人部门之间需要建立收益转移机制保障“双赢”，并且建立合理的收益补偿标准保护投资人的利益以及刺激政府的理性决策。

三是建立有效的公众监督机制，将内部政策监控和外部政策监控结合起来，发挥各种舆论监督作用，将人大监控、司法部门监控、公众监控、大众传媒监控等有效结合起来。

四是建立风险防范措施。为有效减少投资行为应及时建立事前预测、事中控制与事后风险防范等监控机制，明确合作双方在投资过程中的责权利①。

5.1.4 公私合作的模式

现对世界银行、联合国培训研究所、欧盟委员会的公私合作模式进行介绍，见表 5-1、图 5-5 和表 5-2。

1. 世界银行的公私合作模式

表 5-1 世界银行的公私合作模式

类 型	所有权归属	运营与维护	投资主体	商业风险承担主体	合同期限
服务外包	公共部门	公共部门和私营部门	公共部门	公共部门	1～2年
管理外包	公共部门	私营部门	公共部门	公共部门	3～5年
租赁	公共部门	私营部门	公共部门	共同承担	8～15年
特许经营	公共部门	私营部门	私营部门	私营部门	25～30年
BOT/BOO	公共部门和私营部门	私营部门	私营部门	私营部门	20～30年
剥离	私营部门或公共部门和私营部门	私营部门	私营部门	私营部门	永久

资料来源　魏加宁，等. 地方政府债务风险化解与新型城市化融资［M］. 北京：机械工业出版社，2014：245.

① 刘向杰. 公私合作项目的政府行为研究［D］. 成都：西南交通大学，2011：71.

2. 联合国培训研究所的公私合作模式

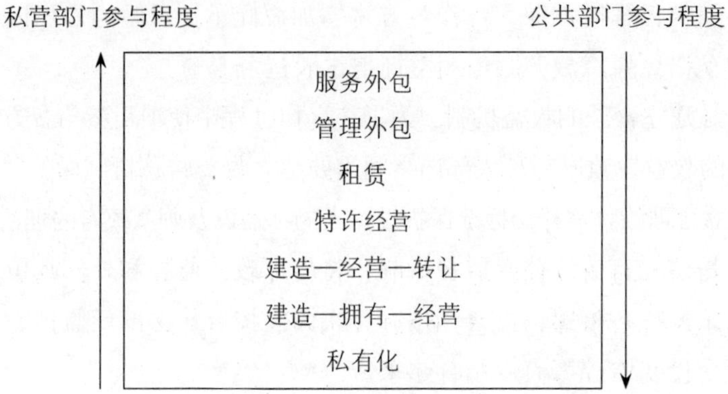

图 5-5 联合国培训研究所的公私合作模式

资料来源 United Nations Institute for Training and Research（2000）。

3. 欧盟委员会的公私合作模式

表 5-2 **欧盟委员会的公私合作操作模式分类**

类 型	具体操作模式	说 明
传统承包类	服务外包	租赁也属于私人承包类，这一点 O&M 与上面的分类有所不同
一般开发和经营类	BOT、Turnkey	Turnkey 有时候也用 DBO 来表示，即全承包或者“交钥匙”合同
合伙开发类	特许经营、剥离	特许经营包括 DBFO 特许经营、BOOT 特许经营等，剥离包括 BOO 等

资料来源 The European Commission （2003）。

5.1.5 公私合作中的政府角色与职能分析

自公私合作制产生以来，很多国家在基础设施建设领域引入并取得了一些效果。但是，公私合作并不能够解决政府在提供公共服务时面临的所有问题。例如：在效率方面，公私合作制的提升范围与程度有限；在风险方面，公私合作制难以实现与私人部门的风险共担；在合作过程方面，公私合作制导致各项目参与主体的权力关系更加复杂；在责任方面，公私合作制的多元化责任分配导致责任不清晰等。因此，必须科学合理定位政府角色与职能。

1. 政府政策稳定及支持

探索契合政府职能转变和市场决定的资源配置改革思路，建立能够有效实施的公私合作的制度体系，保证公共产品和服务的有效供给。但是，政策的稳定性则是保证项目能否顺利实施的基础。政策稳定指的是现有合作政策的稳定、宏观经济环境及良好的法制环境、市场环境等。政策支持指的是可以通过财政补贴、税收优惠、政府参与、收入保证以及风险承担等。例如，在基础设施或相应服务方面，政府制定的收费较低，这与私营部门追求的收益相比有差距。那么，政府就需要出台一些政策提高或者保证私营部门能够参与到基础设施项目建设中，言外之意，就是可以通过财政补贴或优惠政策提高私营部门的收益率。同时，政府部门能够结合实际情况，制定扶持基础设施 PPP 项目的税收优惠政策，可以起到调动私营部门参与基础设施建设的积极性和促进各地区基础设施项目的建设。

2. 项目审批及监督管理

根据石桂峰（2015）①从地方政府干预和地方官员晋升视角分析的企业投资对同一地区不同行业的影响分析来看，“同伴效应在地方政府干预较强的地区较为显著，在省委书记离任前三年、每个‘五年计划’的最后两年更加明显”。也就是说，地方政府是我国企业之间投资互动的主要驱动因素。那么，在公私合作的 PPP 项目中，行政审批制度的速度、公正程度等都会影响到私营部门的投资积极性。因此，政府在对公私合作的 PPP 项目进行审核时，应注重把握审批程序和审批速度。此外，政府部门的监督管理同样起到关键性作用。按照同私营部门协调合作的基本原则，政府部门在项目建设阶段需要跟踪项目建设情况，确保项目建设进度及完工质量；在项目投入试用阶段需要确保项目使用符合公众需求与偏好、符合环境与安全等方面的标准。

3. 政府法律法规保障

作为公私合作的 PPP 项目，其实质是政府部门赋予私营部门某一

① 石桂峰. 地方政府干预与企业投资的同伴效应［J］. 财经研究，2015（12）：84-94.

项目的特许经营权和收益权，购买或换取基础设施等公共物品的建设和运营。那么，公私合作双方在项目建设伊始，就会对项目的授权、设计、融资、建造、运营、管理以及维护等方面签署相关的协议或者合同，并且明确各自的责任、权利和风险分担等。如果要确保该项目能够顺利实施，还需要制定或者完善相关法律法规，给予私营部门一定的合同效力保障。

5.1.6 公私合作在弥补地方政府融资缺口中的适用性分析

1. 缓解公共产品融资需求缺口

市场机制导致资源的有效利用是以要素与产品市场的完全竞争存在为前提的。这意味着要能自由地进入市场，不存在任何阻碍，而且消费者与生产者都必须具有充分的市场信息，就需要政府的调节或其他相应措施。我国公共产品的供给长期以来都是以政府财政投资为主，但目前存在着公共产品供给不足的局面。究其原因，财政供给资金匮乏是造成公共产品供给短缺的重要原因之一。按照公共产品的层次可划分为全国性的和地方性的公共产品，因此，其资金来源主要有国家财政与地方财政。投资总量不足、投资主体单一、融资渠道狭窄、资金使用效率低下等是影响公共产品数量和质量的主要因素。一方面，公共产品在性质上具有明显的正外部效应，社会效益大于经济效益，针对政府财政资金不足现状，引入私人资本参与公共产品项目生产，可以有效缓解资金不足的矛盾；另一方面，为缓解政府财政负担，提高公共产品生产和提供的效率和质量，降低运营风险，改变政府在公共产品生产中的角色，吸引私人资本投入运营则成为权宜之策。

2. 改善公共产品供给质量与数量

各国公共产品供应的规模，可以从各国的财政支出占国民收入的比重看出，因为各国政府所承担的职责不同，公共产品供应也存在着差异。现实中，纯公共产品太少，大量存在的产品是介于公共产品和私人产品之间的混合产品。因此，通过 PPP 模式不仅可以适应技术与公共产权的需求，避免完全私有化造成的公共产权纠纷问题，也可以引入私营部门以市场竞争机制进行公共产品的有效提供。同时，增加公共产品的供给。PPP模式在财政资金有限情况下，使基础设施等大型公共产品前期建设和运营的资本支出向未来服务支付进行了转化，促进基础设施等大型公共产品的超前供给，同时还要提高服务质量。政府部门成为负责公共设施和服务的规划者以及对私营部门监控的监管者，私营部门在PPP模式中担任公共产品的建设和供给责任，整合相关服务提高规模经济，创新服务供给方式，并在PPP协议中设置了相应的经营激励和惩罚机制。因此，PPP模式既体现了公共产品提供的公共性，又体现了市场建设的效率性。

3.适应公共政策需要

通常情况下，公共产品由政府部门提供，私营部门较难进入。由于PPP模式能够促进政府部门和私营部门成为合作伙伴，具有利益共享、风险共担的优点，政府部门不仅能够有效利用私营资本进行项目建设和运作，还能带动私营资本和国有资本之间的高效竞争。因此，自十八届三中全会以来，政府一直在推广PPP模式。十八届三中全会提出，允许社会资本通过特许经营等方式参与社会基础设施投资和运营，让市场在资源配置过程中发挥决定性作用，PPP业界和学界普遍认为，这为PPP模式的普及提供了理论基础。

2013年年底以来，财政部多次召开PPP专题会议、培训班和研讨会，并从制度、机构、项目和能力建设等多方面着手推广PPP模式，地方财政厅局的PPP培训也接连不断。2014年2月，国家发改委启动了PPP立法工作。2014年5月，财政部成立了PPP工作领导小组。由于财政部力推，哈尔滨和洛阳成为PPP模式试点城市。同时，国家发改委推出首批80个引入社会资本的基础设施建设示范项目。地方政府也开始积极推介PPP项目，如浙江成立了PPP试点工作领导小组，湖南、河南、福建等省开始研究筹备PPP项目。此后，全国各地纷纷推出本地的PPP示范、试点项目。2014年9月21日，楼继伟也在二十国集团（G20）财长和央行行长会议上着力推介中国正在积极发展的PPP模式。楼继伟在会议上介绍了中国采取的措施，并表态："中国政府将沿这一方向坚定不移地走下去，不断提高基础设施投资的规模和质量。"

4. 公私合作模式的现实运用

PPP 模式并不是中国独创的，从 20 世纪 80 年代开始就广泛地应用于世界各国，如今国外已经有不少成功案例。

在欧洲尤其是英国，PPP 适用的领域涉及交通运输、公共服务、燃料和能源、公共秩序、环境和卫生、娱乐和文化、教育和国防等。在大多数国家中，PPP 模式主要适用基础设施建设领域，包括收费公路、铁路、桥梁、地铁、轻轨系统、机场设施、隧道、电厂、电信设施、学校建筑、医院、监狱、污水和垃圾处理等。从区域看，欧洲的 PPP 项目市场最为发达。从国别看，英国、澳大利亚、美国、西班牙、德国、法国等发达国家 PPP 项目的规模和管理水平较高。

我国香港特别行政区也有着较丰富的 PPP 模式的运用经验，从红磡海底隧道到大榄隧道，再到内地人所熟悉的香港迪士尼公园都是香港运用 PPP 模式的项目。为了鼓励私营机构参与到 PPP 模式中来，香港特区政府还专门制定了相应的政策。

纵观各个国家和地区 PPP 项目的成功案例不难发现，政府的支持十分重要。在 PPP 模式下，政府既是特许权协议的当事方，又为项目运作提供政治和法律环境。因此，政府采用 PPP 模式时应转变管理和调整职能，以适应 PPP 模式管理的需要。同时，必要的激励机制和合理分担风险也是至关重要的。

5.1.7 地方政府融资的公私合作（PPP）动因

1. 地方政府债务压力①

（1）地方政府债务规模

从表 5-3 可以看出，截至 2013 年 6 月底，全国性政府债务规模较大。其中，地方政府负有偿还责任的债务共计 108 859.17 亿元，地方政府负有担保责任的债务共计 26 655.77 亿元，地方政府可能承担一定救助责任的债务共计 43 393.72 亿元。

---

① 介绍我国地方政府债务压力时，借鉴了牛津大学 John Swire、复旦大学金融研究院研究员、南京大学工程管理学院兼职教授邵宇的观点。

表 5-3　**全国政府性债务规模情况一览表**　单位：亿元

年度	政府层级	政府负有偿还责任的债务	政府或有债务	
			政府负有担保责任的债务	政府可能承担一定救助责任的债务
2012年底	中央	94 376.72	2 835.71	21 621.16
	地方	96 281.87	24 871.29	37 705.16
	合计	190 658.59	27 707.00	59 326.32
2013年6月底	中央	98 129.48	2 600.72	23 110.84
	地方	108 859.17	26 655.77	43 393.72
	合计	206 988.65	29 256.49	66 504.56

数据来源：审计署2013年第32号：全国政府性债务审计结果。

从表5-4可以看出，从地方政府性债务的分布级次看，市级层面占比达到40.75%，其次是省级和县级债务占比，乡镇债务占比排在最后。在各层级政府中，地方政府负有偿还责任债务占本级全部债务比重从大到小为乡镇、县级、市级、省级，分别为84.18%、78.49%、66.44%和34.23%。由此可见，政府级次越低需要偿还的债务比重越大，这也极大地体现了我国地方基层政府财力紧张的现象。

表 5-4　**2013年6月底地方各级政府性债务规模情况表**　单位：亿元

政府层级	政府负有偿还责任的债务	政府或有债务		合计	占比	负有偿还责任的债务占比
		政府负有担保责任的债务	政府可能承担一定救助责任的债务			
省级	17 780.84	15 627.58	18 531.33	51 939.75	29.03%	34.23%
市级	48 434.61	7 424.13	17 043.70	72 902.44	40.75%	66.44%
县级	39 573.60	3 488.04	7 357.54	50 419.18	28.18%	78.49%
乡镇	3 070.12	116.02	461.15	3 647.29	2.04%	84.18%
合计	108 859.17	26 655.77	43 393.72	178 908.70	100%	60.85%

数据来源：审计署2013年第32号：全国政府性债务审计结果；各省/市审计局政府性债务审计结果、东方证券研究所。

从表 5-5 可以看出，从地方政府负债的区域分布看，在东部 11 个省市中，江苏、广东、浙江、上海等占比较高；在西部 11 个省市区中，四川、重庆占比较高；在中部 8 个省市中，湖南、湖北占比较高。从各省份看，江苏负债最高，占全国地方性负债 8.3%。从区域比较看，经济不发达省份的省级负债比较高，如山西省级负债比最高，为 62.4%；经济发达地区区县负债占比较高，如浙江、四川、贵州、内蒙古、重庆的区县级债务占比较高，基本在 50%以上。因此，对于经济不发达省份，应将省级平台及其他负债单位的偿还资金的来源和再融资能力作为关注重点，而对于经济发达省份，应将债务整顿、管理和财力的纵向平衡作为重点进行关注。

表 5-5 **2013 年 6 月各地区债务规模及占比情况**

	地区	债务总规模（亿元）	占比（%）
东部地区	江苏省	14 768.74	8.3
	广东省	10 165.37	5.7
	浙江省	9 905.05	5.5
	上海市	8 455.85	4.7
	山东省	7 960.26	4.4
	天津市	4 833.74	2.7
	福建省	4 794.45	2.7
	辽宁省	7 590.87	4.2
	北京市	7 554.14	4.2
	河北省	7 514.76	4.2
	海南省	1 410.84	0.8
	合计	84 954.07	47.5

续表

	地区	各省债务总规模（亿元）	各省占比（%）
中部地区	吉林省	4 248.36	2.4
	黑龙江省	3 588.12	2.0
	河南省	5 541.94	3.1
	安徽省	5 297.32	3.0
	湖南省	7 737.29	4.3
	湖北省	7 680.78	4.3
	山西省	4 178.50	2.3
	江西省	3 932.49	2.2
	合计	42 204.80	23.6
西部地区	内蒙古自治区	4 542.07	2.5
	四川省	9 229.62	5.2
	重庆市	7 360.27	4.1
	贵州省	6 321.61	3.5
	陕西省	6 093.79	3.4
	云南省	5 954.83	3.3
	广西壮族自治区	4 329.25	2.4
	甘肃省	2 961.47	1.7
	新疆维吾尔自治区	2 746.15	1.5
	青海省	1 057.65	0.6
	宁夏回族自治区	791	0.4
	合计	51 387.71	28.7
	总计	178 908.66	100

数据来源：审计署 2013 年第 32 号：全国政府性债务审计结果；各省/市审计局政府性债务审计结果、东方证券研究所。

（2）地方政府债务结构

一是举债主体。政府负有偿还责任的债务的主要举债主体集中在融资平台公司、政府部门和机构、经费补助事业单位，分别举债40 755.54亿元、30 913.38亿元、17 761.87亿元，见表5-6。

表5-6　**2013年6月底地方政府性债务举债主体情况一览表**　单位：亿元

举债主体类别	政府负有偿还责任的债务	政府或有债务	
		政府负有担保责任的债务	政府可能承担一定救助责任的债务
融资平台公司	40 755.54	8 832.51	20 116.37
政府部门和机构	30 913.38	9 684.20	—
经费补助事业单位	17 761.87	1 031.71	5 157.10
国有独资或控股企业	11 562.54	5 754.14	14 039.26
自收自支事业单位	3 462.91	377.92	2 184.63
其他单位	3 162.64	831.42	—
公用事业单位	1 240.29	143.87	1 896.36
合计	108 859.17	26 655.77	43 393.72

数据来源：审计署2013年第32号：全国政府性债务审计结果；各省/市审计局政府性债务审计结果、东方证券研究所。

从表5-6可以看出，不发达地区的政府部门和机构举债主体占比较高。

第一类举债主体是融资平台公司。债务占比较高的省份主要为湖南、重庆、安徽、湖北、广西占比均在60%以上；其次是江苏、陕西、海南占比分别为57%、53%、52%。这些区域大部分是承接产业转移的主要省份。

第二类举债主体是政府部门和机构。欠发达省份该类举债主体负债占比较高，山西、新疆、宁夏、吉林占比均在50%以上，其次是内蒙古和青海占比均在45%以上，云南则占比在35%以上。

第三类举债主体是国有独资或控股企业。国有企业占比较高的省市主要为福建、甘肃占比均在40%以上；其次是上海、浙江、天津占比均在35%以上。

第四类举债主体是经费补助事业单位，少数几个省市占比较高，北京占比近 50%，河南占比为 25%。

二是债务类型。政府负有偿还责任的债务主要来自于银行贷款、BT、发行债券，三者依次为 55 252.45 亿元、12 146.30 亿元和 11 658.67 亿元，见表 5-7。同 2010 年相比，银行贷款占比下降，BT 负债信托融资“爆发”，城投债增长明显。对于不同省份来讲，债务类型各不相同。东部地区较钟情于银行贷款，江苏、浙江、重庆、山西等省份的信托融资占据了全部地方政府信托融资的 40%；贵州、四川、海南、广西、广东、福建等省份的 BT 负债占比较高；安徽、甘肃、青海、宁夏、江西、黑龙江、新疆等经济相对不发达省份的发债融资占比较高。另外，据城投债统计数据显示，2014 年，地方政府城投债到期规模约 3 500 亿元，到期规模相对较大。

表 5-7 **地方政府举债类型** 单位：亿元

债权人类别	政府负有偿还责任的债务	政府或有债务	
		政府负有担保责任的债务	政府可能承担一定救助责任的债务
银行贷款	55 252.45	19 085.18	26 849.76
BT	12 146.30	465.05	2 152.16
发行债券	11 658.67	1 673.58	5 124.66
其中：地方政府债券	6 146.28	489.74	—
企业债券	4 590.09	808.62	3 428.66
中期票据	575.44	344.82	1 019.88
短期融资券	123.53	9.13	222.64
应付未付款项	7 781.90	90.83	701.89
信托融资	7 620.33	2 527.33	4 104.67
其他单位和个人借款	6 679.41	552.79	1 159.39
垫资施工、延期付款	3 269.21	12.71	476.67
证券、保险业和其他金融机构融资	2 000.29	309.93	1 055.91
国债、外债等财政转贷	1 326.21	1 707.52	—
融资租赁	751.17	193.05	1 374.72
集资	373.23	37.65	393.89
合计	108 859.17	26 655.77	43 393.72

数据来源：审计署 2013 年第 32 号：全国政府性债务审计结果；各省/市审计局政府性债务审计结果、东方证券研究所。

三是债务资金投向。地方政府债务资金主要用于基础设施建设和公益性项目。在已支出的政府负有偿还责任的债务为 101 188.77 亿元。其中，用于市政建设、土地收储、交通运输、保障性住房、教科文卫、农林水利、生态建设等基础性、公益性项目的支出共计 87 806.13 亿元，占 86.77%；用于土地收储债务形成大量土地储备资产，审计抽查的 34 个重点城市，截至 2013 年 6 月底储备土地 16.02 万公顷；用于城市轨道交通、水热电气等市政建设和高速公路、铁路、机场等交通运输设施建设的债务，不仅形成了相应资产，而且大多有较好的经营性收入；用于公租房、廉租房、经济适用房等保障性住房的债务，也有相应的资产、租金和售房收入。具体来看，主要投资于市政建设 5.8 万亿元（占比 34.6%）、交通运输设施建设 4.1 万亿元（占比 24.4%）、土地收储 1.9 万亿元（占比 11.2%）、保障性住房 1 万亿元（占比 6.5%），见表 5-8。

表 5-8 **地方政府债务余额支出投向** 单位：亿元

债务支出投向类别	政府负有偿还责任的债务	政府或有债务	
		政府负有担保责任的债务	政府可能承担一定救助责任的债务
市政建设	37 935.06	5 265.29	14 830.29
土地收储	16 892.67	1 078.08	821.31
交通运输设施建设	13 943.06	13 188.99	13 795.32
保障性住房	6 851.71	1 420.38	2 675.74
教科文卫	4 848.77	752.55	4 094.25
农林水利建设	4 085.97	580.17	768.25
生态建设和环境保护	3 218.89	434.60	886.43
工业和能源	1 227.07	805.04	260.45
其他	12 155.57	2 110.29	2 552.27
合计	101 188.77	25 635.39	40 684.31

数据来源：审计署 2013 年第 32 号：全国政府性债务审计结果；各省/市审计局政府性债务审计结果、东方证券研究所。

（3）地方政府偿债期限和压力

地方政府性债务的偿还期限比较集中。从偿债年度看，2013 年 7 月至 12 月、2014 年到期需偿还的政府负有偿还责任的债务分别占 22.92%和 21.89%，2015 年、2016 年和 2017 年到期需偿还的分别占 17.06%、11.58%和 7.79%，2018 年及以后到期需偿还的占 18.76%。由此可见，2018 年及以后政府负有偿还责任的债务占比较高。值得注意的是，2018 年及以后政府负有担保责任的债务与政府可能承担一定救助责任的债务占比也较高，见表 5-9。

表 5-9　**2013 年 6 月底地方政府性债务余额未来偿债情况表**　单位：亿元

偿债年度	政府负有偿还责任的债务		政府或有债务	
	金额	比重	政府负有担保责任的债务	政府可能承担一定救助责任的债务
2013年7月—12月	24 949.06	22.92%	2 472.69	5 522.67
2014年	23 826.39	21.89%	4 373.05	7 481.69
2015年	18 577.91	17.06%	3 198.42	5 994.78
2016年	12 608.53	11.58%	2 606.26	4 206.51
2017年	8 477.55	7.79%	2 298.6	3 519.02
2018年及以后	20 419.73	18.76%	11 706.75	3 519.02
合计	108 859.17	100%	26 655.77	43 393.72

数据来源：审计署 2013 年第 32 号：全国政府性债务审计结果；各省/市审计局政府性债务审计结果、东方证券研究所。

从债务率[①]指标看，全国平均水平为 120%。其中，以下省份债务率水平较高，如重庆（190%），湖南（165%），天津、陕西、河北（均在 150%以上），山西、上海、云南、吉林（均在 140%以上）。值

① 债务率=债务规模/财政收入。

得注意的是，从地方政府负有偿还责任的债务占财政收入的比重来看，全国平均水平为70%。其中，以下省份比较突出，如北京（100%），重庆、贵州、云南、湖北、上海（均在90%以上），吉林、海南、河北、四川（均在80%以上）。从负债率[①]指标看，全国平均水平为35%。其中，以下省份负债率水平较高，如贵州（接近80%），重庆（接近60%），云南、青海（均在50%以上），甘肃、海南、上海、北京、陕西（均在40%以上）。通过对上述两个指标的综合评价，我国地方政府性债务的偿债压力由高到低依次为：重庆、贵州、云南、陕西、山西、河北、湖南、湖北、北京、上海、天津、吉林、甘肃、青海。偿债压力较大的省份主要集中分布于我国西部地区。

此外，考虑到地方政府债务偿还对土地出让的依赖程度较高。因此，从承诺以土地出让收入偿还额占负有偿还责任的债务的比重来看，全国平均水平为40%。其中，以下省份比较突出，浙江、天津（接近65%），福建、海南、重庆（均在50%以上），江西、上海、湖北、四川（均在40%以上）。上述省份房地产市场的景气度以及土地出让收入增速状况将对债务偿还能力产生较为明显的影响。

2. 地方政府融资平台遭遇资金来源瓶颈[②]

2008年国际金融危机爆发以及后危机时代，我国推出了以刺激经济增长为主要目标的“四万亿”计划。由于我国地方政府所面临的融资市场范围较窄，在缺乏直接融资途径情况下，各地方政府纷纷建立地方政府融资平台，向商业银行贷款或发行城投债形式在资本市场上为地方政府基础设施建设融资。由于是在政府背书和政府指令计划下投资，对地方政府融资平台约束能力较低，导致融资平台大规模发债。同时，融资平台的债务管理落后于地方债务发展，以及对融资成本不敏感，导致融资成本过高、负债过高等问题出现。为了防范区域性风险，降低地方政府财务杠杆，我国相继出台了多项举措治理地方

① 负债率=债务/GDP。

② 国研网宏观经济研究部. PPP模式的国际经验与我国的实施路径——现状篇（上）［EB/OL］.［2016-05-09］. http://www.drcnet.com.cn/eDRCnet.common.web/docview.aspx? chnid=180&leafid=210&docid=4298914&uid=78020106&version=dReport.

政府融资行为，这在一定程度上使地方政府融资平台遭遇资金来源瓶颈。

（1）存量债务居高不下

地方政府融资平台公司存量债务居高不下是融资能力受限的首要原因，甚至出现部分经济较发达地区的公司资产负债率逼近监管上限。根据审计署公布的《2013年全国政府性债务审计结果》显示，截至2013年6月底，地方政府负有偿还责任的债务为10.89万亿元。其中，7 170个融资平台公司负有偿还责任的债务为4.08万亿元，占地方政府债务总额的37%，32个省、直辖市、自治区融资平台公司的债务平均额为1 273亿元。

（2）信贷政策和土地政策收紧

监管部门对融资平台公司的信贷政策，以及中央对土地政策不断收紧是融资能力受限的第二原因。2010年6月10日，国务院下发了《关于加强地方政府融资平台公司管理有关问题的通知》（国发〔2010〕19号），以及国家层面连续出台了多个通知，均明确规范融资平台公司行为，这极大地遏制了2008年后融资平台的迅猛发展势头。为削减居高不下的存量债务，我国出台了很多收紧银根的调控政策，造成了地方融资平台公司的融资能力逐渐衰减。由于许多地方政府主要依靠土地收入等来偿还地方投融资平台的负债，因此在客观上不断推高土地价格，推动了房地产泡沫的发展。又由于土地资源有限，地方政府投融资平台经营模式便遇到资金来源瓶颈。

3.《新预算法》规范地方政府债务管理

（1）债务余额实行限额管理

近年来，我国地方政府债务急剧膨胀令市场担忧，引发信贷泡沫甚至导致金融危机。国家审计署的统计结构显示，截至2013年6月底我国地方政府债务占GDP的比例高达31.5%。据估计，截至2014年年底此比例将达到33.8%，更令人担忧。2015年1月我国开始实行的《新预算法》规定，地方政府可以在国务院确定的限额内通过发行地方政府债券的方式筹措资金。各地方政府举借债务的规模，需由国务院报全国人民代表大会或者人大常务委员会批准。参照国际通行做法及中央国债管理做法，按照《新预算法》要求，对地方政府债务余额实行限额管理。

（2）举借债务需纳入预算

为规范地方政府债务管理，按照“开前门、堵后门、筑围墙”的疏堵结合改革思路，允许省级政府经国务院批准发债，举借债务限于公益性资本支出，不得用于经常性支出。地方政府按照国务院下达的限额举借的债务，列入本级预算调整方案，报经本级人大常委会批准。举借债务应当有偿还计划和稳定的偿还资金来源，这样既坚持了从严控制地方政府债务的原则，又适应了地方经济发展的需要。

4. 土地财政能力减弱

（1）土地出让收入下降[①]

在经济增长的换挡期、结构调整的阵痛期、前期刺激性政策的消化期的“三期叠加”背景下，随着我国经济进入新常态，受经济增速放缓等因素影响，房地产去库存压力增大，土地市场需求呈现不足的状态。同时，为了配合供给侧改革，国家也在调整土地市场供地结构，减少工业用地，一定程度上也造成了全国土地收入下降。根据财政部《2015 年全国土地出让收支情况》显示，2015 年前三季度全国土地出让收入分别下降 34.6%、37.9%、26.0%，第四季度虽有回升，但增幅只有 9.5%。分区域看，除深圳（36.9%）、西藏（1.8%）、厦门（1.2%）、甘肃（0.2%）4 个地区同比增长外，其他地区均出现不同程度下降。其中，大连（-56.4%）、宁波（-54.1%）、内蒙古（-51.8%）3 个地区降幅超过 50%。导致土地出让收入减少的原因较多，如土地市场需求不足、用地结构发生变化、土地出让面积萎缩、地价增幅逐步趋缓等。

（2）征地制度改革

土地征用是政府为了公共目的而强制取得非国有或非公有土地并给予补偿的一种行为。近年来，我国中央政府提高了对失地农民的利益保障水平，地方政府在征地拆迁时已经大幅度增加了拆迁成本，导致土地

① 国研网宏观经济研究部. 全国土地收入下降两成及对地方政府财政影响［EB/OL］.［2016-04-20］. http://www.drcnet.com.cn/eDRCnet.common.web/docview.aspx? chnid=180&leafid=209&docid=4278479&uid=78020105&version=dReport.

财政的边际收益显著下降。未来我国有可能采取一系列改革措施，而这些措施也将削弱地方政府的土地财政能力。这些改革措施可能包括：打破土地制度“二元”结构，实行农村土地和城市建设用地同等待遇；严格界定公益性和经营性建设用地，限制政府行政性征地范围；对公共目的用地按市场价进行赔偿，对非公益性用地直接进入市场加以解决而不必经过地方政府的征地环节。

5. 财政收支运行不平衡

地方政府财政收入主要来源于土地使用税、土地增值税、房产税、印花税、城市维护建设税、公共事业附加费等。但是，随着城镇化进程加快以及农民市民化的迫切需求，现有财政收支呈不平衡发展态势。更为重要的是，自 2016 年 5 月 1 日起，我国全面开始实行营改增，地方财政收入进一步减少，同时房地产库存居高不下，部分地方政府考虑限制企业拿地开发新项目。2016 年 4 月，地方政府公共预算支出同比增长 2.7%，增速放缓。究其原因，主要是大项目审批速度放慢和地方政府财政资金压力较大。地方财政资金压力较大主要表现在两个方面：一方面，地方政府债发行高达 1.06 万亿元，地方政府债务置换明显加速。2016 年 1 月—4 月，地方政府债券已经累计发行 2.02 万亿元，累计发行 296 只，据此速度测算，2016 年地方政府置换债券发行量将达到 6 万亿元。这种债券发行形式仍停留在存款债务置换层面，其本质是“借新还旧”，并不会产生新增的资金来源。因此，地方政府为解决资金困境，2016 年 4 月地方融资平台城投债发行量 1 246 亿元，同比增加 81 亿元；另一方面，土地出让收入不容乐观。从土地市场来看，2016 年 4 月国有土地使用权出让收入同比增长了 5.8%，这得益于 2015 年同期的低基数效应，见表 5-10。

从表 5-10 可以看出，国内财政支出大于财政收入的趋势比较明显。这表明，财政预算收入难以满足财政预算支出的需要。

6. 传统融资模式不足之处

地方政府传统的融资模式包括银行借款、市政债券、项目融资、融资平台公司等多种形式。将从融资成本、融资难度、预算与财政压力、

表 5-10　　**2013 年 1 月—2016 年 3 月财政收支**　　单位：亿元

年 月	国内财政收入	国内财政支出	收支差额	年 月	国内财政收入	国内财政支出	收支差额
2013年1月	13 655.9	8 367.3	5 288.6	2014年8月	9 109.2	10 203.7	−1 094.5
2013年2月	8 770.3	7 737.6	1 032.7	2014年9月	9 953.01	14 025.53	−4 072.5
2013年3月	9 607.8	10 931.9	−1 324.1	2014年10月	13 280.2	9 909.78	3 370.4
2013年4月	11 430.8	9 308	2 122.9	2014年11月	9 952.9	12 758.6	−2 805.7
2013年5月	12 748.9	10 265.6	2 483.2	2015年1月	16 203.4	8 136.8	8 066.6
2013年6月	12 377	13 103.7	−726.7	2015年2月	9 513.1	10 728.4	−1 215.3
2013年7月	11 848.6	9 354.5	2 494.1	2015年3月	10 690.6	13 950.1	−3 259.5
2013年8月	8 588.2	9 607.6	−1 019.4	2015年4月	13 502.1	12 534.5	967.6
2013年9月	9 361.7	12 856.2	−3 494.5	2015年5月	14 355.5	13 124.2	1 231.3
2013年10月	12 136.4	10 507.4	1 629.1	2015年6月	15 335.2	18 814	−3 478.8
2013年11月	9 125	12 657.5	−3 532.6	2015年7月	14 249.4	12 732.4	1 517
2014年1月	15 434.5	10 153.3	5 281.2	2015年8月	9 671.3	12 843.5	−3 172.2
2014年2月	9 488	6 913.4	2 574.6	2015年9月	10 891.9	17 798.7	−6 906.9
2014年3月	10 103.21	13 365.77	−3 262.6	2015年10月	14 435.1	13 491.4	943.7
2014年4月	12 481.26	9 409.81	3 071.5	2015年11月	11 087.4	16 069.4	−4 982.1
2014年5月	13 669.98	12 789.8	880.1	2016年1月	17 166.3	10 134.1	7 032.2
2014年6月	13 461.1	16 522	−3 060.9	2016年2月	10 218.5	11 036.2	−817.6
2014年7月	12 661.6	10 256.2	2 405.4	2016年3月	11 511.2	16 788	−5 276.8

数据来源：国务院发展研究中心信息网。

监管难度、风险管理与承担能力等方面对传统融资模式不足之处进行分析，见表 5-11。

表 5-11　　　　　　**不同融资来源的优劣势**

	融资成本	融资难度	预算与财政压力	监管难度	风险管理承担能力	项目建设管理能力
财政资金	低	低	强	低	低	中
银行借款	中	中	中	中	中	低
私人资本	高	高	弱	高	高	高

资料来源　中国地方政府融资平台研究课题组. 中国财税发展研究报告［M］. 北京：中国财政经济出版社，2011：104.

（1）融资成本

通过经济学原理，我们知道各种资金的使用具有机会成本。对于私人部门而言，其目标是追求资金回报率；对于政府部门而言，其追求的是资金使用的机会成本，即政府追求的是社会效益。比较而言，在扣除税收等成本以及自有资金充足的条件下，财政资金的融资成本应该是最低的；银行借款的融资成本要高于财政资金；市政债券、项目融资、融资平台公司等由于资金来源渠道比较复杂，其成本应该高于财政资金和银行借款；私人资本由于要求较高的资金回报率，因而其融资成本最高。

Chan 等（2009）给出了各种融资方式要求的可能资金回报率，见表 5-12。

表 5-12　　　　　　**投资者要求的资金回报率**

融资来源	免税收益债券	一般责任债券	收益债券	银行贷款	项目债券	公私合作	私人股本
回报率	3%	5%	5% ~ 6%	6%	7%	9%	15%

注：（1）Chan 等（2009）综合了国际市场上债券的收益率及项目融资的成本数据而计算得出；（2）公私合营的资本回报率是根据典型资本结构（银行贷款、项目债券及私人股本）估算的加权平均的融资成本。

资料来源　中国地方政府融资平台研究课题组. 中国财税发展研究报告［M］. 北京：中国财政经济出版社，2011：104.

但是，从我国目前情况来看，投资者要求的资金回报率，见表 5-13。

表 5-13　　　　　　　　**投资者要求的资金回报率**

融资来源	国债（5年）	地方债券（财政部代发，5年）	城投公司债（5年以上）	银行贷款（1年以上）	项目债券	公私合作	私人股本
回报率	3%	3.7%	4%～8%	6%	—	—	17%

注：城投公司债（2009—2010 年）来源于 Wind 咨询；国债（2011 年）、地方债券（2010 年）来自中国债券信息网；私人股本的回报率与中国深证指数年复利收益率近似。

资料来源　中国地方政府融资平台研究课题组. 中国财税发展研究报告［M］. 北京：中国财政经济出版社，2011：104.

通过对全球市场和我国市场上的各种资金来源所要求的回报率进行比较，发现二者基本没有偏差。但是，值得指出的有两点：一是财政部代发的 5 年期地方债券，由于该债券是以中央政府信用作为担保[①]，因此其收益率略高于国债；二是 5 年期城投公司债的回报率为 4%～8%，其高于地方债券和银行贷款，原因是城投债既有地方政府隐性担保又有企业性质。也就是说，国有企业是由地方政府做隐性担保，企业性质的城投债是以项目收益做担保。

（2）融资难度

从融资渠道来看，我国地方政府融资渠道是指财政性资金、政策性和商业性贷款、土地出让金收入以及依靠政府信用举借的内债与外债。这种融资渠道导致政府投资项目的资产负债率相对较高，也极易导致政府投资项目每年负担的融资成本较高。同时，融资的期限结构（主要是指多数以中短期为主，并且还款期相对比较集中）不均衡，融资风险加大。

从融资风险看，地方政府融资平台规模增长速度过快，加剧了地方政府的债务风险。主要表现在两个方面：一是政府通过地方商业银行或信托投资公司举借债务，从总量上看是难以把握的，那么控制债务风险的各种量化指标[②]就很难操作。据统计，2008 年我国 GDP 约 30 万亿元，地方政府财政收入约为 28 650 亿元，地方政府投融资平台负债约 5.4 万亿元，占 GDP 的比重为 18%，这与国际标准 60%相差很远。但值得关注的是，地方

① 地方政府负有偿还责任，但是无力偿还时，中央政府从税收返还中扣除。
② 债务风险量化指标包括资产负债率、偿债率等。

政府融资平台负债占地方财政收入的比重高达188.6%，这与国际标准60%相比高出很多。如果再加上历年累计的地方政府其他显性债务和隐性债务，将会更显现地方政府的债务风险；二是地方政府的隐性债务。据统计，全国至少有7 000家的地方政府拥有隐性负债，主要表现在与制度缺陷相关的“不透明”的风险，一些局部的和项目的风险，以及部分地方和单位违规融资和违规使用债务资金带来的风险。这些风险产生之后，部分地方政府机构运用行政权力进行干涉，进一步导致隐性债务的持续增加。

目前，从我国具体实践来看，2015年1月1日起实行的《新预算法》中明确规定，“经国务院批准的省、自治区、直辖市的预算中必须的建设投资的部分资金，可以在国务院确定的限额内，通过发行地方政府债券举借债务的方式筹措。”但是，真正意义上的地方政府发债仍需较多配套措施，如“举措债务的规模，由国务院报全国人民代表大会或者全国人民大会常务委员会批准。省、自治区、直辖市依照国务院下达限额的举措债务，列入本级预算调整方案，报本级人民代表大会常务委员会批准。举借债务应当有偿还计划和稳定的偿还来源，只能用于公益性资本支出，不得用于经常性支出。”这预示着透明、规范的地方债将逐步替代地方融资平台，也意味着相应的政府财政信息披露、完备的会计与审计系统、风险预警系统及评级系统等配套制度需要建立或完善。因此，地方政府独立进行债券融资难度较高。

（3）预算与财政压力

从城市基础设施建设、公共用品提供等角度看，地方政府需要在财政预算中安排财力，这势必对地方财政收入造成压力。地方政府也可以使用银行资金（或债券融资），但是银行资金需要未来多年的地方财政收入偿还（债券融资则由具体项目的未来收益承担），具有一定的代际性。

目前，我国财政收入总体来看比较充裕，但地方政府财力有限。2014年，全国财政收入140 370.03亿元。其中，中央财政收入64 493.45亿元，占全国财政收入45.9%，地方财政收入75 876.58亿元，占全国财政收入54.1%；全国财政支出151 786亿元。其中，中央财政支出22 570.1亿元，占全国财政支出14.9%，地方财政支出129 215亿元，占全国财政支出85.1%，见表5-14、表5-15和表5-16。

表 5-14　**2005 年—2014 年全国各地财政收入情况一览表**　单位：亿元

指 标	2014年	2013年	2012年	2011年	2010年	2009年	2008年	2007年	2006年	2005年
全国财政收入	140 370.03	129 209.6	117 253.5	103 874.4	83 101.51	68 518.3	61 330.35	51 321.78	38 760.2	31 649.29
中央财政收入	64 493.45	60 198.48	56 175.23	51 327.32	42 488.47	35 915.71	32 680.56	27 749.16	20 456.6	16 548.53
地方财政收入	75 876.58	69 011.16	61 078.29	52 547.11	40 613.04	32 602.59	28 649.79	23 572.62	18 303.6	15 100.76
中央财政收入（%）	45.9	46.6	47.9	49.4	51.1	52.4	53.3	54.1	52.8	52.3
地方财政收入（%）	54.1	53.4	52.1	50.6	48.9	47.6	46.7	45.9	47.2	47.7

数据来源：根据历年《中国统计年鉴》数据整理所得。

表 5-15　**2005 年—2014 年全国各地财政支出情况一览表**　单位：亿元

指 标	2014年	2013年	2012年	2011年	2010年	2009年	2008年	2007年	2006年	2005年
全国财政支出	151 786	140 212.1	125 952.97	109 247.79	89 874.16	76 299.93	62 592.66	49 781.35	40 422.73	33 930.28
中央财政支出	22 570.1	20 471.76	18 764.63	16 514.11	15 989.73	15 255.79	13 344.17	11 442.06	9 991.4	8 775.97
地方财政支出	129 215	119 740.34	107 188.34	92 733.68	73 884.43	61 044.14	49 248.49	38 339.29	30 431.33	25 154.31
中央财政支出（%）	14.9	14.6	14.9	15.1	17.8	20	21.3	23	24.7	25.9
地方财政支出（%）	85.1	85.4	85.1	84.9	82.2	80	78.7	77	75.3	74.1

数据来源：根据历年《中国统计年鉴》数据整理所得。

表 5-16　**2005 年—2014 年中央和地方财政收支缺口**　单位：亿元

	2014年	2013年	2012年	2011年	2010年	2009年	2008年	2007年	2006年	2005年
全国财政收支差额	−11 415.97	−11 002.5	−8 699.47	−5 373.39	−6 772.65	−7 781.63	−1 262.31	1 540.43	−1 662.53	−2 280.99
中央财政收支差额	41 923.35	39 726.72	37 410.6	34 813.21	26 498.74	20 659.92	19 336.39	16 307.1	10 465.2	7 772.56
地方财政收支差额	−53 338.42	−50 729.18	−46 110.05	−40 186.57	−33 271.39	−28 441.55	−20 598.7	−14 766.67	−12 127.73	−10 053.55

数据来源：根据历年《中国统计年鉴》数据整理所得。

受到我国财政体制等因素影响，我国地方财政收入难以满足支出需要，即支出责任大于收入能力。通过对2014年地方财政收入和财政支出对比分析，地方财政支出比重为85.1%与地方财政收入比重为54.1%，说明地方承担了公共事务的85%左右，而财力仅是54%左右，即“事权远大于财权”。因此，地方财政用来投资基础设施建设的地方财政收入应该是极度匮乏的，难以与地方经济发展及城镇化进程相匹配。此外，虽然地方政府可以采取收费的形式为地方基础设施建设融资，但受到中央政府对于地方政府收费的限制，地方政府也很难通过收费来解决基础设施等公用品建设的融资问题。

（4）监管难度

在现有财政体制下，受到多种因素如财政信息透明度、预算管理规范及会计审计系统完善等的影响，我国现阶段的政府体制和金融体制所能提供的对各项资金的监督都存在很大不足，其直接结果是资金监管难度加大。

（5）债务潜在风险较大

《新预算法》已于2015年1月1日开始实施，但由于以往我国地方政府举债没有按照《预算法》（1994年）等相关法律规定进行操作，使各地方政府的真实债务状况难以全面掌握，并且我国长期以来缺乏对地方政府债务的清晰定义以及规范的统计制度，加之缺乏必要的信息披露机制，导致我国地方政府的债务统计口径参差不齐。在这种情况下，我国地方政府的债务透明度过低，潜在风险加剧。

7. 城镇化发展的客观需要

随着改革开放的深入发展，我国经济实力不断提高，城镇化得到迅猛发展。2015年，我国总人口137 462万人，比上年末增加680万人，其中城镇常住人口77 116万人，占总人口比重（常住人口城镇化率）为56.1%，比上年末提高1.33个百分点。据联合国开发署报告的估算数据显示，2013年我国城镇化水平将达到70%。另根据2012年社科院发布的《中国城市发展报告》进行预测，未来20年中国近5亿农民需要完成市民化转变，至少每人需要10万元才能满足社会保障和公共服务所需的资金。也就是说，未来20年仅从人口的城镇化来看就需要至少50万亿元成本。

5.2 私营化与PPP模式

5.2.1 物品和服务的提供方式

在人类所需要的众多物品和服务当中，空气、水、食品、衣着等是保证生命的根本所需。此外，还需要国防、教育、养老、交通运输、通信、污水处理等公共物品和服务，这些物品本身可以被消费者共同和同时使用，其数量和质量并不会因此减少或降低。物品和服务的特征显然与消费有关，那些在使用过程中具有排他性和竞争性的物品应该属于私人物品或服务；那些在使用过程中具有非排他性、非竞争性和效用的不可分割性、或者具有非排他性和竞争性、或者具有排他性和非竞争性的物品应该属于公共物品或服务。

在对公共物品和服务中的三个基本参与者——消费者、生产者、提供者进行区别之后，发现消费者可以是个人、特定地理区域所有人、政府机构、私人组织以及拥有共同特征的社会阶层（穷人、学生、出口商、农民等），其可以直接获得或接受服务。生产者可以是政府单位、市民自愿组织、私人企业、非营利机构以及消费者自身，其可以直接组织生产或者直接向消费者提供服务。提供者通常是政府单位，如市政当局、联邦政府、志愿组织或消费者自己也可能是提供者，其可以指派生产者给消费者、指派消费者给生产者、选择服务的生产者。提供者对公共物品和服务承担重要责任，如征收税费、决定服务内容、服务水平、开支水平等。如果公共物品的提供者和生产者为同一主体时，便产生了维持和管理层级系统成本，那么官僚制成本就随即出现了；如果公共物品的提供者和生产者不是同一主体时，便产生了交易成本，那么就产生了聘用和管理独立生产者的成本。上述两种成本的相对值就决定了公共物品和服务的提供者和生产者是否为同一主体[①]。

5.2.2 私营化产生的动力

关于私营化（Privatization）的概念，有多种界定，但其核心是更多依靠民间机构而非更多依靠政府来满足对公共物品和服务的需求。私营化的产生有诸多动力，诸如现实压力、经济、意识形态、商业等方面以及平民主义的影响。

从表 5-17 可以看出，从现实压力的角度看，消费者更多的是希望从成本和效益分析的角度选择政府，提高生产效率是消费者对政府的最大期望，而私营化则是改进政府机构生产效率的根本战略之一，也是引发私人产权、市场和竞争的力量，进而为消费者提供更有效率的公共物品和服务；从经济推动力的角度看，随着人们经济水平的提高，越来越多的消费者对教育、医疗、住房、退休保障及其他物品和服务的支付能力日益提高，也逐渐选择了一些超出政府提供能力的公共物品和服务，而这些正是私营化可以向消费者提供的。所以，经济推动力是减少消费者对政府提供公共物品和服务依赖的一个重要因素，他们更倾向于选择私营化方式来满足需求；从意识形态动力的角度看，如果将经济决策权交给市场，政府只承担基本的生活保障角色，则社会福利将会实现最大化。但是，政府对经济活动会产生巨大影响，换言之，政府决策影响经济活动，其主要的目的并非政治而是经济因素。因此，消费者倾向于减少政府作用，扩大私营部门作用，即推行私营化；从商业动力的角度看，商业利益是消费者追求私营化的主要动力之一，私营部门可以投资、建设、运营大部分公共物品和服务，并且可以为这些公共物品和服务进行融资，缓解政府资金压力；从平民主义动力的角度看，消费者对公共物品和服务拥有更大的选择权，他们应有权界定并处理共同需求，而不是对官僚机构过分依赖，他们推崇私营化。因为私营化扩大了选择权，并提供了强化传统机构和增强社会意识的机会，意味着自由市场，所以平民主义者倾向于选择私营化。

---

① 萨瓦斯 E S. 民营化与 PPP 模式：推动政府和社会资本合作［M］. 周志忍，等，译. 北京：中国人民大学出版社，2015：64.

表 5-17 私营化的推动力量

推动力量	追求目标	理由
现实压力	追求更好的政府	民众喜欢较高生产率的政府向其提供公共产品
经济	减少对政府的依赖	日益富裕的经济使得人们能自己提供各种服务，更乐于接受私营化
意识形态	减少政府作用	如果政治规模和权力过大，对公众生活干预过多，对民主则会构成威胁。政府的政治决策较市场决策更不值得信赖。私营化可以减少政府作用
商业	追求更多的商业机会	政府支出是经济的重要组成部分，其中的更大份额应该转向私营企业。运用私营部门，可以更好地利用国有企业和国有资产
平民主义	追求更好的社会	公众应拥有更多的公共服务选择权。他们应被赋予确认和满足共同需求的权力，减少对高高在上的官僚机构的依赖，更多依靠家庭、邻里、教会、种族和自愿团体，从而树立社区感

资料来源 萨瓦斯 E S. 民营化与 PPP 模式：推动政府和社会资本合作［M］. 周志忍，等，译. 北京：中国人民大学出版社，2015：5.

5.2.3 私营化的效果

公共服务私营化产生于发达国家，而在我国部分领域实施了约 20 年，其目的在于给予公众更多的选择空间，也就是通过刺激竞争来提高服务质量。公共服务私营化主要包括撤资、委托和替代三种类型。撤资又可称作“移转型民营化”，是公共服务民营化的一种类型，它意味政府放弃某一职能或某一资产，公营事业或资产转移向民间。委托是政府部门将全部或部分公共物品和服务的生产委托给私营部门，政府承担监管责任。替代是私营部门在公众（或者消费者）认为政府难以提高满足其需求的生产或服务时，进而替代政府提供某种生产和服务去满足社会公众（或者消费者）的需求。私营化的实施产生了很多效果，此处主要对私营化的积极效果和消极效果进行阐述①。

1. 私营化的积极效果

（1）有利于促进政府职能转变

私营化在很大程度上减少了政府干预和管制，这不仅促使政府部门

① 本书第 1 章对 PPP 模式的适用性进行过分析，此处再次详细介绍，目的是为了强调私营化与 PPP 模式的关系。

更好地进行权责划分，避免相互推诿，促进政府职能转变，并且对缩小政府规模、实现小政府和有限政府大有裨益。实行私营化可以将竞争机制引入到大部分公共物品和服务的提供中，可以对政府及其工作人员造成压力，促进其树立竞争意识、服务意识以及成本意识，进而改进服务，提高政府部门绩效。此外，私营化通过引入市场与社会力量参与公共物品和服务的提供，打破了传统的政府与市场之间的关系，对公共事务治理产生了多元化制度安排，进而有利于改变传统的政府治理结构。

（2）有利于降低成本

从降低成本的角度看：一方面，公共服务私营化促进政府机构精简、人员分流，国家行政经费大幅减少；另一方面，市场机制与竞争机制引入到公共服务中，大大降低了生产和供给成本，提升了管理效率。巴巴拉·J. 史蒂文斯（Barbara J.Stevens）通过对市政服务进行广泛研究后，得出如下结论：清晰准确的任务界定、明确的工作标准、责任追究等原则，在大多数公共机构中并没有像私营企业那样得到严格落实，这一区别似乎是公共机构和私人部门之间存在巨大的成本差异的主要原因，见表5-18。

表5-18　**市政部门与私营承包商之间的管理政策差异**

管理政策	市政部门	私营承包商
全部成本中直接劳工成本所占的百分比（%）	60.23	49.0
资本性设备数量	4.54	5.42
雇员工会化的市镇所占的百分比（%）	48.1	20.0
雇员的平均年龄	36.1	32.1
雇员平均工作年限	8.1	5.83
雇员每年享受的带薪假天数	14.0	10.1
雇员年均缺勤天数（正规假期除外）	12.85	8.84
一线雇员与部门主管之间的管理层级数	1.91	1.51
管理者能解雇工人的市镇所占的百分比（%）	16.0	53.7
用书面形式惩戒员工的市镇所占的百分比（%）	72.5	33.8
对雇工实施正面激励的市镇所占的百分比（%）	12.3	26.9
设备使用者承担保养责任的市镇所占的百分比（%）	48.1	92.5
召开职工大会的市镇所占的百分比（%）	81.5	53.8

资料来源　萨瓦斯 E S. 民营化与PPP模式：推动政府和社会资本合作［M］. 周志忍，等，译. 北京：中国人民大学出版社，2015：154.

（3）增加了政府收入

在实施私营化之后，原本由国家直接经营行业的经营机制转轨带来了扭亏为盈的经济利益。许多研究比较了国有企业与私人企业的经营绩效。例如，澳大利亚国有和私营航空公司的比较，前者由政府直接经营，后者以特许经营方式运营。在飞行线路相同、服务城市相似、使用飞机相似的情况下，对人均货物运输吨数、人均载客量以及人均营业收入进行连续10年比较发现，私营企业比国有企业具有更高的效率。

2. 私营化的消级效果

（1）容易滋生腐败

私营化本身可以促进政府职能转变、改善政府治理结构、增加政府收入，私营化不一定会带来腐败问题。但是，在实行公私合作经营、化公为私过程中可能增加了腐败的机会。刘冀徽等（2009）[①]指出，在契约外包方面，美国国防部经常发生舞弊欺诈和贪污腐败现象，1983—1990年，与五角大楼有联系的100个最大合同承包商中有25个因欺诈被定罪。

（2）导致经济性损失

经济性损失主要是指私营化容易造成国有资产损失，表现为政府的财政损失和国有企业亏损。私营化的初衷是提高效率，由于改革往往容易偏离最初的宗旨，其结果可能是政府在私营化中暂时缓解了财政危机，企业也获得了可观的利润，而国有资产可能在无形当中悄悄流失。例如，政府把一些如供水、污水处理等公共服务项目同私营企业进行合作，双方各占一定比例，在政府国有资金缺少的情况下，只能以固定资产折价来抵充合资比例，形成外资实际出资、国有固定资产“以产抵资”的合作形式，而这种形式下的政府改革者由于缺少必要的知识与技能，加之缺少完善的监督机制，极易产生国有资产流失现象。

① 刘冀徽，等．谈公共服务的私营化［J］．煤炭技术，2009（8）：183-184.

（3）造成社会利益不公

市场经济条件下，私营化的企业最终目的是追求经济利益，故在项目选择时会倾向于获利较高的部分，或向消费者提供不同层次的服务，对于那些生活困难的人来说，没有选择公共物品和服务的权利，从而失去了一部分公共物品和服务的享用。同时，私营化的企业在利益驱动下除了引入新技术和管理方式外，也导致了大量的社会裁员，这极易引发新的社会稳定问题。更为重要的是，私营化可能会产生新的私人垄断。由政府提供公共服务时，公众（或者消费者）担心政府垄断产生损坏消费者利益的行为。那么，在主张通过竞争机制引入私营企业后，由于企业在私营化过程中因腐败等问题产生巨大的利润空间时，私营企业会通过各种方式攫取垄断利润，或者在难以形成完全竞争的市场环境中，新的私人垄断就会产生，其结果势必导致社会利益不公问题的产生。

5.2.4 私营化下的政府与社会资本合作

私营化是把“双刃剑”，积极作用与消极效果同时存在。但是，在创造一些现实条件下，实行政府与社会资本合作也是可行的。

第一，良好的制度环境。公私合作模式需要从制度上进行健全，进而监督与约束公共部门和政府官员的行为，促进私营部门获得信息的可行性，保障私营部门长期在公共物品和服务的提供领域立足。

第二，良好的社会组织。公私合作模式主张把市场和社会力量引入公共物品和服务的提供领域。那么，脆弱的自我管理与治理能力将阻碍政府的公共物品供给职能一次性转移到私营部门，这就需要建立一批自我管理与治理能力较强的社会组织，把市场和社会力量引入进来。

第三，良好的行政人员素质。在公私合作模式下，需要通晓市场、销售、广告、客户关系以及人事管理等各方面的行政人员，西方发达国家尚存在行政人员素质条件的制约，而我国长期实行计划经济在这方面也缺少素质良好的行政人员。

目前，尽管我国存在很多限制性障碍难以大面积推行公私合作模式，但是我们仍具备实行公私合作模式的有力条件。我国是一个发展中国家，有便利的条件学习国外的私有化改革。另外，我国政府机构臃肿，进行公共部门绩效管理改革是当务之急，实行私营化可以做到缩减公共部门的行政职能，同时也可以解决政府财政不富裕的问题。

第 6 章　新型城市化融资（PPP）模式在城镇基础设施方面的应用

6.1　国际典型案例

6.1.1　英国塞文河第二大桥项目——DBFOM 模式

1. 项目简介

位于英格兰与威尔士之间的塞文河，由于阻断了两岸的交通，连接两岸的塞文河第一大桥于 1966 年建成通车。随后，经济发展加速以及交通流量日益增长，当地政府启动了塞文河二桥的修建工程。该桥位于英国南部布里斯托尔市附近的塞文河入海口处，连接英格兰侧埃文与威尔士侧格温特，是一座全长 5.2 千米、主跨 456 米、桥面设 6 车道的大跨径结合梁斜拉桥。

该桥由私人投资兴建，是英国第二个运用 PPP 模式的大桥项目，采用设计—建造—融资—运营—维护（DBFOM）特许经营模式。根据国际上广泛通用的国际特许经营协会的定义，特许经营是特许人和受许人之间的契约关系，特许人有义务向受许人提供经营中的特定领域，经营诀窍和培训，特许人有义务提供或保持持续的兴趣；受许人经营是在由特许人所有和控制下的一个共同标记、经营模式和过程之下进行的，并且受许人从自己的资源中对其业务进行投资。

2. 项目参与方

（1）政府方

该项目的政府方是英国国家铁路局，负责出资建设第二大桥的引路，曼塞尔事务所是该项目的政府代理人。

（2）社会资本方

社会资本方包括约翰·莱恩有限公司和 GTM Entrepose 公司，两家公司合资成立了赛文河大桥公司，各持股 50%，该公司全程参与项目。

（3）建筑设计方、结构设计方及建设方

托马斯·珀西事务所担任建筑设计，哈尔克罗事务所、SEEE 公司、吉福德事务所担任结构设计，VINCI 公司、Cimolai Costruzioni Metalliche、弗雷西内有限责任公司承担建设。

（4）项目融资方

项目融资则由美国银行和巴克莱银行完成。该项目总成本为 5.81 亿英镑，包括新建第二大桥，还清第一大桥剩余债务，以及特许经营期内这两座大桥的运营和维护费用。项目最终融资安排如下：银行贷款 1.9 亿英镑；BEI 贷款 1.5 亿英镑；债券 1.31 亿英镑；政府债券 6 000 万英镑；特许权权益 5 000 万英镑。此外，为降低债务成本，特许经营方分别在 1997 年和 2002 年对银行债务进行了重组再融资。

3. 项目分析

（1）特许协议

1984 年该项目进行启动前期准备工作；1986 年确定建设方案；1989 年进行公开招标，共有 4 家公司参与项目招标，塞文河大桥公司最终中标；1992 年塞文河二桥项目建成通车。

除了特许经营协议以外，1992 年，当地议会通过了《塞文河大桥法案》，其目的是为了配合该项目顺利实施。该法案明确规定特许经营期自 1992 年 4 月底开始，最长为 30 年。当过桥费收入达到特定金额后，特许经营期将提前结束，该款被写进了特许权协议并体现在《塞文河大桥法案》中。

（2）项目定价机制

特许经营公司从该项目中获得的唯一收入来源是从第一、第二大桥所收取的过桥费，且仅收取自东向西的单项行驶的过桥费。该项目特许经营权协议中的定价机制具有一定特点。收费标准根据自 1989 年以来物价指数增长情况，每年进行调整，以消除通货膨胀的影响。根据定价机制，2006 年塞文河大桥收费标准：9 座及以下轿车，单次收取 9.1 美元（4.9 英镑）；17 座及以下的小型巴士和货车，单次收取 18.2 美元（9.8 英镑）；大型客车和卡车，单次收取 27.3 美元（14.7 英镑）；摩托车和持有残疾证的车辆免费通行，主车后挂的拖车或大篷车不另行收费。付费时可以使用现金或“赛文 TAG”电子收费系统。

（3）项目成果

塞文河二桥通车与一桥修缮完成，极大地缓解了两岸通行的交通压力。据统计，两座大桥日均约 66 000 辆车流量。

（4）项目影响

赛文河第二大桥建设可能会破坏赛文河两岸的生态环境。因此，当地政府早在 1987 年就对初步设计中涉及环境问题的部分进行了深入研究，识别潜在问题并积极制定避免或化解相关问题的措施，包括为施工开辟专用通道、建设独立的排水管网和排污口、建造大量的景观绿化带等。

赛文河第二大桥的建设还可能会给周边社区带来交通不便、噪音污染和空气质量下降等一系列问题。为减轻施工期间可能对当地产生的不良影响，除噪音隔离墙外，特许经营方还建设了专用支路，供运料卡车直达现场，而不经过赛文河两侧社区。

此外，公众反对是政府吸引社会资本方参与该项目时面临的又一潜在挑战。为了解决这一问题，当地政府积极与利益相关方进行沟通。根据公众意见，政府调整了桥口引路的选址，建设了较高的路堤和堤后湿地，将面向威尔士的收费站与周边社区隔离，并补建了大量园林绿化带，使收费站和赛文河两端的引路隔开。就结果而言，这些措施都落到实处并起到实效。

4. 经验启示

我国可以借鉴英国赛文河第二大桥项目的经验，积极推进我国运用PPP模式进行桥梁建设项目。

（1）参与各方职责明确

PPP模式在英国塞文河第二大桥项目中的政府和社会资本合作发挥了极大的作用，在释放生态环境福利，缓解项目建设与公众社区环境要求之间的矛盾，推进项目建设进程等方面均各自其职、共担风险。政府方在前期进行了大量宣传与沟通反馈，让公众了解该项目的建设能够尽可能地降低对环境的影响以及该项目能够带来的较大社会效益，实现了信息透明。社会资本方在建设过程中尽可能保障当地居民的生活环境以及当地的卫生环境，尽量减少了施工过程中产生的空气、噪音污染，并且通过建设独立排水管网和大量景观绿化带等方式，对项目周边的自然环境进行维护。

（2）收费机制和方式体现灵活性

英国赛文河第二大桥项目中运用“赛文TAG”电子收费系统，鼓励车主使用电子系统进行缴费，既方便车主通行又节省人工成本，提高了通行效率。更为重要的是，项目运行采取按通胀水平随时调整收费标准，使得社会资本在运营过程中能够保证自身收益不受物价水平波动的影响，能够取得较为稳定的现金流，有利于政府后续PPP项目的开展。

（3）充分考虑桥梁建设的负外部性

英国赛文河第二大桥项目采用的PPP模式实现了社会效益和经济效益的双重目标。经济发展过程中一定会对自然和社区环境产生一定的污染，纵观英国在20世纪80年代的经济类PPP项目，均比较充分地考虑了保护、维护周边环境的重要性，也能够在实践中比较成熟地运用PPP项目，拥有一套比较完善且可操作的经验。因此，在我国进行桥梁建设时应该充分借鉴英国塞文河第二大桥项目经验，保障项目能够顺利实施。

同时在建设、运营及维护多座桥梁，尤其是在时间较紧的情况下，仅凭政府一方的力量，很难实现对技术、资金、风险的完全掌控，资金不足、投资效率低下、关键技术不过关等问题难以避免。通过与社会资本的合作，推进桥梁建设项目，已得到世界各国尤其是发展中国家的普遍认可，我们应当认真研究借鉴。

6.1.2 印度德里和孟买机场项目——BOT 模式

1. 项目简介

印度有两个主要机场：一个是位于德里的英迪拉·甘地机场；另一个是位于孟买的贾特拉帕蒂·西瓦吉机场。自印度进行经济改革以来，其机场的航空服务需求增长迅速，越来越多的社会资本参与到国内航空业建设中，这一举措促进交通流量稳定增长。同时，航空服务质量也有所提高。不过，地面服务并未得到改善，诸多设施条件较差，如候机厅、卫生间、餐厅、信道和行李管理等。同国外主要机场相比，尤其是同东南亚邻国类似规模的机场相比，德里和孟买机场在这方面的水平相差较大，还难以提供充足的酒店和其他设施。为解决这一问题，印度政府为该特别复杂的重大基础设施项目组建了内阁特别小组和部际小组，拟采用 PPP 模式进行印度机场建设。机场建设进程见表 6-1。

2. 项目分析

（1）开发协议

从图 6-1 可以看出，该项目的开发协议将机场现存及新建的资产进行了分类。首先，将资产分为航空和非航空资产。其次，根据是否提供旅客或货运服务将非航空商业资产进一步划分为转让和非转让资产。在资产分类的基础上，根据所属类别制定了不同的方案，且在转让时分别采用不同的估值方法来确定价格。此外，开发协议还列出了所提供的一系列服务，并划分为航空和非航空服务。其中，非转让资产专门用于提供非航空服务，以此作为机场建设的附加功能。

开发协议还规定了机场各项服务的收费标准。由于收入的主要来源是对航空及非航空服务的收费，如果授予社会资本方垄断的收费权，必须明确收费标准。开发协议规定，在投入运营的前三年，航空服务费的

表 6-1　　　　机场建设进程

年份	进程
2003年9月	全国民主联盟政府的内阁决定重建德里和孟买机场。为吸引社会资本方参与做了很多努力，希望制定一个长期的PPP协议来邀请社会资本方加入。这个长期PPP协议通过设立一个由社会资本方和印度机场管理局组成的合资公司来实现。机场管理局是一个政府部门实体，拥有并管理德里机场、孟买机场和印度其他的商业机场，但科钦的商业机场除外
2004年7月	发布德里和孟买机场的意向书邀请函，任命国际技术顾问、财务顾问、法律顾问、会计顾问及税务顾问
2005年4月	向9个通过资格预审的投标人发布征求建议书与交易文件草案
2005年6月	确定投标意向书。按照征求建议书，投标人应同时提交技术和财务标书
2005年6月—9月	政府起草了包括运营管理和开发协议（OMDA）在内的交易文件。但为了妥善处理识别出的不利因素，避免投标阶段后期出现问题，机场建设部际小组讨论后未能按原计划完成上述交易文件，将投标日期延至2005年9月
2005年9月14日	正式进行投标，共11家社会资本方递交了标书。由于评估过程较为复杂，因此这一阶段耗时较长，最终于2006年11月，确定了社会资本方。德里机场的社会资本方为GMR公司，孟买机场的社会资本方为GVK公司
2006年1月24日	内阁特别小组修订了投标人的选择框架：降低合格分数使每个机场有4个投标人通过评审，以确保竞争性，同时让政府能获得更好的回报。由于在最初只有GMR公司中标，因此，只要财务出价排在前四名也视同有权优先选择机场。最终，GMR公司选择了德里机场，但机场管理局分享收入的比例从43.64%提高到45.99%。孟买机场的中标人是GVK公司，其提出的机场管理局分享收入比例为38.7%

资料来源　财政部政府和社会资本合作中心．国外PPP案例选编［M］．北京：中国商务出版社，2014：23.

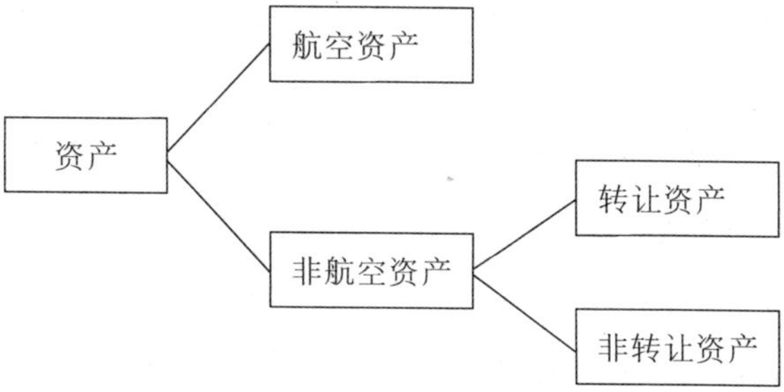

图 6-1 机场资产分类

收费率由印度政府制定，三年之后由印度政府或机场经济监管局（AERA）对航空服务收费标准提出建议；非航空服务的收费率则在市场竞争的基础上加以确定。

在项目实践过程中发现，该收费标准易导致一个问题。如果社会资本方只将航空服务收费与政府共享，那么社会资本方可能会故意不在航空服务部分创造收入，而增加非航空服务的收入。如果非航空服务的收入情况也不理想，社会资本方就不会在航空服务方面有进一步的投资。

为了解决这一问题，开发协议补充规定，在运营的前两年不允许社会资本方增加收费，从第三年开始，可采用固定收费成本加成模型适当增加收费。该模型根据航空服务收费的类型假定了不同的价格上限，并根据消费物价指数逐年调整提高。这种方法既保障了社会资本方长期投资的积极性，又有助于确定预期航空服务收入的现值。

（2）履约和投标保证金

2005 年 1 月，部际小组会议否决了财务顾问向印度政府提出的 100 亿卢比前期费用申请。按照规定，在投标履约保证金方面投标人需要缴纳 500 亿卢比。但是，规划委员会认为，应该将履约保证金的有效期定为 5 年，将投标保证金的金额定为 50 亿卢比。因为在合资公司投入大量资金并开设托管账户后，不需再有单独的履约保证金。同时，单独的履约保证金增加了机场建设的成本，而不能为机场管理局提供额外的安全性。经过商讨之后，OMDA 将履约保证金的有效期定为 5 年，两个机场各自的投标保证金均为 150 亿卢比。

（3）终止时的支付规定

项目建设的最初文件中规定，如果合资公司违约而导致项目终止，那么，全部债务将由机场管理局偿还。但是，规划委员会认为90%的债务由机场管理局偿还，剩余风险转移给合资公司和债主。最终，OMDA中规定了当合资公司违约时该如何处理。规划委员会认为在《国家支持协议》中过多地涉及政府义务，而对合资公司委员可能导致的结果提及较少。部际小组认为应当由法律顾问编写全新的文件以体现双方义务平衡。规划委员会还认为，由于债务终止以及非转让资产和股权带来的支付有可能导致印度政府或有债务过于繁重。

（4）机场运营商的作用

按照投标文件规定，联合体进行该项目建设过程中必须包括一个机场运营商。部际小组指出，在根据机场运营商的能力对投标人进行评估后发现存在如下问题：机场运营商是否应该持有股份或者应该持有多少股份；机场运营商与合资公司签订的运营与维护协议属于哪种类型等。投标人可以通过邀请一个机场运营商加入到联合体的方式，在资格预审时顺利通过，并且在技术评估中获得加分，但不能保证机场运营商可以持股，或在合资公司中拥有话语权。那么，在机场的管理和发展中机场运营商是否拥有话语权更是难以保证。规划委员会认为，在投标人联合体中的机场运营商，应该对机场的运营与维护承担应有的责任。但是，《经营管理与发展协议》中并没有要求机场运营商配备具有经验和技术熟练的员工。

（5）强制性资本项目

一方面，规划委员会认为应该将机场的开发分阶段进行，同时与扩张性开发的需求联系在一起，这样做可以减少提高收费的压力；另一方面，规划委员会认为应该在规定时间限制内完成一定项目，如应该顾及2010年交通问题。此外，规划委员会认为应该避免重新签订此类合同，防止因新签合同所产生的一系列问题，并且对这些合同和项目的处理也不应该带来任何预料之外的所得或损失。更为重要的是，OMDA规定了惩罚措施，防止出现投标者或合资公司承接项目却完成不了或不能及时完成的情况。

3. 项目出现的问题

（1）中标人

2005 年 9 月，共有 11 家联合体就德里和孟买机场的修建递交了投标书。其中，5 家联合体递交了修建德里机场的标书，6 家联合体递交了修建孟买机场的标书。但是，在 2005 年 11 月评估技术得分之后，GMR 和 Reliance 两家公司同时通过评审。因为一个机场只能有一个中标人，所以通过评审的这两个投标人将分别获得两个机场的特许权。但是，该评估过程被规划委员会认为存在严重缺陷，后经过各级间的多轮会议，经由另一个委员会重新审核评估后，两个机场的唯一中标人确定为 GMR 公司。2006 年 1 月 24 日，内阁特别小组修订了投标人的选择框架。为保证竞争性，内阁小组通过降低合格分数让每个机场有 4 个投标人通过评审。由于之前投标只有 GMR 公司是唯一中标人，所以此次只要 GMR 公司财务出价排名前四就有权优先选择机场。最终 GMR 公司选择了德里机场，并在分享收入时将机场管理局的分享比例由 43.64%提高到 45.99%；GVK 公司由于在剩下三个投标人中出价最高，因此孟买机场的中标人便由其获得，并在分享收入时将机场管理局分享比例确定为 38.7%。虽然 Reliance 公司对此结果提出上诉，但为推进项目，最高法院在 2006 年 11 月 7 日将上诉驳回，将 GMR 和 GVK 两家公司确定为中标人。

（2）成本与收入分享

在选定中标人之后，随即出现了成本与收入分享问题。在资金成本方面，GMR 公司在德里机场的初始竞价中将 2010 年项目第一阶段的出价定为 350 亿卢比。但是，在 2007 年，GMR 公司估计的项目成本约为 600 亿卢比，2008 年底媒体则报道项目成本为 900 亿卢比。由于交通需求与成本方面等因素，社会资本则要求增加收入。于是，民航部推出了“用户开发费”计划，将采取向乘客收费的方式实施机场现代化项目，且按照共享收入处理。这一计划得到 GMR 和 GVK 两家公司的赞成。最终，这项费用又更名为“机场发展费”，不纳入共享收入中。

2008 年，德里机场的合资公司拟以定金方式收取酒店 6 年租金，且不按照 46%的比例与机场管理局共享，此举将减少未来租金收入，损害机场管理局的利益。此外，德里机场的合资公司要求未来的酒店经营者为酒店的基础设施付费，而经营者只愿意支付更低的租金，进而损害了机场管理局的利益。这两项措施都将降低收入基数以及机场管理局的收入，经媒体曝光后，这一计划被迫放弃。

4. 经验启示[①]

印度德里和孟买机场 PPP 项目的结构设计和招标过程比较复杂，在实践中也遇到了一些问题。但总体上，印度德里和孟买机场项目的实施是成功的。

(1) 整合利用社会资本优势

为推动项目顺利开展，印度德里和孟买机场项目运用 PPP 模式整合利用社会资本方的资金、技术、管理等方面的优势。印度自 20 世纪 90 年代初期的经济改革以来，现有机场设施的相对落后难以满足增长迅速的航空服务需求，而进行大规模的翻修和建设需要大量的人力、物力和财力。在这样的背景下，印度政府采用 PPP 模式整合社会资源，充分发挥社会资本方在资金、技术、管理以及成本控制等方面的诸多优势，建设德里和孟买机场项目并顺利推进，取得了良好的经济和社会效益。我国在推进临空经济区建设时，政府同样面临着融资难的困境，PPP 模式是缓解资金压力的重要手段，且社会资本方在航空服务方面成熟的技术和管理经验都有利于效率的提高。因此，应积极运用 PPP 模式进一步开放临空经济区的投资、建设和运营，推动临空经济区的快速发展。

(2) 保障项目技术指标和财务指标的科学性

一般而言，结构复杂、耗时较长的大型 PPP 项目应设计更为精细、全面的招标办法，以筛选技术水平先进、资金实力雄厚的社会资本。为确保项目的顺利开展，本案例在招标步骤设计上较为复杂，耗时较长，达到了技术指标和财务指标的要求。这样可以确保社会资本方拥有能够满足重建并运营机场的技术水平，有效避免项目实施过程中的技术和延期风险。同时，以财务标书作为主要筛选因素，在保障项目财务稳定性的基础上，确保政府获得最大的收入份额。

---

① 孟春，郭上，杨雯淇. 印度运用 PPP 模式推进临空经济区建设［J/OL］.［2014-10-30］. http：//www.cet.com.cn/wzsy/gysd/1353746.shtml.

（3）明确收费标准

PPP 项目既涉及政府和社会资本方的经济效应，也涉及社会公众的社会效益。在 PPP 项目设计时，要坚持公共利益最大化，确保经济效益和社会效益都能提高。因此，要对社会资本方形成有效的激励约束机制，既要避免社会资本利润超出合理区间，导致公共服务价格过高而引发公众的不满情绪，又要保障社会资本的长期合理回报，确保项目运营的可持续性。本案例中，项目开发协议规定了机场各项服务的收费标准，以避免社会资本方利用垄断的收费权获取暴利。项目开发协议还规定从投入运营的第三年开始，可采用固定收费的成本加成模型适当增加收费，保证了社会资本方可适当提高服务收费，以保障机场的长期运转。

6.2 国内典型案例

6.2.1 北京奥运会国家体育场——BOT 模式

1. 项目简介

2008 年第 29 届奥林匹克运动会在北京举行，北京市人民政府决定在北京奥林匹克公园建设国家体育场（即“鸟巢”）。该体育场体现了“绿色奥运”“科技奥运”“人文奥运”的三大主题，并充分体现可持续发展理念。因此，该项目在设计、建设、比赛期间和赛后利用中必须采用当今世界上先进的、可行的生态与环保技术，以确保国家体育场建设成为保护生态环境以及展示我国高新技术成果与创新实力的重要典范。

该项目采取公私合作 PPP 模式中的 BOT 模式。其中，北京市人民政府授权北京市国有资产经营有限责任公司在总投资中出资 58%，中国中信集团公司联营体出资 42%，各自按照出资额承担出资责任。由该公共部门与该私营部门共同组建项目公司，负责该项目的融资、建造、运营和维护，并在 30 年特许期满后移交给北京市人民政府。

2. 项目进程

2002 年 10 月，经北京市发展计划委员会（BDPC）邀请有兴趣的投标者提交资格预审申请，并负责项目的融资、设计、建造和运营等。

项目进程安排见表6-2。

表6-2　**北京奥运会国家体育场项目进程安排**

进程	日期	主要参与者	主要活动	备注
投标邀请	2001年10月28日	北京市发展计划委员会	邀请投标者申请资格预审并递交审查文件	7家联合体申请资格预审，5家通过资格预审
现场踏勘与标前会议	2002年4月30日	北京市发展计划委员会、投标人	投标人先传踏勘和研读标书后提问，招标人答疑	
投标	截至2003年6月30日	中信联营体、中建联营体、北京建工联营体	对招标文件做出实质性响应、递交标书	一个投标人因未对招标文件做出实质性响应而被迫退出
开标	2003年6月30日	北京奥组委监管人员、投标人代表、招标代理人	开标、唱标、宣读中标候选人	前两家候选人为建工联营体和中信联营体
草签特许权协议和国家体育场协议	2003年7月5日前	北京市发展计划委员会、北京建工联营体、中信联营体	将中标资格授予中信联营体	建工联营体因未达成联营体协议而未能中标
签订特许权协议和国家体育场协议	2003年8月9日	中信联营体、北京市人民政府、北京奥组委	签署相关协议并筹备项目公司的设立工作	依据我国法律，中信联营体须和北京国有资产经营管理有限责任公司共同组建项目公司
设立项目公司	2003年9月	北京国有资产经营管理有限责任公司、中信集团公司、金州控股集团有限公司、北京市城建集团有限责任公司	设立项目公司	设立前须征用场地

资料来源　魏加宁，等. 地方政府债务风险化解与新型城市化融资［M］. 北京：机械工业出版社，2014：255-256.

3. 项目参与人

北京市政府授权北京市发展计划委员会为法定招标管理机构，负责该项目特许权的招标。国信招标有限责任公司获授权准备具体招标文件和实施招标活动的招标代理机构。项目公司主要由公共部门和私营（企业）部门两部分合伙人组成。

（1）公共部门合伙人

北京市国有资产经营管理有限公司被指定作为公共部门（即北京市政府）的代表，承担项目总投资额的58%，成为项目公司的合伙人。北京市国有资产经营管理有限公司是一个比较独特的公司，其管理人员和员工对中国和北京有深厚的了解，同时在公共融资和私营融资、资产管理、资本运营方面具有丰富的经验。公司成立于2001年4月，注册资本为15亿元。

（2）私营（企业）部门合伙人

私营（企业）部门合伙人是由三家具有丰富的融资经验和大型工程建设经验的公司所组成的联营体，分别是中国中信集团公司、北京城建集团有限公司和美国金州控股集团有限公司，三者的出资比例分别为65%、30%和5%。

中国中信集团公司（以下简称“中信集团”），前身为中国国际信托投资公司，是经中国改革开放的总设计师邓小平亲自倡导和批准，由前国家副主席荣毅仁于1979年10月4日创办的。中信集团是中国改革开放的重要窗口和试点，现已成为具有较大规模的国际化大型跨国企业集团，其业务主要集中在金融、实业和其他服务业领域，目前拥有44家子公司（银行），包括设在香港、美国、加拿大、澳大利亚、新西兰等地的子公司；公司还在东京、纽约、法兰克福设立了代表处。中信集团被选为联营体的代表，负责协调联营体的另外两个合作伙伴，共同准备和提交投标书和其他材料。除了担任联营体的代表与北京国有资产经营管理有限公司的代表谈判，中信集团还是中信联营体的法人代表单位。

北京城建集团有限责任公司（以下简称“北京城建”）是一家大型综合性企业，其主要业务覆盖工业与民用建筑、市政、地下铁道、高速公路、机场等专业领域，同时也开发房地产和城市基础设施项目。北京城建是北京市最大的建筑工程集团，拥有必要的本土资源和专业技术，这些对联营体有很大的帮助。北京城建是国务院120家大型集团企业试点单位之一，位列全国500家大型企业第70名，作为北京市最大的建筑企业，科技实力强，管理团队朝气蓬勃且富有责任心，装备有全球先进的地上、地下自动化施工设备，并积累了40多年的钢结构专业施工经验，项目涉及机场、运动场馆、桥梁、民用住宅等领域。

美国金州控股集团有限公司是一家以从事城市基础设施建设、环境保护、可再生能源开发为主要业务的国际性集团公司，在美国、法国、西班牙、加拿大、中国设有公司和办事处，对中国的投资环境非常了解并富有经验。

（3）项目管理顾问

法国万喜项目公司（VCGP）与法国布依格建筑公司（BYB）作为项目管理顾问。法国万喜项目公司是法国万喜（Vinci）集团主要从事项目设计和施工的下属机构，是全球最大的建筑工程和相关服务的实体，其业务覆盖了所有的建筑行业（高速公路、机场、停车场、桥梁和体育场等）。法国布依格建筑公司是法国布依格（Bouygues）集团的子公司，布依格集团是法国的特大型集团，业务范围涉及建筑领域、服务领域、通信领域和传媒领域。法国万喜项目公司和法国布依格建筑公司也是法兰西国家体育场的股东，而法兰西体育场是运动设施领域中的第一个PPP项目。两家公司在体育和文化设施的设计、融资、建造以及法兰西体育馆的设计、管理和运营方面的专业经验和知识能明显提升联合体的经验和竞争力。

4. 项目的合同结构

北京奥运会国家体育场的项目结构如图6-2所示。

5. 项目的融资来源

（1）股本结构

北京市政府授权依法设立北京发展计划委员会，代表北京市政府与联合体签订特许权协议。该联合体由中信集团、北京城建、美国金州三

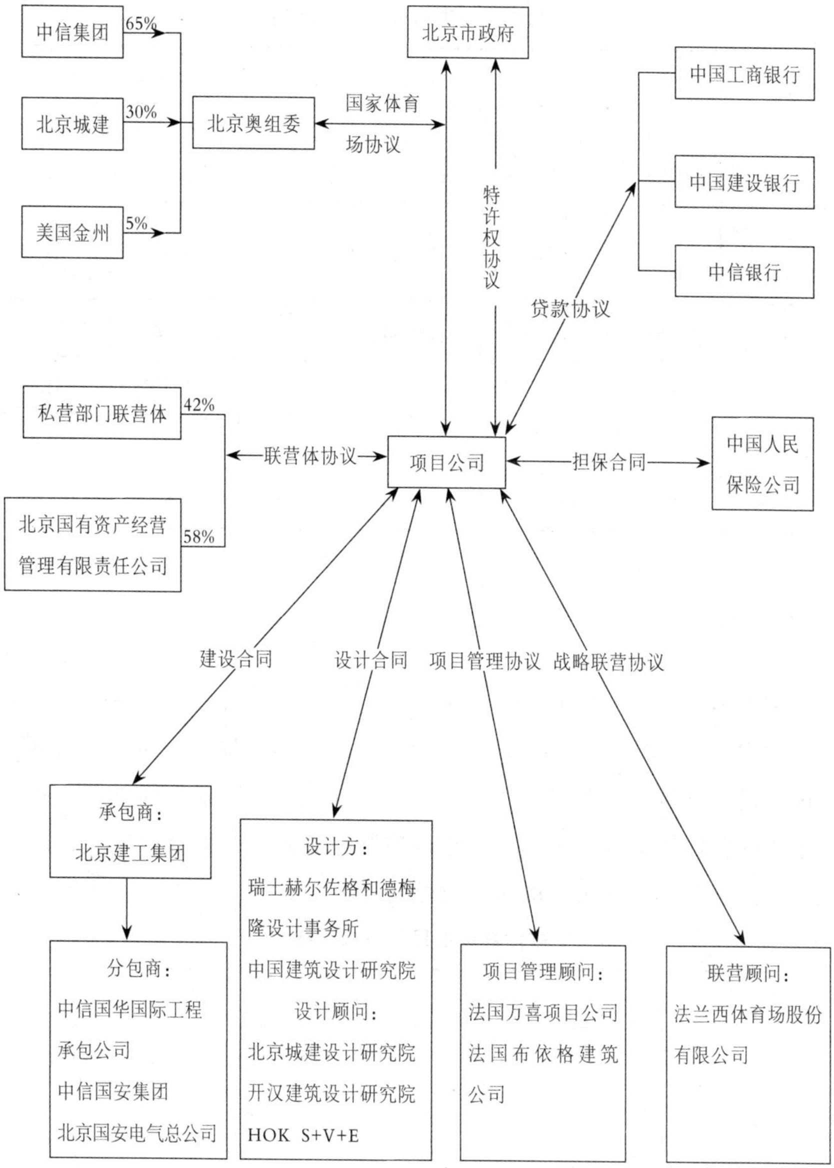

图 6-2　国家体育场项目的合同结构

资料来源　魏加宁，等. 地方政府债务风险化解与新型城市化融资［M］. 北京：机械工业出版社，2014：257.

方组成。该项目初始投资计划与后来真实投资存在一定差异，具体股本结构见表 6-3。

表 6-3　　**国家体育场项目公司股本结构**

股　东	初始计划			现行方案		
	联营体股份比例	占项目公司股份比例	资本数额（百万元）	联营体股份比例	占项目公司股份比例	资本数额（百万元）
北京国有资产管理公司	—	65.98%	762.1	—	58%	605.13
中信集团	65%	22.11%	255.41	65%	27.3%	284.83
北京城建	30%	10.21%	117.88	30%	12.6%	131.46
美国金州	5%	1.7%	19.65	5%	2.1%	21.91
总　计	100%	100%	1 155.04	100%	100%	1 044.33

资源来源　魏加宁，等. 地方政府债务风险化解与新型城市化融资［M］. 北京：机械工业出版社，2014：258.

（2）融资结构

国家体育场项目的非资本金融资主要是通过银行贷款实现的。在投标阶段中信联合体按初始计划进行投标，但北京市政府认为政府出资比例过高，因此选择了北京建工联合体，但北京建工联合体因股东之间未能达成联合体协议而退出，北京市政府又重新跟中信联合体谈判，进而确定了出资比例。此项目的融资结构见表 6-4。

表 6-4　　**国家体育场项目公司融资结构**

资金来源	初始计划		现行方案	
	占总投资比例	金额（百万元）	占总投资比例	金额（百万元）
政府出资	65.98%	2 286.29	58%	1 815.40
联营体的资本金	11.34%	392.94	12.6%	394.38
银行贷款	22.68%	785.89	29.4%	920.22
合计	100%	3 465.12	100%	3 130

资料来源　魏加宁，等. 地方政府债务风险化解与新型城市化融资［M］. 北京：机械工业出版社，2014：258.

（3）贷款详细情况

银行贷款主要是16年期限（包括6年宽限期）的优先债务，有关贷款详情见表6-5。

表6-5 贷款详细情况

借款人	项目公司
贷款人	国内商业银行
贷款类别	优先债务
授信额度	12亿元
贷款期限	16年（含6年宽限期）
贷款币种	人民币
利率	5.184%（以中国人民银行公布的人民币长期贷款利率为基准下浮10%计）
提款期	4年
宽限期	6年（含提款期）
贷款偿还方式	从2010年开始按季度等额还本金，从首次提款开始按季度支付利息
提前还款	允许提前还款

资料来源　刘宇文，赵国富，王守清．中国北京奥运会主体体育场（鸟巢）PPP项目［J/OL］．［2014-05-31］．http：//www.paigu.com/a/239307/13903587.html.

该项目在投标前，项目公司得到了国内三家商业银行，即中国工商银行、中国建设银行、中信银行的贷款承诺函，但三家银行均质疑该项目的可行性，尤其是在项目开工后，当银行得知可能超支且可闭合顶盖取消后，三家银行更加深了质疑。因此，银行和北京市政府要求联合体股东（中信集团、北京城建和美国金州）代替项目公司作为贷款主体，但出于规避风险的目的，最终联合体股东拒绝作为借款方出现。

6.政府支持与鼓励

为支持国家体育场建设，在我国没有出台BOT/PPP方面法律的情况下，中国中央人民政府和北京市政府为此颁布了一系列条例，见表6-6。

表 6-6　　支持和鼓励国家体育场建设的相关条例

日期	条例名称	条例内容
2003年1月23日	第29届奥运会税收通知	所有为国际体育场进口的设备免除关税和增值税，许多与体育场有关的收费被免除
2006年3月1日	北京市城市基础设施项目特许权协议法	各部门配合该项目的建设和运营
2006年9月1日	北京市城市基础设施项目特许协议投标法	各部门配合该项目的建设和运营
2005年2月24日	发展私营经济的一些建议（36条）	促进私营部门使用项目融资投资基础设施

7. 项目中出现的问题

（1）项目公司股东之间的争议

首先，所有各方都想从建设承包工程中获利，所以项目的整个建设工程按照中信集团、北京城建和美国金州在项目公司中的股份比例分给三方，导致项目公司对项目建设失去良好控制。其次，由于项目结构的独特性和详细设计的不及时，承包商只能和项目公司签订固定单价合同，北京城建作为总承包商，被其他股东抱怨过于考虑自己的利润、进度和安全而不是整个项目公司的利益，导致了建设费用超支和项目建设中的最大争议——北京城建要求以技术措施费部分补偿因设计变更（取消可闭合顶盖）导致的工期延误。

（2）项目公司和北京市政府之间的争议

第一，国家体育场原始设计中的停车位是 2 000 个，但北京市政府后来打算为整个奥运公园建设一个大型停车场，故要求项目公司减少 1 000 个停车位。这就导致了体育场的停车位不足，许多人不得不把车停到北京市政府的停车场再步行至体育场，影响了项目的商业运营；第二，北京市政府同时也要求减少体育场中的商业设施，影响了项目的租金收入；第三，北京市政府后来决定取消可闭合顶盖，影响了体育场的商业运营、减少了项目的收益；第四，北京市政府在修改设计的同时还要求体育场必须在2006年12月31日前完工，如此紧张的进度要求，影响了项目的经济性建设；第五，考虑到工期的紧迫性，融资完成的时间定为2003年12月15日（但实际上延误了两个月），北京城建在特许权协议签定后不得不立即进入现场开始施工，没有足够时间做合理经济的施工组织计划。

（3）项目公司和设计联合体之间的争议

在该项目设计上，北京市政府没有获得国家体育场设计的知识产权，但要求项目公司必须使用该设计。这导致了项目公司在与设计联合体谈判时的弱势地位，同时也导致了设计上对体育场赛后商业运营考虑的不足。通常情况下，项目公司是设施的业主，设计方应当满足项目公司的要求。但由于国家体育场是用于2008年奥运会的，北京市政府在确定设计蓝图时处于主导地位，限制了项目公司对体育场商业化和高效率使用的最大化。

（4）取消可闭合顶盖的影响

根据专家建议和社会舆论，北京市政府后来决定取消体育场原有设计中的可闭合顶盖，以节省建造和运营成本，满足“节俭办奥运”的要求。此外，由于降低了屋顶重量和钢结构安装和运行的复杂性，取消可闭合顶盖也可以提高项目在建设和运营时的安全性。但实际上，取消可闭合顶盖有正面和负面的影响。

取消可闭合顶盖的正面影响：一是减少了材料（主要是钢）用量。取消可闭合顶盖降低了钢结构的重量，可节省用于支撑结构的至少2 000吨钢材和用于可闭合顶盖的约1 700吨钢材。此外，重新设计后，还可以节省其他很多钢构件。一句话，取消可闭合顶盖可以节省价值约2亿元的各种材料。再考虑到钢结构安装难度的降低等其他费用的节省，估计取消可闭合顶盖一共可以节省约4亿元。尽管项目的有关详细信息没有披露，根据实际进展看这个估算还是有点过于乐观了；二是降低了钢结构施工的复杂性。钢结构的复杂性是国家体育场的一个主要特征，这个独一无二的巨大的可闭合顶盖很难施工安装。可闭合顶盖的钢支架由两部分构成（约80×80米，高8米），覆盖了整个体育场的顶端开口，可随着永久屋顶上的固定轨道滑动以实现体育场屋顶的打开与闭合。固定轨道则由钢性构件固定在永久屋顶的开口端，即永久屋顶钢桁架的边缘，可闭合顶盖的滑动距离约 85 米。承包商研究了安装可闭合顶盖的很多方法，但都不是很安全且费用较高。取消可闭合顶盖后，承包商可以更轻松地完成钢结构的安装；三是降低了安全风险。国家体育场采用的是世界上第四代建筑的最流行设计，但至今尚没有类似体育场建成。可闭合顶盖约有一个足球场那么大，重 1 700 吨，其支撑结构也重达 1 700 吨。由于可闭合顶盖巨大的重量和体积，打开和关闭时还可能出现故障。所以，取消可闭合顶盖也降低了体育场的安全风险。

取消可闭合顶盖的负面影响：一是导致设计联合体的索赔。由于取消可闭合顶盖极大地改变了原有设计，许多设计需要重做，基本上所有钢结构设计都需要更新，导致设计联合体索赔 4 000 万元，几乎是原设计费（1.2 亿元）的三分之一；二是造成工期延误和费用超支。由于对取消可闭合顶盖存在许多争议，北京市政府邀请了许多专家对此进行讨论和评估，最后决定取消顶盖。与项目公司进行讨论和谈判后，设计联合体开始修改设计。因为修改建筑和结构设计需要时间，承包商有时不得不停工等待新的施工图纸。总体而言，取消顶盖导致建设工期延误半年。由于国家体育场必须在 2008 年 8 月举办奥运会之前及时完工并留下足够的测试赛和试运行时间，承包商不得不赶工以在 2006 年 12 月 31 日前完成项目的第一部分（主体钢结构），采用了很多技术措施以加快施工进度，导致了费用超支，总承包商北京城建因此就这些额外的技术措施费向项目公司提出索赔。但项目公司认为这是由北京市政府引起的，应由北京市政府承担这些费用，该争议还在协商之中；三是降低了运营费用。开启和关闭可闭合顶盖需要操作费。取消可闭合顶盖后，这部分费用就节省了。但项目公司认为这部分的费用应该不多，因为每年打开和关闭可闭合顶盖的次数不会超过 10 次，可闭合顶盖的维护费用也节省了；四是减少了举行大型表演和其他活动的收入。在原来的运营计划中，项目公司计划在五个方面拓展市场：体育市场、体育展览市场、体育活动市场、文化表演市场和旅游市场。由于取消可闭合顶盖使国家体育场从全天候体育场变成露天体育场，而天气会影响体育场举办的许多活动。因此，项目公司会失去许多租用场地的合同。目前还无法具体估计这部分的损失；五是降低了国家体育场的品牌价值。按原设计，国家体育场是中国唯一具有可闭合顶盖的大型体育场，因此项目公司认为它将是中国最著名的体育场且将吸引许多大公司购买冠名权。取消可闭合顶盖后，国家体育场与其他体育场相比将没有明显特征。项目公司因此担心其品牌价值大大降低。

（5）项目中的风险

清华大学建设管理系和北京奥组委工程部曾对 2008 北京奥运会体育场馆风险进行过研究，并识别出了一些与国家体育场项目相关的主要风险，特别是下列 4 个主要风险：

①非理性的建设工期。2003 年 8 月 9 日签订特许权协议时，北京市政府要求项目必须在 2006 年 12 月 31 日前完工，工期只有 3 年多。尽管如此，由于国家体育场的技术标准要求很高、功能很复杂，承包商需要花费更多的时间进行项目计划，再加上取消可闭合顶盖要修改设计，图纸不能及时提供导致的半年工期延误，剩下的工期就更加紧迫。

②成本超支。国家体育场的 3 维钢桁架系统非常复杂，中国没有类似项目的施工经验，最难的是许多构件要切割和焊接两或三次。另外，由于缺乏充气 ETFE 膜结构的施工经验，大尺寸膜结构的安装也有很强的挑战性。再加上类似于鸟巢的钢结构特殊性，其制作、安装和维护都存在很多潜在问题。所有这些导致了成本的较大超支，恶化了项目的资产负债表。目前这个风险还没有得到圆满解决。

③市场需求有限。国家体育场设计、建造的理念和主题将使之成为中国最优秀的大型体育和演出设施，它集成了世界上最先进的技术，运营非常环保。国家体育场的最大竞争者，即工人体育场的投资已经收回，将一直具有低运营成本和低收费优势。因此，国家体育场必须创出自己的形象和品牌以吸引未来客户的兴趣并建立其忠诚度，为了这个目的，国家体育场必须创建独有的文化和人文氛围以吸引国内和国际最好的体育赛事和表演艺术机构，卓越的服务和先进的管理技术将是吸引这些机构和公众的最终利器。尽管如此，国家体育场的市场还是很小。只有政府和私营企业的非营利性大型活动才更有可能在国家体育场举办。根据预测，每年可能只有 16 个大型活动，为了在国内和世界上建立国

家体育场的品牌，必须广泛宣传这些活动。总之，如果市场比预测的小，项目公司将遭遇严重的财政赤字。

④运营经验缺乏。国家体育场里的各种表演活动将使之成为世界了解中国的一个新窗口，这些表演活动包括展示中国文化的大型演出、国内外个人演唱会和团体音乐会。为了吸引将来的客户，项目公司将与国内、区域和国际的体育协会建立良好关系，特别要与国家体育总局、文化部等政府部门、广电总局下的各新闻机构以及外国新闻机构保持良好关系。大型体育场的经济可行性很大程度上依靠的是公司客户的赞助。因此，项目公司还必须与国内外大型企业建立良好关系，以保证国家体育场的服务和产品满足这些机构的需求。但是，项目公司从未运营过体育场，缺乏运营经验。他们和法国 Stade de France 公司签署了战略合作协议，以寻求高效运营国家体育场的咨询建议并学习其知识。但该协议可能会因高额的咨询费而终止。项目公司现在准备完全依靠自己的力量解决问题，比如体育场外的公园很难管理，项目公司可能会将其分包给一家广告公司，而广告公司可以在某些适当位置做广告以获得收益。

8. 经验启示

政府的支持和承诺对此类项目非常重要；特许权协议等应明确界定项目的范围，项目公司股东协议和设计建造合同也应合理签订，以避免将来的争议；项目参与各方应有提高项目总体效率和降低寿命期总成本的共同目标；风险管理非常重要，特别是私营（企业）部门应将自己的利益尽量与公共部门的利益结合，签订明确且可行的合同或协议；有争议时，项目参与方之间特别是与政府之间的重新谈判往往比调解、仲裁或诉讼更有效率。

6.2.2 长春汇津污水处理厂——TOT 模式[①]

1. 项目简介

（1）项目最初合作时期

1999 年长春市人民政府对该市污水处理项目进行招商；2000 年香

① 张庆才. 汇津事件三问政府［J］. 决策，2015（12）.

港汇津中国污水处理有限公司投资 3 200 万美元，建成了当时长春市第一家污水处理厂，成为国内首个外商直接投资的城市污水处理项目。

2000 年 7 月 14 日，长春市人民政府颁发《长春汇津污水处理专营管理办法》(以下简称“专营办法”)。长春市政府授权排水公司与汇津公司订立合作合同，从事长春市北郊污水处理厂的建设和经营项目。由排水公司向长春汇津公司供应污水，由长春汇津公司进行处理，长春市政府责成长春市自来水公司向用水户收取污水处理费。然后，由自来水公司将收到的污水处理费上缴长春市财政局，由市财政局拨付给排水公司。最后，由排水公司向长春汇津公司支付污水处理费，如图 6-3 所示。污水厂在 2000 年投产后一直运行良好。

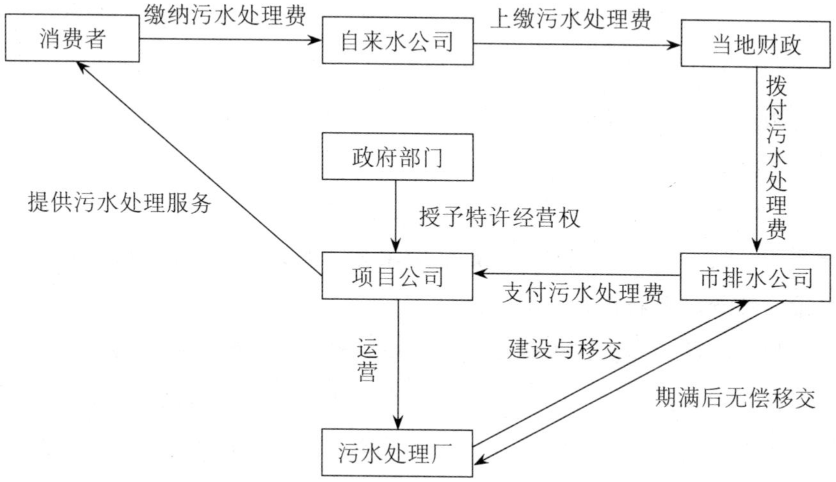

图 6-3　汇津污水处理 TOT 模式图

资料来源　刘立峰. 地方政府投融资及其可持续性［M］. 北京：中国发展出版社，2015：160.

（2）项目纷争

2002 年起，长春市排水公司开始拖欠污水处理费；2003 年 3 月开始，排水公司完全停止支付任何污水处理费。

2003 年 2 月 28 日，长春市政府以“长府发〔2003〕4 号决定”废止《专营办法》。长春市政府认为，《专营办法》违反了国务院有关“固定回报”的规定及《中外合资经营企业法》《中外合作经营企业法》等有关法律，经市常务会议讨论决定予以废止。《专营办法》废止后，排水公司停止了向合作企业支付任何污水处理费。

截至 2003 年 10 月底，累计拖欠合作企业污水处理费约 9 700 万元人民币。此后，长春汇津和汇津公司多次与市政府和排水公司交涉要求其支付拖欠的污水处理费，但均未得到任何答复。

（3）项目失败

2003 年 8 月，汇津公司向长春市中级人民法院提起行政诉讼，同年 12 月底，法院判决驳回原告的诉讼请求。

2004 年 1 月 8 日，汇津公司向吉林省高级人民法院递交了上诉状。

一审法院在审理中列举了《合作企业合同》中的大量关于合作双方权利、义务的条款，以此来说明该项目违反了《中华人民共和国合作经营企业法》的“利益共享、风险共担”的原则，属于固定回报项目，属于国务院国办发（2002）43 号文件规定的保证外方投资固定回报的项目。汇津公司败诉。

2005 年 8 月，轰动一时的长春汇津污水处理项目经过近两年的法律纠纷，最终以长春市政府回购而结束。据悉，回购金额为 2.8 亿元人民币，长春市政府将分三次支付。

就行政系统而言，本案发生的背景并没有显示政府政策或文件发生了重大变化，只是加大了政策执行力度且要求妥善处理，而该项目就发生在上级政策的有效范围内。因此，承认项目废除有效其暗含结论是上一届政府的相关行为违规，有关政府主管部门涉嫌监管不力。

2. 经验启示

目前，由于国家 PPP 系统的规则体系刚开始建立，其无法涵盖 PPP 运作的每一个方面，这也使实际操作中产生很多矛盾与困惑。一个 PPP 项目涉及法律法规、国家政策、投融资、项目管理、工程技术等诸多方面，项目中的合同结构安排、投融资模式选择、价格和回报机制、风险处理、监管安排等重要方面皆与项目本身建设条件禀赋、工程方案和工艺技术路线、投资构成、项目运行方案等相关，工程或技术问题错综复杂，没有更细致的规范，遇到的问题将会更多。

6.3 存在问题及应用前景分析

6.3.1 存在的问题

1. 政府配套设施滞后

目前，我国在城市基础设施建设方面已经开始部分采取公私合作PPP模式，如北京地铁4号线、大理市生活垃圾处置城乡一体化系统工程、固安工业园区新型城镇化项目、合肥市王小郢污水处理厂资产权益转让项目、天津市北水业公司部分股权转让项目等。在签署了《特许经营协议》《资产权益转让协议》后，项目公司开始进入运营阶段，但由于缺少配套设施，如污水处理项目等的管网建设和截污工作没有跟进改善，进而造成污水处理难以达到环保部要求的生活污水处理水准。

2. 法律法规体系不完善

我国目前尚未颁布关于PPP项目的统一法律法规。因此，关于公私合作PPP模式的部分细节尚没有规范的制度约束。现行法规条文的法律层次仍停留在国务院下属各部委制定的规章制度和政策规定上，也没有对PPP项目的各种具体形式制定有针对性和具体性的法律法规条文。在已经颁布的为数不多的法律法规中，其内容经常过于简单，大部分内容是针对BOT项目制定的，对于公私合作PPP模式中许多具体问题尚未涉及，甚至出现杂乱无章或上位立法不足而下位规章泛滥的情况，有些法律法规条文关于政府扶持的限制较多，制约了PPP模式发展。

3. 投资者利益缺少保障

从公共物品和服务提供的出发点看，保障公众利益是特许权经营的根本目标。但是，在PPP的实践活动中出现问题时，由于缺少对投资方利益保护的法律法规，进而出现政府及其代表方违约，使得民营或外资企业无法找到合法的、常规的途径去解决纠纷问题，经营者的合法权益得不到保障，如建设部2004年颁布的《市政公用事业特许经营管理办法》中投资方利益的保护条款极少，进而出现问题时难以解决。一方面，打击了社会资本对城镇基础设施的投资信心；另一方面，也会导致投资风险成本加大，通过价格上涨将成本转移到消费者身上最终侵犯消费者利益。

4. 政府监管不到位

目前，我国 PPP 的推行时间不长，加之相关的法律法规较少，政府本身对 PPP 的认识不足。因此，信息劣势便在各种政治风险、商业风险以及法律风险方面显现，政府难以充分认识可能产生的上述风险，又由于缺乏预先设定好的纠纷解决机制和风险调节机制，合同纠纷的产生便在所难免。同时，政府对企业的技术能力、财务状况以及诚信水平了解不准确，极易导致在选择合作伙伴时出现偏差。此外，信息不对称导致政府与私营部门之间在行业规则、资本运作以及工程技术等诸多方面难以及时沟通，致使政府难以监管特许经营企业是否及时更新设备或提升技术等。

5. 私营垄断出现

一方面，在公私合作 PPP 模式中，城市基础设施特许权经营中，政府长期将合作对象锁定为某一或某几个企业，其他符合条件的企业难以获得公平竞争机会，进而产生垄断部门；另一方面，政府将某一公共事业领域一揽子交给私营部门全部运营，同时将上下游中可竞争的环节也捆绑出售或转让，限制了具有竞争性主体对竞争性环节的介入，导致新的私营垄断出现，进而损害了消费者的权益和侵害了公共利益。

6.3.2 未来前景的对策分析

1. 完善政府配套设施

公私合作 PPP 模式对我国的公共服务提供以及城镇化建设与发展具有重大意义。在能够进行公私合作的 PPP 模式中，政府需要综合考虑 PPP 模式的配套是否能够匹配。同时，政府不能过于夸大 PPP 模式的作用，在采用 PPP 模式进行项目投资时，需要综合考虑该项目的可行性，提供公私合作项目的资源、技术、特许授权以及基础设施等。

2. 健全投资回报机制

对于社会资本而言，参与公共投资的目的主要是为了追求经济效益。因此，只有建立长期稳定的、合理的回报机制，PPP项目才能得以顺利实施。在某些项目经营初期，如地铁、供水、垃圾处理等，服务量的不足导致消费者公共物品和服务得不到满足。那么，政府则需要向特许经营公司进行补偿，加之这些项目初期确定的服务价格如果多年保持不变，则会导致特许经营公司亏损。因此，建立健全投资回报机制，针对运营过程所涉及的成本等因素变化进行调整，使企业在情况变化时仍能获得预计的经济利益。如果私营部门从PPP项目中获得了超额利润，政府则应该根据合同对其进行利润控制。

3. 加强运营监管

私营部门持续经营的前提是必须保持良好的利润水平，政府对企业财务状况的监管则有助于私营部门获得良好的运营效率。为此，政府应该承担起私营部门的监管职责，包括事前、事中、事后的监管以及企业运营、财务状况、义务与风险的监管，在保证私营部门不影响和危及或可能危及公共利益、公共安全的情况下，政府依法积极开展建设运营收支全过程的跟踪监管，保障公共部门利益得以实现。

4. 建立公平竞争环境

公私合作PPP模式是在基础设施领域扩大非国有经济的经营范围，相应缩小国有企业经营范围。私营企业应不断加强现代公司治理制度改革，坚持诚实经营，不能以自身拥有的垄断地位与信息优势，向消费者提供质量低和价格高的公共物品和服务。同时，政府部门应改善外部环境，加强对私营企业的政策支持。无论从基础设施的发展阶段还是从地方政府融资平台出现问题的角度考虑，民间资本的引入是非常必要的。公共部门不应以管理者的优势身份获取强势谈判地位，也不能人为地挤压私营部门的合理收益，公共部门与私营部门要在诚实守信的环境中进行合作。

5. 提高公开性与透明度

公私合作项目的最终目的是保证消费者能够获得及时有效的服务。

因为，在公私合作过程中，需要建立能够反映消费者需求的各种制度，如听证制度、信访制度等。在确定公私合作规则的程序上，应该突出民主性、公开性、公平性、公正性以及科学性。为促使公众能够随时参与监督和管理，应建立公众参与监督管理制度，成立由政府部门、消费者、媒体等多方代表组成的监督委员会，定期对项目公司进行服务质量与运行情况监督。

第 7 章　新型城市化融资（PPP）模式在教育方面的应用

7.1　国际典型案例

7.1.1　国外教育 PPP 模式简介

PPP 概念在英国首次提出后，便在美国、加拿大、法国、澳大利亚、新西兰与日本等主要发达国家广泛开展起来。虽然教育行业引入 PPP 模式较晚，但在应用程度较高的西方发达国家已经发展成一套完整的体系。按照其各个国家的市场成熟度，将应用 PPP 模式的国家分为三个梯度：第一梯度（市场成熟度和应用程度最高）是英国与澳大利亚，第二梯度（市场成熟度和应用程度居中）是爱尔兰、西班牙、荷兰、意大利、新西兰、希腊、法国、加拿大、英国、日本、德国等，第三梯度即最低梯度（市场成熟度和应用程度最低）是中国、印度、斯洛伐克、俄罗斯、匈牙利、捷克、比利时、南非、丹麦、芬兰等。

1. 教育行业 PPP 所含服务

从国外基础教育的 PPP 办学模式实践看，按照其与基础教育供给的非核心服务到核心服务紧密程度和复杂程度，将 PPP 在教育行业提供的服务归纳为以下几个方面，见表 7-1。

表 7-1 教育行业 PPP 所含服务

服务	简介	特点
教育服务	用公共资金资助低收入、处境不利和问题学生等特定大学生群体就读私立学校；或将公共部门中无法提供给学生的特殊服务需求外包，以获得更好的教育资源	政府把学生录取直接签给私立学校，是一种结果产出的购买；可以迅速扩展教育机会而不用预付任何建设新学校和设备配置的费用；家长和学生可以在公立学校和私立学校间选择，促进学校竞争
设施设备供给服务	动员私人部门投资公用事业和公共服务设施的供给，通过契约条款的规定进行阶段性的延期付款，使政府免于预先一次性投资	合约期限较长（通常是 25~30 年）；阶段性的延期付费有利于避免或缓解公共财政压力；设施建造比传统的采购安排形式更迅速
专业性服务	将教师培训、课程设计、教学质量检测等与教学有关的专业性的服务外包给具有专长优势的私人部门	服务质量要求可以在契约中明确界定；业绩结果也比较容易监测；容易实现专业化所带来的低成本和高质量
管理服务	引入私人部门管理某一公立学校或是整个学区，以解决公立学校薄弱的管理问题；通常包括财政管理、职员管理、规划管理及领导管理等	公立学校中非行政人员（教师）仍然由公共部门负责聘用和管理，但日常的行政和管理则由选定的私人组织负责
运营服务	通过 PPP 合约让私人部门负责整个公立学校的经营和管理，包括教职工的聘用、调配等，从而把公立学校从公共服务的限制中解放出来，或赋予学校更多的办学自主权	通常作为改善业绩不良学校的机制，并用以确保不良地区服务供给的实现，或用于特定弱势群体的基础教育服务供给
辅助性服务	设备维护、学生接送和学校餐饮等非教学活动外包给具有专长优势的私人组织，以提升财政支出效率，使学校职员和教育官员更关注教育教学活动本身	较为普遍，合约往往包括多个学校，已形成一定的规模吸引竞标者

2. 国际公立学校的 PPP 办学模式

从国外教育行业的 PPP 模式经验来看，办学模式主要有学校基础设施公私合作、学校领养、公校民营、辅助性专业服务协议供给、教育服务协议供给、非限制性教育券或仿教育券等。企业参与到教育 PPP 项目主要是通过基础设施公私合作与协议供给两个途径，基础设施公私合作是运用最广泛、最成熟的一种办学模式；协议供给[①]是从基建项目向教育核心迈进的关键一环。国外基础教育 PPP 主要办学模式见表 7-2。

表 7-2 国外基础教育 PPP 主要办学模式

PPP类型	内涵
学校基础设施公私合作	私人合作者根据合约对公立学校基础设施进行设计、投资、建设并负责经营，在一定合约期内政府付费租用，合同期满后设施移交公共部门
学校领养	政府动员私人补充政府对公立学校的拨款，形成可持续的关系，并对合格的“领养者”提供政策优惠等
公校民营	将公立学校的管理或某些方面的管理以合约的形式转由私人部门负责，但仍是由政府拨款的公立学校
辅助性专业服务协议供给	政府与具有某方面专长的私人部门订立合约，为公立学校提供教育相关的辅助性服务，如教师培训、课程开发等
教育服务协议供给	政府为公立学校学生在非政府学校购买受教育机会
非限制性教育券或仿教育券	学生通过教育券选择公立学校或私立学校；政府按教育券拨给公共教育经费，促成竞争和效率

① 协议供给指公共部门签约专门的服务提供者（通常是私营部门），由它们使用自有的教育设施来提供双方认定的服务。协议供给已从传统的非核心领域向教育的核心服务扩展，私营部门介入了与教育紧密相关的辅助性的专业服务，甚至是教育服务本身的供给。这种协议供给形式也被称为“能力建设计划”。

7.1.2 基础设施公私合作——英国私人融资计划

1. 项目简介

根据 Harry（2009）发表的论文《The Role and Impact of Public-Private Parternerships in Education》得知，英国的私人融资计划（PFI）始于保守党执政期间，并在工党上台时得到大力支持和推行。在 PFI 计划中，根据合约，私人部门负责学校基础设施的融资、建设与管理等，合约期限一般为 30 年左右。通常情况下，私营合作者会根据当局和政府部门的规定进行设施提供和长期经营。在规定的合约期内，私营合作者可以根据绩效表现获得政府定期通过公共财政给予的付费。换句话说，所获费用与私营合作者完成的业绩目标挂钩，业绩目标未完成则可能导致支付额度的降低。在合约期满后，私营合作者将该设施转交给政府。

2. 项目效果

2003 年，英国的财政部和国家审计办对该项目进行调查研究表明，PFI 项目中分别有 76%和 88%的项目能够按时交付使用，而传统的获取方式能按时交付使用率只有 27%。在项目预算超支方面，财政部和审计办调查的项目中，能够在预算内交付的分别为 80%和 79%，传统的采购方式只有 27%可以实现。这说明 PFI 在教育的公共基础设施方面供给时效和费用节约是成功的。同时，PFI 项目也得到消费者的肯定。2003 年，英国财政部通过调查显示，76%的消费者认为私营部门的业绩表现“如预期”或“比预期更好”。英国审计办的调查也显示，81%的审计结果肯定了 PFI 的作用。

7.1.3 基础设施公私合作——澳大利亚北领地帕默斯顿市学校建设项目

1. 项目简介

帕默斯顿市是澳大利亚北领地地区第二大城市，也是该地区发展最快的城市，有近 2.5 万人口，平均年龄 28 岁，其中 15 岁以下的人口约占 30%。预计到 2021 年，帕默斯顿的城市人口将达到 4 万人。为了缓解持续增加的人口带来的压力，实现地区的可持续发展，北领地政府决定采用PPP模式建设学校，以满足当地日益增长的教育需求。

罗斯伯里学校项目共建16个新建筑，包括小学、中学及配套场馆和设施等。其中，小学可容纳600名学生，中学可容纳850名学生。小学和中学共用体育场、艺术展览馆和室内体育馆等设施。该项目是澳大利亚北领地地区为数不多的一个大型教育项目，学校的建设和管理水平获得了各方的高度评价。

2. 项目参与人

该PPP项目的政府方是北领地政府与澳大利亚基础设施和建设部。北领地政府主要负责该项目约6 000万美元的资金拨付（其中300万美元由澳大利亚联邦政府资助）；澳大利亚基础设施和建设部负责项目的招标、审批和监管。此外，该项目还获得了澳大利亚教育及培训部的大力支持。Halikos集团是该项目的社会资本方，负责在特许经营期内设计、建造，并承担部分财务风险和建设质量风险。Halikos集团是北领地地区以设计新颖、恪守工期闻名的工程承包商，拥有丰富的工程经验，善于充分利用当地资源，并在其特殊的季节条件下合理安排施工，确保工程的质量和进度。

3. 项目分析[①]

（1）风险管理

该项目最主要的风险是延期风险。由于北领地地区生产条件和天气情况的限制，该地区的承包商的建材存货数量有限。如果在建材选择和订购中出现问题（如数量、交付方式），从其他承包商处调运储备，将造成工程的严重延误。政府方在项目计划和招标阶段考虑到这个风险的影响，最终决定选择Halikos集团作为该项目的工程承包商。该集团拥有在北领地地区成功交付其他学校建设工程的经验，对于工程需求（如质量、资源、材料的选择和使用等）有清晰的了解。另外Halikos集团还有在不同季节（如旱季、雨季）施工的丰富经验，这提高了项目进程的确定性，显著降低了项目的延期风险。

项目另一大风险来自项目交付后的交通管理路线和设计阶段预测模

① 孟春，杨雯淇，澳大利亚学校建设PPP项目取得巨大成功［J/OL］.［2014-08-04］. http://www.cet.com.cn/wzsy/gysd/1267011.shtml.

型的冲突。为了避免交通拥堵和安全问题的发生，在项目进展过程中，项目各合作方进行了大量的交通评估工作，制定和实施了一套有效的交通风险管理方案。该方案选择安全有效的交通模式，整合周围的交通网络，并采用新建小路、环形路等措施来保证学生安全到达学校，避免对周边地区产生不良影响。

（2）项目成果

一是罗斯伯里学校项目为该地区民众提供了现代化的教学设施以及灵活、开放的学习环境。同时，项目通过最大限度地利用自然光、安装声控照明开关（无人经过时，照明自动关闭）等方式节约了能耗和运营成本；二是项目也为当地民众提供了便利，如学校的椭圆形场馆、艺术表演设施等可供当地社区的体育俱乐部和居民使用，体育馆在飓风来临时可作为临时避难所等。因此，学校投入使用后，收到了社会各界的好评；三是该项目不仅提高了澳大利亚北领地地区的教育水平，解决了该地区入学难的问题，还在一定程度上缓解了基础设施建设跟不上人口增长所带来的一系列问题。因此，澳大利亚项目管理协会于 2011 年授予该项目“北领地年度最佳项目”奖。

4. 经验启示[①]

该案例在不到两年的时间内（2009 年 3 月—2011 年 1 月）就完成了一个多达 16 个新建筑物的学校建设项目，而且成果显著，其成功经验对于我国运用 PPP 模式发展和深化教育改革具有一定借鉴意义。

（1）PPP 项目应充分发挥正外部效应

一个成功的 PPP 项目应具有较强的正外部效应，其价值的实现除了在于以最优的资源配置有效地满足利益相关方的需求，还在于为项目所在地区带来更多的社会福利。该项目中，新建的体育馆和表演设施等向周围的俱乐部和民众开放，方便了其健身和娱乐等活动的开展，这使得该项目获得了各方的支持和好评。在我国 PPP 项目的实践中，可借鉴此经验，在满足目标受众需求的同时，尽可能为其所在地区的广大民众提供便利，从而提高项目的公众满意度。

---

① 孟春，杨雯淇，澳大利亚学校建设 PPP 项目取得巨大成功［J/OL］.［2014-08-01］. http：//www.cet.com.cn/wzsy/gysd/1267011.shtml.

（2）建立健全相互制约的管理结构

PPP项目由于利益相关方众多，若完全由某个政府部门的工作人员进行监管，因信息不对称及专业知识欠缺等原因，仍存在难以发现潜在问题的可能。澳大利亚罗斯伯里学校项目的管理结构包括三个部分：项目控制组、项目开发组和项目工作组。这三个小组都整合了来自教育和培训部、基础设施和建设部、帕默斯顿议会等不同政府部门和专业机构的成员，形成了制约和互补的机制。而各管理小组在类似项目中的成功经验，也是保证项目持续管理并获得成功的关键因素。

（3）加强项目在各个阶段的风险管理

PPP项目的最优风险配置应该是由最善于应对该风险的合作方承担，从而将项目整体的风险最小化。该项目政府方在招标阶段决定选择拥有丰富建校工程、有不同季节施工经验、对工程需求有充分了解的Halikos集团作为项目的工程承包商，成功规避了项目的延期风险，使得项目按时、保质完工。而对于项目交付后的交通风险，则由各合作方在项目实施阶段充分协作进行交通评估，并制定交通风险管理方案，以避免交通拥堵和安全问题的发生。我国在推广PPP模式的实践中，政府和社会资本方要各司其职，在项目的各个环节尽可能按其相对优势承担相应风险、履行职责，追求整个项目风险最小化的管理模式，实现PPP模式“一加一大于二”的机制效应。

7.1.4 协议供给——哥伦比亚的教育券

1. 项目简介

为了给学生提供更多的接受教育的机会，20世纪90年代，哥伦比亚政府在中等教育阶段（6~11年级）实行了“教育券”计划。短期来看，其将解决小学毕业生升入中学人数较多而公立中学接受学生数量有限的矛盾，扩大贫困家庭子女的中等教育选择权，促进不同背景学生之间受教育机会平等。长期来看，旨在通过这项“教育券”计划鼓励中学学校之间的竞争，最终提高学校的办学效率，给哥伦比亚教育事业注入新鲜活力。

在实施过程中，政府以教育券代替补贴的学费发放给家庭经济困难的学生家长，用以支付其所选私立学校的学费。此项计划于1991年开始制定，一年后在全国10个最大的城市开展，最初约发放了18 000张教育券，到1997年，教育券的发放扩大到全国1/5的城市，总计2 000多所私立学校，共资助了10万多名学生。

2. 项目管理

（1）中央和地方联合管理模式

哥伦比亚教育券制度的顺利实施，离不开其清晰、透明的监督与管理模式。尽管哥伦比亚已经颁布了有关教育管理权力下放的相关法案。但是，实际执行中教育券仍是明显地由中央和地方联合参与管理。地方政府有权选择是否参加该教育券计划，如果申请参与，该地方政府则需要承担教育券发放总金额（国家承担的80%之外的）20%的资金，并且必须对当地预计能够获得的中央拨款的最大限额教育券给予预算资金安排。同时，负责及时提供教育券金额发放数量方面的增多或减少的有关信息；负责参与者人数等因素变化的有关信息收集和分析。除此之外，整个教育券计划的相关监控必须由中央和地方政府协同合作。

（2）教育券计划管理机构

在哥伦比亚教育券计划的管理方面，哥伦比亚教育信贷和海外培训协会在同教育部签订特别合同指导下负责参与教育券计划中各个地区的协同工作，负责以下几个方面工作：对所需教育券金额做出整体预算(其目的是保证所有参加教育券计划的学校都能获得所需数量的教育券资金）和负责监督整个教育券计划的执行情况。哥伦比亚教育信贷和海外培训协会中央管理机构下设14个地方管理机构，负责当地的教育券计划推广工作，包括吸纳新学校、对提出申请的学生进行资格筛选、至少每三年就要对参加教育券计划的学校进行一次实地监控。

（3）教育券发放流程①

哥伦比亚教育券计划的资金管理主要依靠哥伦比亚社会投资基金组织（Social Investment Fund）来负责。哥伦比亚社会投资基金组织的职责是协调中央政府的各项支出。如果一所学校参加了教育券计划，那么就可以到哥伦比亚社会投资基金组织指定的代理机构——中央抵押银行

① 王淑芹. 哥伦比亚教育券计划透视［J］. 上海教育科研，2003（8）：77-79.

领取相应数额的教育券。哥伦比亚的中央抵押银行在全国各地有众多分行，学校可以非常简便地办好所需手续，领取属于自己学校的教育券。此后，银行每年会对学校进行三次学生注册跟踪检查。因为，哥伦比亚教育券主要是针对每年的开学报名费和10个月的学费而发行的教育券，主要体现在年度学费的缴纳和报名费上面。其中，教育券在每年的学费缴纳上所花费的数额最多。如果学校中的某位领取教育券的学生，由于种种原因（比如没有通过升级考试、因违反学校纪律而受到相应处分等）中途被取消其领取资格。那么，本年度其剩余教育券则由其所在学校代为领取。这种调整的目的是尽量减少学校在教育券发放过程中所受到的经济损失。教育券基本发放流程如图7-1所示。

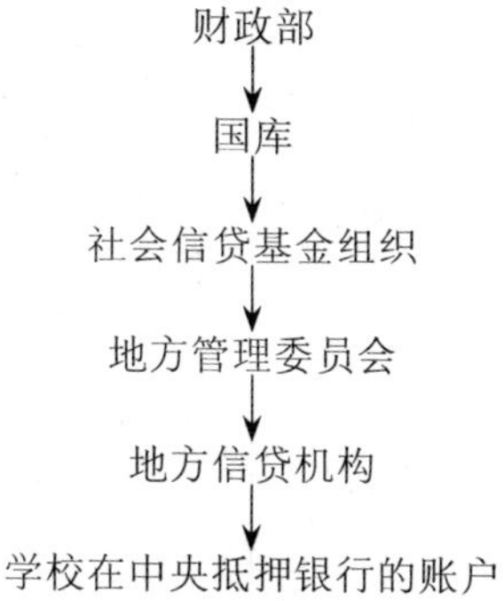

图7-1 教育券发放流程

7.1.5 协议供给——美国的教育券

1. 项目简介

美国的教育券最早由弗里德曼提出把公共教育经费以“券”的形式发放给学生家长，其原意是要通过教育券赋予家长更多的择校自由，这样既可以减少政府对教育的干预，也可以通过竞争提高办学质量。最初尝试是在1869年佛蒙特州的城镇教育券。1990年密沃尔基县在美国第一个正式实施教育券计划。

2. 项目内容

（1）教育券计划的分类

美国教育券计划分为两大类：一类是公共教育券计划，是指政府向学生提供教育券，学生可以将教育券用作上私立学校的费用；另一类是私人教育券计划，是指私人机构捐助的向低收入家庭学生提供的教育券，其强调的是社会慈善功能。该计划的反对者称，不应该把纳税人的钱投给私人领域和教会，美国总统奥巴马也曾公开表示反对使公共经费流入私立和教会学校。弗里德曼的观点[①]是教育券的经费来源是公共经费，并由政府公共部门按公立学校的部分或全部教育成本，或者按可供使用的公共教育经费总额折算成一定金额，然后把折算成的教育券直接发放给学生家长，或者根据学生人数把教育券经费直接拨付给学校的拨款方式。美国现有9个州共11项公共教育券项目，按照资助对象分为以下4种形式，见表7-3。

表7-3 **美国教育券计划的形式**

序号	形式	项目	资助对象	起始时间
1	通用券	俄亥俄州克利夫兰市奖学金和补助金计划	所有学生	1996—1997学年至今
2	城镇券	佛蒙特州城镇学费计划	没有公立学校城镇的学生	1869年至今
		缅因州城镇学费计划	没有公立学校城镇的学生	1873年至今
3	特殊教育券	佐治亚州特需奖学金计划	残疾学生	2007年至今
		犹他州卡森史密斯特需奖学金计划基金	残疾学生	2005—2006学年至今
		俄亥俄州自闭症学生奖学金计划	3~21岁的自闭症学生	2004年春季至今
		佛罗里达州麦凯奖学金计划	残疾学生	1999年试点，2000—2001学年开始全州推行
4	弱势学生券	路易斯安那州卓越教育奖学金计划	F级公立学校的学生	2009年至今
		威斯康星州密沃尔基家长择校计划	低收入家庭学生	1990—1991学年至今
		俄亥俄州教育选择奖学金计划	F级公立学校的学生	2006—2007学年至今
		华盛顿特区机会奖学金计划		

资料来源 夏焰，沈有禄．美国教育券的形式、内容、特点、经验及其启示［J］．教育与职业，2011（4）：22.

① 夏焰，沈有禄．美国教育券的形式、内容、特点、经验及其启示［J］．教育与职业，2011（4）：21.

（2）教育券计划的特点

美国的教育券计划体现了三个特点：私立学校发挥了补充而不是竞争作用；资助对象多为低收入家庭的学生和弱势残疾学生；严格控制教育券资助额度和规模，见表7-4。

表7-4　　美国教育券2009年资助额度及额度限制

项目	资助金额	额度限制
俄亥俄州克利夫兰市奖学金和补助金计划	—	3 105美元/生
俄亥俄州教育选择奖学金计划	—	1.4万名学生
佛蒙特州城镇学费计划	—	8 430美元/K～6年级学生，9 645美元/7～8年级学生，9 773美元/9～12年级学生
缅因州城镇学费计划	8 039美元/生	—
路易斯安那州卓越教育奖学金计划	3 919美元/生	1 000万美元
威斯康星州密沃尔基家长择校计划	—	22 500名学生及6 442美元/生
华盛顿特区机会奖学金计划	—	7 500美元/生
佛罗里达州麦凯奖学金计划	6 519美元/生	—
佐治亚州特需奖学金计划	6 331美元/生	5 526 855美元
俄亥俄州自闭症学生奖学金计划	1.6万美元/生	2万美元/生
犹他州卡森史密斯特需奖学金计划基金	6 442.5美元/生	350万美元

资料来源　夏焰，沈有禄．美国教育券的形式、内容、特点、经验及其启示[J]．教育与职业，2011（4）：23.

美国教育计划券的发展并没有像弗里德曼主张的将市场机制引入到教育经费中，而是将公共财政经费有效地分配给弱势群体以显示教育公平。从教育券计划的实施来看，私立学校补充了公立学校的不足。据不完全统计，截至2009年，美国现行的11项公共教育券计划中，共有

1 837所私立学校参与，共接纳了73 612名学生，见表7-5。

表7-5 **参与教育券计划的私立学校和学生数量**

项目	学生数量	私立学校数量	年份
华盛顿特区机会奖学金计划	1 715	49	2008—2009
佛罗里达州麦凯奖学金计划	20 530	897	2009
佐治亚州特需奖学金计划	1 596	145	2009
路易斯安那州卓越教育奖学金计划	1 248	31	2009
缅因州城镇学费计划	8 287	—	2009
俄亥俄州自闭症学生奖学金计划	1 300	198	2009
俄亥俄州克利夫兰市奖学金和补助金计划	6 272	40	2009
俄亥俄州教育选择奖学金计划	12 685	305	2009—2010
犹他州卡森史密斯特需奖学金计划基金	565	45	2009
佛蒙特州城镇学费计划	—	—	—
威斯康星州密沃尔基家长择校计划	19 414	127	2009

资料来源：夏焰，沈有禄．美国教育券的形式、内容、特点、经验及其启示[J]．教育与职业，2011（4）：23.

3. 经验启示

（1）教育券方式备受争议

教育券只是择校的诸多方式之一，而且是最受争议的一种方式。Metcalf（2001）指出，以“公—私”为标准，建立了美国中小学择校的连续光谱。在这一光谱上存在着三种择校模式，从左到右依次是“公立—公立”选择（包括教师辅导、课堂教学、校中校、磁石学校、学区内择校、跨区择校）、“半私”选择（包括特许学校、家庭学校）、“公立—私立”选择（包括教育券、学费税收抵免）。从光谱中可看出，教育券是“公立—私立”选择中的一种，在教育券之外还有九种选择，且其他择校的政策设计更加的简单，政策操作的不确定性更小，争议更少。

（2）择校成本高

Nechyba（2000）指出，父母具有充足的能力为孩子选择合适的学校是教育券设计的前提之一。反对者指出，这种预设是不成立的，普通公民没有足够的资本为了孩子的择校而辞退工作、卖掉房子。同时，择校需要承担信息搜寻成本、交通成本、时间成本，需要考虑新旧学校课程体系的衔接性、种族的相似性及对新环境的适应性等方面。因此，家长不会轻易地使用教育券进行择校。

（3）教育券面值的合理性问题

Rouse（1998）指出，不同的教育券项目中教育券的面值不同。目前美国所有的教育券面值都低于 10 000 美元，但在诸如纽约、芝加哥、华盛顿的城镇学区，较好的私立学校学费通常都高于 10 000 美元。这意味着使用教育券的低收入家庭若想进入这些学校，他们需要另外拿出一部分学费，否则就不得不选择二等的或三等的学校，这些学校或许并不比他们原来的学校好多少。

（4）信息不对称限制选择

Hoxb（2002）认为，家长做明智的择校决定是建立在充分的信息基础上。相关研究表明，当家长被提供关于可选择学校及其相关信息充足时，其做出择校的决定几率要远远要高于信息不充分者。教育券理论上功效的发挥与信息有着正相关的关系。现实中，关于学校的信息是不对称的，家长很难获得而且很少分析有关择校的信息。

（5）家长自身素养对选择的影响

Nechyba（1999）研究发现，教育券项目在不同的父母群体中的响应程度是不同的。相比而言，那些重视教育的家长更加欢迎教育券项目，而且往往也会积极申请教育券。

（6）教育券的地域限制

Epple&Romano（1998）指出，教育券的设计都有一定的地域限制，如密尔沃基市和克利夫兰市低收入家庭教育券项目都要求申请者必须居住在该地的学区范围内。同时，很多质量特别好的学校都是针对小范围内的学生，如城市中心区、教会学校等。但是由于违宪性的原因，这些学校并不在教育券项目覆盖范围之内。

7.2 国内典型案例

7.2.1 我国教育 PPP 模式简介

自 20 世纪 90 年代中期起，我国各地广泛开展了“国有民办”“民办公助”“公办名校转制”“中外合作办学”等教育公私合作 PPP 模式。政府与社会资本合作模式将成为教育的新常态之一，也将成为当前教育体制改革的努力方向。教育完全交给政府或完全市场化均有一定局限性，通过公私合作 PPP 模式可以缓解政府短期资金不足，也可以让政府与企业各司其职，提高教育服务输出效率。但是，我国当前教育 PPP 模式并未触及教育核心，教育信息化项目只占比 1%左右，中国教育信息化市场潜在规模达 3 600 亿元，教育信息化 PPP 模式能有效弥补中西部教育投入不足以及加速教育信息化建设升级。

我国教育行业在所有行业中引入 PPP 模式较晚，现有项目仍以学校建设、改造等辅助性活动为主，并未触及到教育核心内容。根据财政部 PPP 中心最新数据显示，教育行业项目数共计 380 个，在 19 个行业中处于中下游，占比仅 5%，总投资额 1 355 亿元，占比低至 2%，与市政工程以及交通运输等成熟领域相比相差甚远。在这 380 个教育 PPP 项目中，金额超过 1 亿元的项目占比超过 2/3。从地域分布来看，贵州、山东、四川、河南四个省项目数量超过 65%，地域集群效应明显。从合作细分领域分布来看，义务教育和高中教育阶段的项目占比最大，合计占比达到 50%。

7.2.2 国有民办

1. 浙江模式简介

自 1999 年第三期全国教育工作会议召开以来，浙江省率先在全国推出了“国有民办”二级学院。“国有民办”是指按照民办教育机制运作的在公办学校基础上发展起来的教育机构。“国有民办”高校是指公办大学创办或附属于公办大学，以财政拨款之外的社会资源作为经费来源，以民办机制运行与管理的二级学院或独立学院。为解决浙江省高等学校数量不多、规模较小以及高等教育资源相对短缺的困惑，浙江省“国有民办”学院已发展成为浙江省高等教育的重要组成部分。至今已有10多年历史，从最初试点的二级学院发展到现在已有22所独立学院。这一办学模式具有代表性的独立学院包括温州大学瓯江学院、宁波大学会计学院等。国有民办模式见图7-2。

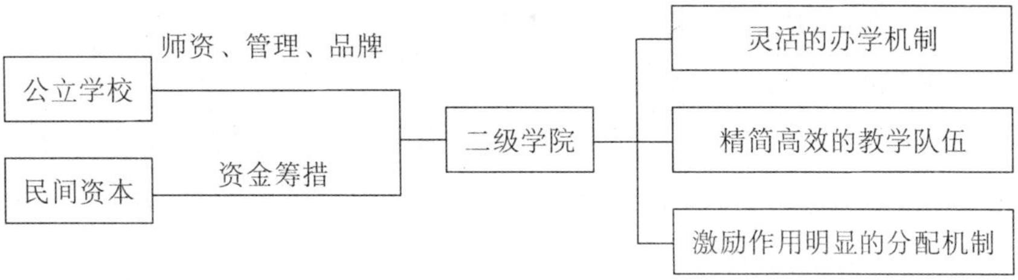

图7-2 国有民办模式

2. 浙江模式的发展原因

浙江省“国有民办”独立学院的发展具有深层次原因，其中主要包括政治结构、经济结构和文化心理结构。从政治结构看，浙江省地方政府根据本地具体情况，颁布实施了《关于鼓励社会力量参与办学的若干规定》，该规定提出公办学校可以根据实际情况实行“公办民助”或“国有民办”改制实验，鼓励社会力量举办中、高等职业教育。正是在政府的大力支持下，种种优惠措施激发了社会力量投资兴学的热情。从经济结构看，浙江省的经济可持续发展必须加强新技术的引进与开发，提供经济的科技含量以及人力资源的知识含量。所以，浙江省的经济结构转型与发展带来了对高等教育的强烈需求。从文化心理结构看，浙江省的民办教育得到民众的高度认可。在发达的民办教育条件下，独立学院的发展具备了良好的环境，民众的高度认可使得市场更容易接受“国有民办”这一教育体制。

3. 经验启示

（1）独立学院的产生原因

浙江省“国有民办”独立学院的产生是受制于宏观制度条件。从上述分析不难看出，浙江省独立学院的发展是在地方政府根据本省具体情况、结合国家相关政策以及浙江省经济结构转型对人才的需求等基础上，加之浙江省民众对民办教育的高度认可，“国有民办”这一教育体制才得以顺利发展。

（2）独立学院的发展

从浙江省“国有民办”独立学院的产生与发展看，现有制度安排与政府的理性选择促使其呈现出强劲的路径依赖。但是，政府作为政策制定者，在短期内难以改变制度本身，加之信息不对称，浙江省独立学院很难寻找到新的发展路径，而只能依赖原有路径缓慢演进。

（3）独立学院的未来

浙江省“国有民办”独立学院是一种有活力的新型办学模式，为浙江省的人才结构调整与优化作出了贡献，也对实现浙江省高等教育大众化的目标起到了推动作用。浙江省“国有民办”独立学院的产生与发展是政府、社会与高等教育本身共同力量作用的结果。

7.2.3 民办公助

1. 周口模式

2001 年，河南省周口市颁布并实施了《周口市人民政府关于鼓励社会力量办学加快教育产业发展的意见》。该意见明确指出，周口市可以运用灵活的经营管理机制广泛吸收江浙两省的社会资金新建民办院校，这些学校为当地提供了许多优质的教育资源，并在教育实践中逐步形成了多元化办学格局。据有关数据显示，截至 2007 年，周口市各级各类民办学校 483 所，在校生 17.73 万人，教师 11 562 人，分别占河南省民办学校数、在校生人数和教师人数的 17%、19%和 16%。民办公助模式见图 7-3。

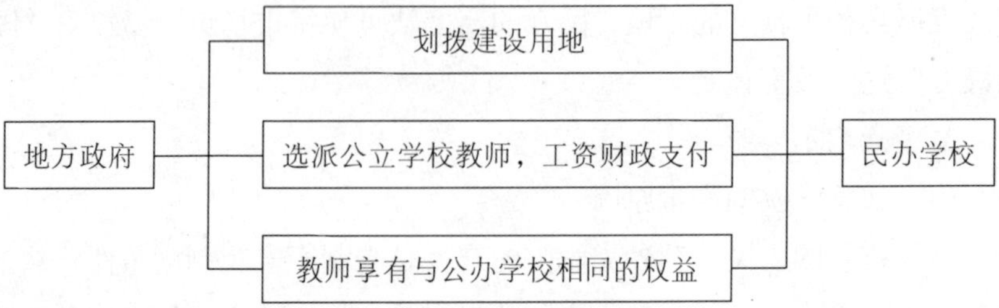

图 7-3 民办公助模式

2. 经验启示[①]

周口模式的发展是在税收优惠政策和优秀师资支持两个条件下完成的，其中“优秀师资”是周口市的特色。这意味着，政府除了需要向民办学校提供工资的财政扶持政策外，还要为民办学校选派优秀教师，并且负担选派教师的工资（被选派的教师同时还享受所在民办学校追加的奖金）。但是，这一“特色”违反了《民办教育促进法》的基本原则，该法明确规定政府选派教师并为其工资买单已经超越了政策许可，实际上是为民办学校提供法律所不允许的“国家财政性经费”，这等于承担了民办学校最大的一块成本。在这种情况下，民办学校除前期建设费用，后期承担奖金和其他行政管理开支之外，几乎没有任何成本，而通常这些民办学校的收费却远远高于公办学校。因此不难想象，在如此优厚的条件下，民办教育发展特别受欢迎。发展民办教育本无可厚非，民办教育在义务教育阶段只能成为公办教育的补充，不能按照市场化的路子践行“优胜劣汰”的法则。优秀和过量资源集中于城市形成的“教育高地”和被抽空的农村形成的“教育低地”潜在地形成着一个“断裂状”的城乡发展带。这对和谐社会的建设和稳定都是一种巨大的挑战。

7.2.4 公办名校转制

公办名校是政府通过长期高强度的财政投入，加之政策倾斜精心培育而产生的。公办名校转制是通过引入灵活的机制来实现优质教育资源的区域共享，转变公办名校的僵化机制，实现教育的应有价值。公办名校转制的最典型代表是从产权上转变学校管理的运行方式，形成学校与政府的新型契约关系。江苏宝应模式是在公办名校转制后，利用名校的影响力吸引社会资本介入，改善现代化的教学设备并加速扩张，实现学校规模经营。2001 年，翔宇集团根据与宝应县教育局的所签协议，将宝应中学、宝应实验初级中学、宝应实验小学三所公办名校一并转制。具体做法是，翔宇集团保留了原有的三所学校牌子和绝大部分骨干教

① 单纯刚. 河南省政府今后将叫停“民办公助”等办学模式［EB/OL］.［2008-06-20］. http://tieba.baidu.com/p/771500217.

师，将学校固定资产全部归还当地教育局，投资约 1.5 亿元异地新建翔宇宝应中学和翔宇宝应实验小学。新建宝应中学高中部 2002 年落成，当年招生从原有 8 个班扩大到 20 个班，2003 年扩大到 25 个班，2004 年扩大到 29 个班。江苏宝应模式利用了公办名校的品牌优势与私人企业的资金优势，成倍扩大了优质教育资源。公办名校转制模式见图 7-4。

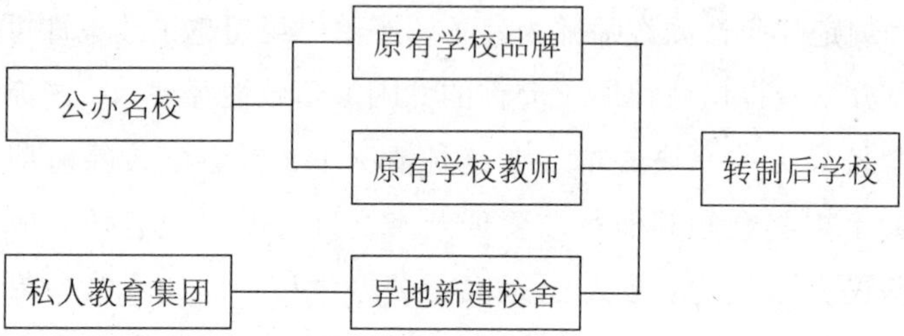

图 7-4　公办名校转制模式

7.2.5　中外合作办学

1. 项目简介

中外合作办学通常是指外国教育机构同中国教育机构在中国境内合作举办的以中国公民为主要招生对象的教育机构，目前所称的中外合作办学一般是指国家鼓励的在高等教育、职业教育领域开展的中外合作办学。从办学方式看分为两类：一类是学历教育项目。学员必须通过统招考试，填报志愿，毕业后分别获得中外双方学校颁发的文凭（如清华大学与澳大利亚国立大学合作举办管理硕士学位教育项目）；另一类是非学历教育项目。学员无须填报志愿，参加学校自己举办的入学考试即可。学生在中方学校修得相应学分后，通过语言考试后再被合作学校录取，毕业后获得外方学校颁发的文凭（如中国农业大学与荷兰万豪劳伦斯坦瓦格宁根大学（原荷兰劳伦斯坦国际农学院）合作举办园艺专业非学历项目）。中外合作办学具有公私合作模式特点，是我国在高等教育发展道路上的大胆探索，其可以引进国外的办学资金和教育资源，部分弥补我国在教育经费方面的不足，满足多样化、多层次教育的需求。

2. 经验启示

许多教育专家都认为中外合作办学项目把关不严，虽然教育部有着严格的审核制度，但许多国内院校和培训公司为了自身的经济利益都和国外一些三流甚至不正规的大学开展合作办学，严重影响了合作办学的整体教学质量和声誉。

（1）档次不够

一些国外一流大学对于合作办学异常谨慎。例如，哈佛大学、剑桥大学等名校，很少进入国内开展合作办学，反之一些三流甚至不正规的国外大学却在国内遍地开花，设立了众多的合作办学点。

（2）质疑证书

正规的国外大学通常规定，学生必须参加90%以上的本校教授授课，才能颁发学位证书。而国内许多合作办学项目，用国内的教材、国内的老师（有时最多在国内找几个外教凑数），最终还能发出国外学位证书。这样的国外大学颁发的学位证书，其价值就是令人质疑的。而现今国内98%以上的合作办学项目基本都是这个模式。

（3）合作班

MBA成为重灾区，许多合作办学项目都瞄准了MBA这块大蛋糕。但是，2007年开始绝大部分的合作办学点根本无法招到足够数量的学生。因此，课程的质量和开课时间都无法得到保障。

7.3 存在问题及应用前景分析

7.3.1 存在的问题

1. 政府财政支持不足

从公办学校的经费来源看，我国财政性教育经费一般是以行政划拨方式直接进行的，其他办学主体的经费很少或没有财政性教育经费拨入。虽然《民办教育促进法》中明确规定各级政府可以设立民办教育发展基金。但是，对民办教育的接受度和认可度不高，短时间内难以建立起财政资助制度。受此影响，民办学校只能以收取学费形式作为生存保障，并且在缺乏政府财政资助情况下，有些学校假借转制之名，将学费提高进而产生一些高收费学校。这不仅影响了学校转制的出发点，还增加了消费者的经济负担。同时，伴随着国家对义务教育的普及，财政性教育经费更加倾向于投入到公办学校，民办院校在承担了教育责任的同时却没有获得正规的财政资金扶持，这也导致了教育不公平程度的加深。

2. 民间投资环境有失公平

与公办学校相比，民办学校难以同其具有同等的法律地位。由于民办学校的教师不属于事业编制，在业务培训、职称评定、科研立项等方面都受到歧视。从现行教师保障体系来看，公办学校教师纳入事业单位保障体系，民办学校教师纳入企业保险体系，这种双轨制的后果是导致教师在退休后，公办学校教师和民办学校教师的养老保险金领取金额存在明显差距。还有一点，民办学校根据《民办教育促进法实施条例》在招生时可以自主确定范围、标准与方式。但实际操作时，地方政府对其在区域、时间、范围、方式等方面进行了诸多限制。

3. 民间主体融资困难

资金是民办学校正常运行和健康发展的基础。但是，在民间主体进行融资时，融资困难和经费紧缺已经限制了民办学校的发展。从目前的金融信贷政策看，民办学校在申请银行贷款时常常遭遇信贷配给不足。有公开数据显示，教育行业的投资在经过 2008 年的高峰——31 起融资案例和 6.3 亿元融资规模之后，在 2009 年便已陷入低谷。虽然 2010—2011 年，中国民办教育行业融资案例数量和融资规模再次呈现上升趋势，但主要还是来自教育培训领域，而高校投资鲜有涉及。从民办高校诞生起，政府过于强化非营利性以及防止国有资产流失成为规范民办高校的主旨，这恰恰忽视了政府对非营利性公益事业扶持的责任，造成了独立学院发展限制偏“硬”、扶持偏“软”的困难局面。

比如，公办高校向商业银行贷款可以享受政府贴息的优惠，而民办高校却难以从政府获得贴息补助。公办高校师生可以申请政府研究资助，民办高校师生不具有申请政府研究资助的资格，直到 2008 年才首次有两所民办高校获得国家社科资金和自然科学资金的资助，实现了零的突破。在财政政策上，公办和民办的双轨制不仅限制了民办高校的发展，而且也决定了在社会地位上民办学校比公办学校“矮一头”。

在这种偏见或歧视的影响下，民办学校的规模难以持续地扩大。同时，还导致许多投资者产生各种错误的效益观和不良的办学行为，进而造成内部管理体制混乱、运行机制不健全等诸多弊端。

4. 产权归属不明晰①

从宏观层面看，尽管在我国悠久的传统文化中，民间兴办教育得到社会的认可，但现代教育的产业属性与教育不能营利的规定相矛盾，担心确立私有产权制度有悖于教育的公益性和社会主义性质。这种心态使得有关部门在发展民办教育上，规范与控制多于支持与鼓励。从中观层面看，2004 年通过的新宪法明确了保护私人合法财产的条款，而民办教育的法律法规的出台均在此之前，未能就保护私人合法财产这一问题进行深入研究。直接影响了民办学校的产权界定和营利操作规则的出台。一些民办学校的出资者为了保护自己的财产利益，通过担任董事长、校长等职务，暗箱操作变相营利、变相收回投资。从微观层面看，涉及民办学校发展的管理制度并不完善，且缺乏操作性，对民办学校各方的权、责、利界定不清。在强调民办教育公益性时，民办学校却未能完全享受作为公益性组织应有的各项优惠政策，特别是各级各类相关部门在实际工作中，视民办学校为营利性组织，要收取各项税费，不能享受公办学校的同等待遇等，挫伤了出资者的热情和积极性，束缚了民办教育的发展。

7.3.2 未来前景的对策分析

1. 明确政府与社会资本的各自职责

政府与私人部门合作时，必须明确各自投资职责、业务范围、优先事项以及预期结果等。作为政府需将购买角色和供应角色分离，这才是创造良好的教育公私合作模式环境的基础。在合作中，政府承担确定教育服务标准、合作者准入机制、结构评估和认定方式等职责，私人部门承担资源配置和管理上的效率职责。政府应该适度退出和放权，尽可能

① 李维民. 我国民办学校产权不明晰的原因［J/OL］.［2007-12-28］. http: //blog.sina.com.cn/s/blog_6a42aa520100lsu1.html.

放手让私人部门自行决定实现目标和完成指标的具体方法及途径，将管理、预算、分配等方面的灵活性和自主权交给私人部门运作。

2. 加强和完善政府的扶持政策

各级政府应加强税收和财政补贴政策的制定与执行，尽快设立民办教育专项基金，保障年度安排的财政性教育经费数量，将按一定比例增加的民办教育发展专项基金用于补充民办资金不足，保障民办学校教师收益。同时，各级政府应该在招生计划安排上，保证民办学校的招生指标，鼓励民办学校改善教育资源，向学生提供更好的教学环境。在民办教师编制方面，应该采用灵活变通的方式解决，确保教师教书育人的积极性。在收费管理上，适当放开民办学校的学费限制，保障民办学校收益。

3. 拓宽投融资渠道

为解决民办教育资金短缺问题，应在选择合理的投融资模式基础上，适当允许民办学校通过抵押自有资产从银行获得贷款，也可以以民办学校教职工和学生宿舍、食堂等生活设施作为资产抵押，或以学费收缴权作为质押。同时，应该建立以政府为主导、民间资本参与的非营利性教育担保公司，从而为民办学校提供贷款担保。此外，通过积极拓宽债券、风险投资、融资租赁等渠道以改善民办学校的资金来源窘境。

4. 实行营利与非营利学校的分类管理

作为一种教育组织机构，民办学校在承担教育责任的同时，也不可避免地存在经营结余。民办学校的最终发展方向取决于办学者的价值选择。民办学校如果以营利为主要目的，其不享受国家的各种优惠，可以在履行纳税义务后取得营利回报；民办学校如果不以营利为目的，可以享受国家提供的各种优惠，如土地使用、公益捐赠和税收优惠等。因此，政府应该积极推进民办学校的分类管理，制定不同学校的分类标准、监管办法、优惠政策等。

第 8 章　新型城市化融资（PPP）模式在养老和卫生服务方面的应用

8.1　国际典型案例

8.1.1　养老服务——美国

1. 项目简介

在美国，养老服务设施分为两大类：一类是家庭护理等传统的护理院；另一类是由各州和当地政府监管的长期关怀老年护理中心。其中，第一类需要由政府颁发营业执照，由政府管理并要达到一定标准。同时，能够得到公共医疗与医疗保险机构的补助，其服务对象为那些有严重行为障碍、生活不能自理的老人。第二类可以包括很多种类，如住区护理、家庭保健、临终关怀等协助机构，其主要功能是作为协助机构出现，并且完全自费。这种协助机构目前约 65 000 家，入住人员超过 100 万人，约占需要长期照料人口的 15%。

2. 项目参与方

项目参与方主要是政府和私营部门。政府承担综合协调管理和目标责任分解到位职责。美国于1965年通过了《美国老年人法》，其明确规定设立老人署，署长必须在老年人保障和事务方面拥有明确的目标、责任、权利和经费，署长负责协调其他部门和社会参与成立老龄委员会。1972年，通过了《美国老年人营养方案》，其明确规定老人署署长在老年人营养方面的目标、责任、权利和经费[①]。

社会承担养老服务的大多服务职责。美国的养老服务领域中，营利性服务机构占66%，非营利机构占27%，政府机构占7%。从这一点看，美国的养老服务领域中社会起主导作用。

3. 经验启示

（1）鼓励举办非营利性养老机构

在美国，政府鼓励并参与投入非营利性养老机构。非营利性养老机构自主运营，政府向其购买服务，并通过税收优惠、财政补贴等政策予以扶持。政府指定不同的社会服务机构承担不同老人的居住、培训、就餐、文化活动以及家务等职责。

（2）社会公益资产发展壮大

美国的非营利性组织发展历史较长，其社会资产庞大，法律权属和经营管理十分成熟。虽然私人和政府的双重投入使得社会资产庞大，但私人和政府都无权挪用，养老服务领域越来越依赖日益庞大的社会资产。

8.1.2 卫生服务——澳大利亚皇家妇女医院项目

1. 项目简介

1856年，位于澳大利亚维多利亚州墨尔本市的澳大利亚皇家妇女医院建成。2008年，新建的皇家妇女医院开业，该医院距皇家墨尔本医院和皇家儿童医院很近，该建筑地上9层，地下5层（可容纳995辆车）。该医院可以为妇女和新生婴儿提供世界顶级的医疗服务。依

① 吴洪彪. 美国和加拿大养老服务业考察报告［J］. 中国民政，2010（7）.

据维多利亚PPP中心制定的框架，皇家妇女医院、维多利亚州人文服务厅与皇家妇女卫生合作伙伴（RWHP）联合体（该伙伴为社会资本方），共同为维多利亚的妇女提供医疗保健服务。项目公司（RWHP）承担该项目的融资、设计、建造以及维护，但医院的公立运营没有改变。作为服务提供商的联合服务集团在25年内负责医院的维护，具体提供以下服务内容：病房保洁、餐饮服务、地面养护服务和安保服务等；医院的维护服务由管理日常呼叫服务和小型维修工作的团队负责；大部分机械、电气、消防和液压维修由联合服务集团负责；日用纺织品和餐饮由医院提供。在25年期限结束时，联合服务集团需确保医院内的设施状况良好，在不许任何大型维修或翻新情况下至少还可以继续使用5年。

2. 项目参与方

该项目使帕克威尔医疗区集医疗保健、研究和教育为一体，主要参与方和项目进程见表8-1、表8-2。

表8-1　**澳大利亚皇家妇女医院项目主要参与方及职责**

主要参与方	职责
政府方	维多利亚州人文服务厅
项目公司	皇家妇女卫生合作伙伴（RWHP）
公立运营方	皇家妇女医院
融资方	澳新银行投资银行部、麦格理银行
RWHP的法律顾问方	万盛国际律师事务所
独立评审方	澳大利亚曼塞尔Rider Hunt公司
设计和建造方	Baulderstone Hornibrook公司（由伍哈德国际、瑞斯巴库特纳集团、波纳西集团等支持）
服务供应方	联合服务集团（由ISS服务公司和Deanmac保安公司支持）
停车场服务方	威尔逊停车场

表 8-2 **澳大利亚皇家妇女医院项目进程**

时间	进程
2003年11月	提交意向书
2004年8月	提交征求建议书
2004年11月	提交修正回应
2005年2月	选择优先谈判对象

3. 项目融资

澳大利亚皇家妇女医院项目债务融资 2.93 亿美元的债券，其中包括 1.45 亿美元的 28 年期指数化年金债券和 1.48 亿美元的 123 年期名义利率子弹债券。

4. 经验启示

澳大利亚新皇家妇女医院是世界一流现代医院，营造了一个温馨、舒适的氛围，患者和访客获得了良好的设施和服务。该医院被评为杰出的成功 PPP 项目，赢得了《亚洲货币》杂志评奖的 2005 年度最佳项目融资奖和国际融资项目评奖中的亚太地区最佳 PPP 项目奖。

8.2 国内典型案例

8.2.1 养老服务——公建民营养老院

1. 项目简介

公建民营养老院是指产权方是公共部门，合作方是私人部门的养老机构。公共部门负责公有资产安全，私人部门负责养老机构的具体经营事务。公建民营养老机构协助公共部门向低收入老人提供合同规定范围内的养老服务，这种床位数在总床位中所占比重不会太大。同时，虽然公建民营养老机构追求营利性，但却不具备民办养老机构的资金实力。那么，对于富裕老人的休闲养老服务则较难满足。公建民营养老院模式见图 8-1。

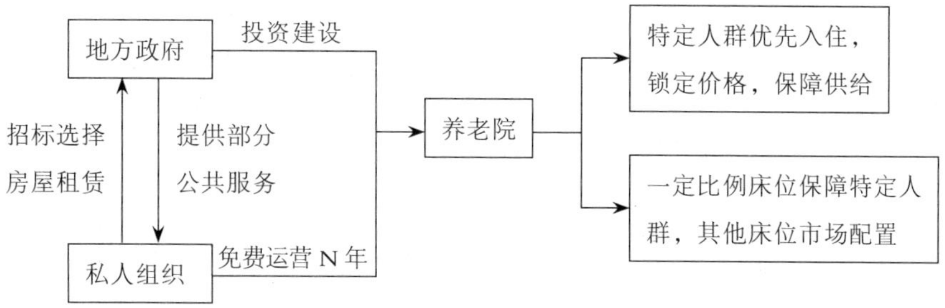

图 8-1　公建民营养老模式

2008 年，厦门市集美区政府准备建立一个 150 张床位的养老院，实行公建民营的模式，房屋建成后引入社会力量来运营，可以免费使用十年。经营了六年民营养老院的张玉虾通过公开招标获得经营权，跟政府签订了二十年的合同。养老院的规模并不算大，后期张玉虾又投入了三四百万元的费用装修，随后购买了各类床上用品和生活设施，并按照公立养老院的条件来建设。护工和老人的比例由原来的 1∶6、1∶7，增加到 1∶3。

由于服务过关，每月 2 400 元左右的价位也比较合理，养老院的所有床位第二年就已经被住满。到了 2012 年，张玉虾收回了前期投入的成本，慢慢地可以微利经营。因此，2012 年张玉虾又承包了位于灌口镇田头枋塘村的厦门市集美区社会福利中心，建立起集美区爱欣老年公寓。公寓用房是由政府投资 4 000 多万元建设的，包括室外活动场所在内，共占地 1.3 万多平方米。养老院的大楼地上 12 层，地下 1 层，总共有房间 354 间，床位 328 张。根据合同，承包养老院前十年租金免费。因此，张玉虾可以省出更多的资金来完善养老服务设施。她投入了 600 多万元，在每个房间里都安装了空调、电视以及各类娱乐设施和医疗器械。除此之外，棋牌室、健身室、阅览室、治疗室、抢救室、药房等一应俱全。二楼留出了一个 300 多平方米的多功能厅，定时为老人举行文艺活动、生日会、节日庆祝活动。

2. 经验启示

在清华大学就业与社会保障中心主任杨燕绥看来，要想破解我国目前的养老困境，最重要的是推行公建民营模式。2013 年，湖北、江苏、成都、北京等国内许多省市都已经开始了养老院公建民营模式试点。但是，公建民营养老院必须保证公益性的特征，政府也必须出台相应的约束机制来保障其公益性，以避免公建民营养老院“跑偏”。公建民营养老院的运行模式现在有很多种，有些地方要求必须免费供养五保户和三无人员，或者优先保障低收入人群入住等。虽然很多地方已经开始试点，但是发展初期还是非常混乱。杨燕绥指出，公建民营养老院需要根据各地不同的环境，来探索相应的运行模式。但公建民营必须保证它公益性的特点，让更多的中低收入群体以及普通的工薪阶层住得起。将这一部分人群服务好之后，也可以定位于高端人群，但价格一定要透明，财政补贴方面也需要适度。目前，我国多数公建民营的养老院项目都是采用“承包”模式，政府只负责前期投入，机构中标后按合同向政府缴纳租金，后期运营自负盈亏。一些专家认为，地方政府在具体执行中，仅仅扮演“房东”收租的角色，其公共职能并未得到体现，与模式的初衷相去甚远。全国老龄工作委员会办公室副主任阎青春就认为，公建民营养老院不能成为政府甩包袱、机构增收的工具。要真正做实这一模式，引入的民间机构需要充分发挥服务技术优势，政府则要出台一系列标准、规范、管理办法来履行监督职能，这样才能把有限的资源用在更多需要资助的老年人身上。

8.2.2 养老服务——民办公助养老院

1. 项目简介

民办公助养老院是指私人部门投资、私人部门经营、公共部门适时提供帮助的养老机构。其可以获得三种类型的帮助：一是政策优惠，比如企业所得税和营业税的减免；二是资金、实务帮助和人员支持；三是政府向其购买床位，即政府向私营养老机构购买床位，提供给申请入住养老院的老人。从性质来看，这种民办公助养老院更多的是追求低价养老服务，通常是非营利性的机构。因此，较易获得公共部门及社会各界的广泛帮助。

南京医药高新区农辖区原先有 3 家公办敬老院，除野徐敬老院达到改造建设标准外，寺巷、凤凰街道两个敬老院设施陈旧，服务水平跟不上，两家敬老院供养老人约 40 人，而完成升级改造或迁址新建，需要数百万元建设费用。此外，还要配备相应的服务人员和设施。改造、重建不但需要大量财政投入，时间也不允许。为改变这一现状，2015 年 5 月以来，医药高新区民政局创新思路举措，在全市率先采用民办公助的形式，巧妙依托颐年康复养护中心民办养老资源，通过政府购买服务方式，用民间资本解决了政府养老问题，节约了政府财政支出，提高了五保老人供养水平，化解了省级达标验收难题。8 月 10 日，医药高新区近 40 位五保老人住进了颐年康复养护中心。

据了解，养护中心参照海陵区中心敬老院的收费标准，明确托养费用为每人每月 1 500 元，包括伙食费、护理费、床位费、水电费、杂支费和理发费等。费用从 2015 年 8 月起支付，分两块支付给颐年康复中心，其中包括现行的集中五保老人供养经费每人每月 583 元，不足部分由街道财政拨付给颐年康复养护中心。根据测算，原先敬老院要投入房屋、活动场所等固定设施，还要配备专门的服务人员照顾老人，每位五保老人每月的供养成本在 2 000 元左右。借用民办养老资源承接公办敬老院养老职能，可以将敬老院升级改造成本、人员工资节省下来，在养老服务水平不降低的前提下，反而能减少财政支出，减轻政府负担。民办养老机构承接政府养老职能，替政府分忧，帮老人养老，是高新区养老创新之举。不过，高新区民政局清醒地认识到，购买服务并不意味着可以一买了之，放手不管。根据托管协议，颐年康复养护中心将负责五保老人的日常生活，医药高新区民政局将加大对民办养老机构的监管力度，同时引进竞争机制，督促其改善养老服务设施和环境，提升养老服务能力水平，为五保老人提供更加优质的服务。

2. 经验启示

（1）政府扶持政策明晰

在融资方面，民办公助养老院的政府支持不同于公建民营养老模式，其由政府少量出资即可调动更广泛的社会资源投入到民办机构。据南京市民办公助养老机构统计数据显示，市财政每投入一元钱则会拉动社会力量投资 13.3 元，“十一五”期间，南京市政府对于新增养老床位共资助 1 305.9 万元，直接拉动社会资本投入老年人社会福利机构 17 199.5 万元。上海则采取“在家养老，政府买单”模式，通过将优惠政策由“暗补”改为“明补”，促进社会养老机构事业的发展。

（2）加大优惠政策落实

民办公助养老院必须要有好的政策支持。政府应着重致力于细化政策和落实政策，不能仅停留在鼓励和支持养老机构发展的理论支持上。一方面，在相关部门制定明确的优惠政策并确保政策细化到养老机构提供的每一项服务基础上，政府要对优惠政策的落实进行有力监管和督促，及时进行检查和评估以确保政策的有效落实。另一方面，完善法律保障和加强监督也是落实优惠政策的必要措施。在基层设立老年人法律服务工作站和老年人合法权益维护岗，建立较为完善的法律援助机构和社区内法律服务机构。同时，加强执法检查监督，制定严格的监督制度，对营利性养老服务机构的服务质量、服务费用等按照行业标准进行日常监督和年度检查，并从思想上意识到政策落实对鼓励养老服务机构发展的重要性。

（3）加强养老院的自身建设

一方面，提升养老机构工作人员的综合素质。高素质的服务队伍能够满足老年人护理的需要，通过建立服务准入制，选择符合条件的专业机构加盟到服务队伍中，建立养老护理人才的培养体系，落实培养方案，并由培养出来的高层次护理人才管理和培训养老服务从业人员，提高其技术操作、理论知识、业务实际能力、团队协作精神、职业道德以及综合能力等。另一方面，完善政府养老机构服务的业务范围。养老机构担负的职责是照顾老年人的生活起居、医疗保健以及精神慰藉。政府应当适时地对工作人员进行法制宣传教育，增强法制意识，不断提高养老机构工作人员的管理水平和法律意识，积极开展行业交流会以促进业务交流与促进。同时，政府应积极探索与创新养老服务资格培养，实行养老机构人员从业证书资格制度。

8.2.3 卫生服务

1. 我国卫生服务的 PPP 模式介绍

从发达国家、发展中国家以及中国港、澳、台地区和中国内地在医疗领域的 PPP 探索来看，可以应用的 PPP 模式有 20 余种，这里总结我国常见的几种在公立医院改革领域的探索模式。

PFI 模式是指政府部门或公立医院提出新建医院的项目，通过招投标，获得特许权的民营机构进行医院的建设和运营，从政府或公立医院收取费用以回收成本，如广州广和医院。这种模式可以将民营机构资金和管理优势与公立医院的品牌和人才技术优势相结合，有优势互补的作用。PFI 模式是对 BOT 项目融资的优化，在合同期满后，如果民营机构通过正常经营未达到协议规定的收益，可以继续拥有或通过续租的方式获得运营权。

ROT 模式是指政府部门或公立医院将现有的医院改造项目移交给民营机构，由后者负责现有设施的运营管理以及扩建或改建项目的资金筹措、建设及其运营管理，当约定期限届满后，将全部设施无偿移交给政府部门，如北京门头沟区医院。通过 ROT 模式可以实现“管办分开”，改变决策机制，实现所有权、决策权、执行权和监管权“四权分立”，改变了以往政府既是“裁判员”又是“运动员”的局面，是减少寻租的有效途径。

EPC 模式是指民营机构受公立医院委托，按照协议对医院建设项目的设计、采购、施工、试运行等实行全过程或若干阶段的承包，如汕头潮南民生医院。民营机构只参与运行前环节，医院的管理和人员全部来自托管方公立医院，投资方不参与医院的运营和管理。

O&M 模式是指政府出资兴建医院，政府和成熟的私立医院成立董事会，医院的具体运营工作由私立医院的管理团队负责，但医院所有权归政府，如深圳滨海医院。医院运行初期由政府进行财政补贴，运行后期往往由医院管理团队自负盈亏。

2.PPP 医院的四个样本

（1）广东省首家 PPP 医院

2004 年 11 月，广东省首家由广州市第一人民医院（以下简称“市一”）与广济医疗器械有限公司（以下简称“广济”）合作建立的广州广和医院在广州成立。它由市一提供品牌和业务用房，并在技术力量上给予支持，广济提供资金和业务管理。这是一种灵活的 PFI（Private Finance Initiative）模式。它将公立医院的品牌和技术优势，与民营企业的资金优势和灵活经营相结合，起到优势互补的效果。广和医院有自己的独立法人，实行自主经营、自主管理、自主分配原则。合作双方根据合作协议进行利润分成，完全与市场机制接轨。这家医院自试营业以来，已经基本达到运营平衡，成为广州市职工医疗保险定点医院。

（2）北京门头沟区医院

2010年8月，公立医院北京门头沟区医院作为北京首家引入社会资本的公立医院，采用PPP模式中的ROT模式（Renovate Operate Transfer）将公立医院改革纳入社会的集团化运营中。门头沟区医院与凤凰医疗集团合作办医，取消院长行政级别，建立理事会领导下的院长负责制，该理事会实行委任制，举办单位和政府各委任3人组成，年度计划、预算和人事任免等重大决策全部由理事会完成。此外，医院组建监事会，由政府部门、合作方、医院职工代表共9人组成。凤凰医疗集团组成管理团队，门头沟政府每年支付其200万元管理费。改革的效果可从数字的变化初见端倪，从医院管理来看，床位从改革前的252张增至502张，副高职称人员由48人增至60人；从百姓就医来看，2012年医院门诊急诊人数达到48万人次，同比增长28.6%；人均住院费用远低于同类医院平均水平的9.84%。门头沟用一个成功样本，开辟出一条利益冲突相对较小的全新路径，值得借鉴。

（3）汕头潮南民生医院

汕头潮南民生医院由香港企业家吴镇明先生投资兴建，委托汕头大学医学院第一附属医院全面经营管理，是一所按“三级医院”标准设计和配套建设的大型综合性中外合资医院。汕头大学医学院第一附属医院对医院进行托管，该院的管理和医疗团队全部来自于托管方，即投资方不参与、也不干预医院的运营和管理。由于角色明晰，目标一致，医院一年内便实现了运营的收支平衡。医院不仅为潮南区百姓提供了优质、方便、及时的医疗卫生服务，同时也真正解决了“看病难”问题。独特的托管模式在国内开创了先河，医院引入PPP模式至今，成效显著，先后被中国医院协会和健康报社等授予“全国诚信民营医院”“群众满意医院”“全国百姓放心医院”等荣誉称号。这是典型的交钥匙工程（EPC，Engineering Procurement Construction/Turnkey，设计—采购—

施工/交钥匙）

（4）深圳滨海医院

香港大学深圳医院（滨海医院）是“十一五”期间深圳市政府投资兴建的最大规模公立医院。医院投资35亿元，医院产权归深圳市政府所有，由香港大学和深圳市政府组建医院董事会。具体营运工作包括医院人员的聘用、器材的引进等，由港大成立的医院管理层负责。双方在医院管理体制、财政投入机制、人事分配制度等领域大胆改革，推动“政事分开、管办分开、医药分开、营利与非营利分开”。例如，在人员管理方面，滨海医院员工不享受其他公立医院的政府公务员待遇，而是由香港大学实行全员聘用，参照香港的考核和薪酬机制，以此来吸引和留住人才。按照协议，香港大学管理的5年之后，医院仍归属于深圳市的公立医院，但政府将不再为医院提供财政支持，医院自负盈亏。这是一次新型的O&M（Operation and Management Contracts）的探索，开业后滨海医院的香港模式出现“水土不服”现象，如此独特的PPP医院能否谋生成功还有待时间的证明。

第 9 章　新型城市化融资（PPP）模式的政策建议

9.1　短期政策建议

9.1.1　提高 PPP 项目落地率

结合国内外公私合作 PPP 模式在基础设施和城市公共品领域的研究与应用实践看，为提高 PPP 项目的落地率，应解决导致 PPP 项目落地难的错配问题。张继峰[①]的研究指出，错配问题包括：主体错配[②]、项目错配[③]、身份错配[④]、

① 张继峰经济学学士、法律硕士，具备基金、证券、期货从业资格，从事金融工作十余年，现任北京云天新峰投资管理中心（有限合伙）合伙人。

② 主体错配，是指 PPP 设计者期望的参与主体（民营资本）与现实中实际主要的参与主体（国有企业）之间的错配。此外，主体错配还体现在 PPP 设计者希望的单一社会资本投资和现实中的运营社会资本与金融资本的联合体投资之间的错配。

③ 项目错配，是指按照 PPP 的制度设计，适合采用 PPP 模式的项目与目前推出的众多 PPP 项目存在错配。

④ 身份错配或目标错配，是指 PPP 设计者期望的社会资本以战略投资人（长期持股）身份投资 PPP 项目，与现实中的社会资本阶段性投资之间的错配，或者说在 PPP 模式中政府的保证公共利益最大化与社会资本的自身利益最大化的目标之间存在错配。

期限错配①、增信错配②、项目要求错配③。

1. 尽快出台“PPP 基本法”

国务院法制办牵头，加快立法进程。PPP 立法的核心内容，除了业界普遍呼吁的保障社会资本合法权益、加强对地方政府违约行为的惩戒力度等具体措施外，还一定要在“PPP 基本法”中明确 PPP、特许经营、政府购买服务之间的区别和界限，理清根源上的问题，纠正边界不清造成的上述错配问题，防止各种越位和失位。

2. 加强 PPP 模式的规范和管理力度

PPP 项目的使用和管理非常混乱，有些地方政府在没有搞清项目属性的情况下就直接采用 PPP 模式。除了要考虑“市场化程度较高”“价格调整机制灵活”这些标准外，还需要制定具体标准来判断是否可以采取公私合作 PPP 模式，如可参考项目收益债对来源于地方政府财政补贴的比例不超过 50%、贯彻物有所值评价、财政可承受力评估等。同时，深入探讨纯工程建设类（基本没有经营）且政府付费类项目是否适用 PPP 模式。在公开深入探讨清楚后，相关部门可以通过发布指导意见的方式，规范 PPP 项目准入标准，加强项目采取 PPP 模式的规范和管理力度，使“伪 PPP”现形。

3. 创新金融工具

创新中长期金融工具品种，放宽中长期融资工具的审批，解决期限错配问题。首先，应大力推广保险资金参与 PPP 项目。保险资金具有规模大、期限长、成本低等优势，与 PPP 天然是一家人。应加快保险资金参与 PPP 的研究和指引的出台，推动保险资金尽快对接 PPP 项目。其次，放宽可续期债券（永续债）的准入门槛和审核标准。永续债的特点是在债券存续期可计入所有者权益，不计入债务，且在符合条件

① 期限错配，是指融资工具期限与 PPP 项目期限之间的错配。

② 增信错配，包括增信主体错配和增信条件错配两种。增信主体错配是指“财金〔2014〕113 号”等文件规定，项目融资由社会资本或项目公司负责。但实践中，由于政府购买服务和缺口补助项目居多，金融机构就此以地方政府的付款承诺（人大决议、财政承诺等）作为增信措施给予融资，地方政府变相成为了融资增信主体，实则即为融资主体。增信条件错配，是指地方政府和社会资本都一直呼吁，以项目公司收费权或特许经营权质押作为担保方式进行“有限追索”融资（仅以项目公司本身作为融资追索主体，不向其股东方追索）。但实践中，金融机构很难接受，融资增信条件还是传统的担保、抵押、质押和地方政府出具相关法律性“购买服务”文件。

③ 项目要求错配，是指 PPP 项目本身对社会资本的要求与某些地方政府在招标时对社会资本的要求之间的错配。

的前提下，期限可以无限延长，对融资企业降低负债水平，提高偿债能力有很大帮助。但目前永续债的门槛还相对较高，一般只有评级达到AAA的企业才有可能发行。建议在风险可控的前提下，降低永续债的发债门槛和审核标准，尤其是对优质PPP项目资产，鼓励发行永续债融资。最后，允许风控水平较高的金融机构开展资金池业务，推动理财计划、资管计划的滚动续期，以支持其参与中长期PPP项目。

4. 设置科学合理的准入门槛

政府部门要研究公私合作中社会资本和财政投入的相关关系，制定具体可执行的标准，创造条件允许与鼓励民营资本进入，颁布具体标准限制地方政府随意抬高准入门槛，如设定招标条件时可以在财政部和发改委政策层面做出相关规定。只要社会资本满足一些基本指标（可设置项目总投与社会资本净资产相匹配的指标），且无不良信用记录，即可参与投标，且地方政府不得以任何方式违背国家部委制定的准入规定。此外，应该对于在工程建设、项目融资、PPP项目咨询领域出现的恶意压低价格（收益率）和扰乱市场秩序等现象进行整顿，统一中标标准或原则。例如“排除最低价”原则，即无论其他方面如何，如果在招投标中申报的价格最低，则不予中标，引导合理报价。

9.1.2 选取具体模式进行公私合作PPP模式[①]

1. 根据不同属性的不同公共服务甄选私人部门

根据具体公共产品属性的不同，结合私人部门的核心能力以及其他经营能力进行评估，初步选择合作对象，对比分析不同私人部门提供的服务信息，获得初选区域内相关私人部门的服务能力与基本信息，最终与所需公共产品的数据信息进行匹配，确定最合适的私人部门进入。在合作过程中针对不同公共服务的不同属性，政府部门来确定对应的公私合作模式，选择最佳公私合作PPP模式。

2. 鉴别并选取适合的公私合作PPP模式

并不是所有公私合作类别对同种产品都具有相同的适用性。首先，

① 李凤怡. 我国地方政府公私合作融资模式研究［D］. 北京：北京理工大学，2015：53-58.

具体分析每种公私合作PPP模式的适用范围。在我国已提供的市政公用事业、基础设施以及公共服务，很多仅需要维护与运营，并不需要私人部门承担资本风险，政府部门在采取公私合作模式时应该选取具有运营维护协议性质的形式；对于必须拥有绝对控制建设权的部分项目，政府部门应该选取“转让—运营—转让”这类具有特许经营性质的合作模式，避免私人部门进入项目的规划、建设阶段；对于具有营利性的准公共产品，公私合作的模式可以更加灵活，可以与私人部门选择合资新建、股权转让等具有民营性质的合作模式。其次，选择合适的公私合作时机。在公共产品提供时，地方政府应该明确公私合作模式选择时机，当地方政府不能单独提供资金支持来满足产品或者服务的提供，并且技术水平、人力资源都无法满足时，应该选择公私合作，将私人部门的先进技术、人才以及资金引入产品或服务的提供中。最后，考虑私人部门的运营管理效率。在选择运用公私合作模式时，必须考虑合作对象能否满足公私合作的各种要求，私人部门的进入能否提高产品或服务的运营管理效率，与私人部门的合作是否降低了政府部门通过其他途径进行公共产品提供的成本，私人部门的合作领域是否符合中央与地方的法律法规。

9.1.3 推进PPP工作职责分工

1. 推动政府和社会资本合作

针对当前推广PPP项目存在的政策衔接配套不足和社会资本参与度不高等问题，国务院常务会议厘清了有关部门职责，同时要求，要以推动政府和社会资本合作来促进投融资体制改革，在公共服务和基础设施等领域进一步放宽市场准入标准。结合《关于切实做好传统基础设施领域政府和社会资本合作有关工作的通知》，我们可以得知，传统基础设施领域PPP项目由国家发展改革委牵头负责。那么，公共服务领域PPP项目的推进工作自然由财政部牵头负责。

2. 发改委和财政部等各部门各司其职

对于牵头负责基础设施领域的PPP项目，发展改革部门有优势。对于能源、交通运输、水利、环境保护、农业、林业以及重大市政工程等基础设施领域项目，往往投资规模大、项目难度高、建设周期长，发展改革部门作为投资主管部门，已经建立一套完善的政府投资项目决策审批机制和工作机制，能够保证基础设施领域 PPP 项目的顺利实施。对于包括农业、林业、水利在内的“三农”领域的大量基础设施建设，每年有超过 50%的中央预算内投资资金用于这些领域，加之近年来国家环境保护力度的持续加大，中央预算内投资资金和专项建设基金也大量投向该领域，用于支持京、津、冀及重点地区污染治理、城镇污水垃圾处理设施及污水管网工程建设、重点流域水污染防治和水生态治理等，因而，这些基础设施建设均可以在国家发改委的牵头下负责进行 PPP 模式运营。此外，科学的价格机制是保障 PPP 项目落地的关键因素之一。作为重要的政策制定部门，发展改革部门制定出台了诸多富有成效的政策措施，特别是在价格机制方面可以科学合理确定价格，建立完善的价格形成机制保障各方利益。

9.2 中长期政策建议

9.2.1 注重 PPP 模式的效率来源

新制度经济学的几个分支理论分别对 PPP 模式的效率来源进行了分析和总结，以诺贝尔经济学奖获得者 Demsetz、Tirole 等为代表的委托代理理论和以 Williamson 为代表的交易成本经济学分支理论都分别讨论了 PPP 模式的效率来源。不论哪种理论，只要能保证私人部门的参与能提供比平台公司更高的成本激励；只要建设阶段和运营阶段真正地实现了捆绑；只要招投标中承包商真实地实现了竞争与信息公开；只要地方政府能够切实保障预算约束；只要正在做 PPP 项目的国有企业和平台公司能够更有效率，并且其公司治理机制比较完善；只要 PPP 模式的推进没有形成“大跃进”，那么，公私合作 PPP 模式就是有效率的。

9.2.2 建立信息不对称监督平台

政府部门与私人部门在公私合作中代表各自利益为社会公众提供公

共产品和服务，通过进行谈判协商并最终实现统一协议而签订合作合同。但政府部门难以观测到私人部门在建设、运营、维护等环节的真实情况以及努力程度，也难以把握产品提供过程中的外界因素，信息不对称问题也会在所难免地在政府部门与私人部门之间产生。因此，缓解地方政府融资压力以及分散风险，在实际运营过程中应该建立专管的第三方监督平台，这个专门的公私合作模式监管平台可以对项目的确立、私人部门的选择、投融资比例分配、风险分担、运营回收、服务水平以及价格制定等各个环节进行监督制约。

9.2.3 合理的价格制定体系

为解决政府部门与私人部门信息不对称、社会目标不一致而产生的定价分歧，借鉴英国对公共产品提供者的定价经验，制定价格上限是一种较好的措施。价格上限规制法就是政府部门与私人部门以合同协议的形式将产品或服务的价格进行上限设定，在这一限定之下，私人部门可以根据具体情况制定符合自身利益的产品价格，在保证私人部门不亏损的前提下，实现社会福利的最大化。此外，对于具有正外部性以及自然垄断性质的产品定价，我国的《价格法》有专项规定，制定关系人民群众切身利益的公用事业价格、公益性服务价格和自然垄断经营的商品价格时，应当建立听证会制度。为了保证产品与服务价格公开、公正，防止私人定价造成的社会福利损失，也避免私人部门因为政府的过分干预定价而造成利益损失，价格听证会制度是必然选择。由价格主导部门主持，集合私人部门、专家学者以及消费者三方群体，对产品与服务的价格进行讨论论证，制定完善的公私合作价格听证会制度。

9.2.4 建立规范的法律制度支撑体系

为了公私合作模式能够顺利开展，地方政府应根据自身债务特点和地域属性的不同，针对合作过程中存在的政治风险、法律风险、管制风险等提供制度性保障和规章性保障。因此，科学制定符合本地区的地方性法律法规，是有效解决私人部门因不可控风险而放弃参与融资合作。

同时，地方政府在基础设施项目建设中涉及土地、配套设施等使用问题时，政府应该在审批、价格以及供给等方面给予足够支持，包括财政补贴和税收优惠。此外，地方政府还可以建立市场化、科学化的投资咨询机构，利用专业的人才和先进的设备，从而提高整个公共产品的供给效率。

第 10 章　研究结论与研究展望

10.1　研究结论

10.1.1　地区金融与地方政府债务融资的辩证关系

一方面，地方政府发债需要良好的地区金融环境。解决地方政府过度举债问题，需要实体经济和金融市场协调一致发展，需要建立与新兴城镇化相适应、与法制经济相匹配的地方政府投融资模式，实现地方政府融资方式的市场化、投资决策的民主化、债务管理的法制化以及融资平台的分类规范化。在深入认识和剖析金融生态环境的基础上，规范地方发债环境，解决地方政府债务问题。另一方面，地方政府债务问题是金融生态的异化。虽然近几年我国地方金融生态在向着良好的态势发展，但是我们也看到地方债务问题实际上是金融生态的异化。地方政府融资平台债务激增和影子银行的信用膨胀异常突出。在进行我国金融生态环境问题研究时，金融业依托的宏观环境和制度条件尤为重要。绝大多数国家的金融风险都包含金融机构内部治理结构的天然缺陷和金融业生存的“外部环境”。

10.1.2 国外化解地方政府债务的经验借鉴

国外一些地方政府债务融资方式及风险管理研究和实践值得我们重视和借鉴。一是地方政府债务应当受中央财政管理。我国当务之急是在建立全国统一的债务管理体系基础上，利用《新预算法》的颁布契机，加强和完善地方政府债务管理；二是地方政府债务融资缺口的弥补应该寻求新型城市化融资方式解决。在推进民营化基础上，地方政府的财政扶持和制度支持是弥补地方政府融资缺口的重要保障；三是建立一整套系统化的监督管理体系。监督管理体系包括约束机制、信用评级、审批制度和预警制度等，实行地方政府融资的科学化管理。

10.1.3 地方政府融资过程中必须把握的基本原则

地方政府在融资过程中必须把握以下几个基本原则：地方政府融资必须满足地方基础设施服务；地方政府融资必须促进城镇化发展；地方政府融资必须因时因地制宜；地方政府融资必须防范债务风险。

10.1.4 地方政府融资现状及各融资方式的未来前景分析

目前，我国地方政府所采用的融资方式主要包括银行贷款、发行债券、政策性金融机构等。但就融资规模看，地方政府融资平台规模较大，且结构复杂。

从未来前景看，银行贷款仍将是未来地方政府最主要的融资方式之一。《新预算法》的颁布对地方政府债务设置了“天花板”，限额管理是遏制地方政府债务过快增长的重要手段。未来应对融资平台公司债务进行全面清理，在妥善处理融资平台公司政府存量债务基础上，剥离融资平台公司的政府融资职能，关闭空壳类公司，积极开展融资平台公司市场化转型。转型后的融资平台公司能够按照市场化原则融资和偿债，消除政府隐性担保，实现市场主体化和风险内部化。

10.1.5 公私合作模式（PPP）在我国地方政府融资的动因分析

地方政府融资之所以选择公私合作模式（PPP），究其原因，主要表现在以下几个方面：地方政府债务规模、结构、偿债等方面表现出来的地方政府债务压力；地方政府融资平台遭遇瓶颈；地方政府发债受到限制；全国土地收入下降；财政收支运行不平衡；传统融资模式不足之处显现；城镇化发展的客观需要。

10.1.6 公私合作模式（PPP）在弥补地方政府融资缺口的适用性分析

公私合作模式（PPP）对我国城市公共品的提供具有十分重要的意义。结合国内外成功的公私合作模式（PPP）的现实应用经验，从弥补地方政府融资缺口来看，公私合作模式（PPP）有利于缓解公共产品融资需求缺口；有利于改善公共产品供给质量与数量；有利于适应公共政策需要。

10.1.7 新型城市化融资（PPP）模式在国内外的运用

PPP 模式并不是中国独创的，从 20 世纪 80 年代开始就广泛地应用在世界各国，如今国外已经有不少成功案例。在欧洲尤其是英国，PPP 适用的领域涉及交通运输、公共服务、燃料和能源、公共秩序、环境和卫生、娱乐和文化、教育和国防等。在大多数国家，PPP 模式主要适用基础设施建设领域，包括收费公路、铁路、桥梁、地铁、轻轨系统、机场设施、隧道、电厂、电信设施、学校建筑、医院、监狱、污水和垃圾处理等。从区域看，欧洲的 PPP 项目市场最为发达。从国别看，英国、澳大利亚、美国、西班牙、德国、法国等发达国家 PPP 项目的规模和管理水平较高。

我国香港特别行政区也有着较丰富地运用 PPP 模式的历史，从红磡海底隧道到大榄隧道，再到内地人所熟悉的香港迪士尼公园都是香港运用 PPP 模式的项目。为了鼓励私营机构参与到 PPP 模式中来，香港特区政府还专门制定了相应的政策。

纵观各个国家和地区 PPP 模式成功的案例不难发现，政府的支持十分重要。在 PPP 模式下，政府既是特许权协议的当事方，又为项目运作提供政治和法律环境。因此，政府采用 PPP 模式应转变管理和调整职能，以适应 PPP 模式管理的需要。同时，必要的激励机制和合理分担风险也是至关重要的。

10.1.8 新型城市化融资（PPP）模式的效用评价

1.PPP 项目的潜在规模与当前进展

如上文所述，迄今为止的 PPP 模式推进进展有限。自 2015 年 9 月以来，中央政府和相关部委出台了十余项文件和政策，基本建立了 PPP 模式的整体实施框架。财政部和发改委分别颁发了 PPP 模式的指导意见和合同模板，涉及政府采购、竞争性谈判和合同管理等多个方面。相关部委还联合发布政策，推动 PPP 模式在城市公用事业和水利项目中的应用。财政部公布了 30 个 PPP 全国试点项目，总投资规模达 1 800 亿元。超过 10 个省市已经发布了地方版本的 PPP 项目指导意见，超过 20 个省市启动了 PPP 模式试点、推出项目的总投资额超过 2.5 万亿元。不过，大多数 PPP 项目尚未完成合作磋商。其中，完成政府与企业资本签约的仅 10%左右。即便目前所有已经公布的试点项目均得以实施，2015 年的实际投资额很可能也仅有几千亿元，远低于其应当承接的投资规模。

已公布的 PPP 试点项目中，已签约的企业主要是央企和地方国企。此外，还有少数上市民营企业和符合要求的地方融资平台。已签约的基建和公共服务投资项目主要集中在交通运输基础设施、城镇基础设施、城镇公用事业、环保、新能源、水利、公共服务、保障房以及文化和体育服务等领域。

2.PPP 项目的困境[①]

公共部门与私人部门合作已经成为公共服务供给的未来趋势。回顾

① 王桢桢．公私合作困境的理论解析及其评价［J］．广州大学学报：社会科学版，2010（2）：23-27.

公共部门与私人部门的合作历程，公私合作可以解决行政职权的有限性和公众需求的无限性之间的矛盾，公私合作仍面临如下困境：

一是委托代理问题。在公私合作伙伴关系中，公共部门是公共利益的代表者和公共权力的行使者，是消费者的代理。私人部门是公共部门的代理，间接地成为了消费者（社会公众）的代理，私人部门既要考虑到合作关系中的经济利益，又要考虑到自身作为消费者的公共利益。所以，公私合作关系中的任何一方都无法获得最佳的福利回报。

二是跨部门管理问题。公共部门主要是提供公共服务和维护公共利益，在路径上体现对官僚体制的依赖。私人部门主要是在市场规则前提下对企业盈利和成本以及效率进行关注，两者之间难免会出现行为和文化的冲突。

三是成本核算问题。公私合作的初衷是降低生产成本、交易成本和消费成本。如果在公私合作过程中简单地将公共部门的生产成本转嫁到私人部门和消费者（社会公众）身上则违背了初衷。那么，如何核算生产成本、交易成本和消费成本则成为公私合作过程中的难题。

四是公私合谋问题。公私合作过程中私人部门的经营人员与公共部门的管理人员之间有可能发生公私合谋问题，进而有可能产生腐败问题。所以，如何防止公私合谋对公共利益的损害则成为公私合作的一大困境。

五是公共责任问题。公共部门与私人部门在合作过程中的不同价值取向，导致双方在处理同一问题时的角度不同。私人部门侧重于经济利益，公共部门则因受到合作的诸多限制而难以保证公共利益的最大化。那么，如何调控公共部门对项目合作的管制和监控则成为难点。

10.2 研究展望

虽然本书从理论和实践方面对我国地方政府融资缺口与新型城市化融资（PPP）模式进行了较为系统的研究，但仍存在以下问题值得进一步深入研究。

一是由于时间和精力有限，本书仅选择部分国家的公私合作模式（PPP）进行了介绍和分析，并未对我国已经实行的公私合作模式

（PPP）的大多数项目进行绩效评价，后续研究工作可以围绕绩效评价体系的构建开展研究，总结中国模式的经验与教训。

二是本书虽然对我国地方政府某些融资方式进行了分析，但并没有对这些融资方式的未来监管、各种融资方式的分配比例以及《新预算法》的颁布对融资方式的影响等进行研究。

三是本书未对新型城市化融资（PPP）进行风险量化，在后续工作中期待能够进行细致研究。

主要参考文献

[1] 郭文卿. PPP模式概要解析[J]. 经济论坛,2014(10):88－91.

[2] 徐盈. PPP项目融资模式干系人识别和管理策略分析[J]. 商业经济,2013(7):63-65.

[3] 陈婉玲. 公私合作制的源流、价值与政府责任[J]. 上海财经大学学报,2014(5):77.

[4] 刘向杰. 公私合作项目的政府行为研究[D]. 成都:西南交通大学,2011:71-80.

[5] 石桂峰. 地方政府干预与企业投资的同伴效应[J]. 财经研究,2015(12):84-94.

[6] 黄恒学. 公共经济学[M]. 2版. 北京:北京大学出版社,2009:92.

[7] 奥尔森. 集体行动的逻辑[M]. 陈郁,译. 上海:上海三联书店,1995:13.

[8] 布坎南. 民主财政论[M]. 穆怀朋,译. 北京:商务印书馆,1999:20.

[9] 陈振明,薛澜. 中国公共管理理论研究的重点领域和主题[J]. 中国社会科学,2007(3):140-152.

[10] 赵锐. 我国地方政府债务规模扩大的制度分析与对策研究[J]. 商业文化(下半月),2012(7).

[11] 杨聪杰. 地方政府债务管理的国际比较与借鉴[J]. 地方财政研究,2006(5).

[12] 张文君. 后金融危机时期地方融资平台的转型研究[J]. 江西行政学院学报，2012(2).

[13] 周雪光."逆向软预算约束"一个政府行为的组织分析[J]. 中国社会科学，2005(2).

[14] 赵优红，张宇飞. 我国政府投融资体系的现状及完善[J]. 财政研究，2005(10).

[15] 朱琳. 地方政府投融资平台运行机制研究[J]. 商业时代，2010(30).

[16] 徐丽梅，等. 地方政府基础设施融资模式创新研究[J]. 社会科学，2009(11).

[17] 汪小亚. 中国城镇城市化与金融支持[J]. 财贸经济，2002(8).

[18] 蒙荫莉. 金融深化、经济增长与城市化的效应分析[J]. 数量经济技术经济研究，2003(4).

[19] 郭新明. 金融支持我国城镇化战略的政策思考[J]. 西安金融，2004(4).

[20] 吴守华. 城镇化过程中地方政府融资机制研究[J]. 决策，2012(21).

[21] 赵峥. 金融支持我国城市化进程的实证研究[J]. 金融教育研究，2012(1).

[22] 张启智. 城镇基础设施投融资方式的最佳选择[J]. 中国乡镇企业会计，2008(4).

[23] 王铁军. 中国多层次资本市场架构设计的构想[J]. 中国科技投资，2007(3).

[24] 曾辉. 中国地方政府融资模式选择[J]. 中国金融，2011(19).

[25] 杜彦坤，邵靖. 构建多元化与市场化的地方政府融资模式[J]. 中国金融，2011(4).

[26] 梁红梅，郝炎. 财政风险管理视角下地方投融资平台风险控制研究[J]. 商业时代，2012(1).

[27] 李晓安，周序中. 投融资平台公司信用风险与地方政府信用失序——以法律为视角[J]. 北京行政学院学报，2012(2).

[28] 张雯，李妍. 金融支持兵团城镇化发展的效应研究[J]. 新疆农垦经济，2012(1).

[29] 姜宏青，王硕. 我国地方政府债务管理制度实证研究[J]. 华东经济管理，2012(10).

[30] 刘煜辉. 外部环境变化对中国银行业的影响[J]. 银行家，2011(10).

[31] 陆彩兰，吉万年. 论公私合作模式对我国城市公共品的适用性[J]. 扬州教育学院学报，2007(1).

[32] 孙学玉，周义程. 新公共管理与中国高等教育供给体制改革[J]. 江海学刊，2004(4).

[33] 邓淑莲. 国外基础设施私有化及其效率[J]. 世界经济研究,2001(1).
[34] 王广起. 论农村基础设施供给机制的不断完善[J]. 商业研究,2006(21).
[35] 张謦,袁星侯. 公益性垄断性收费性竞争性——论公共基础设施投资多元化[J]. 厦门大学学报:哲学社会科学版,2000(1).
[36] 方士华,等. 论我国基础设施运作机制的重建[J]. 上海财经大学学报,2000(6).
[37] 何愈. 公私合作模式对中国城市物流规划的借鉴[J]. 长安大学学报:社会科学版,2005(3).
[38] 肖葱,赵昌文. 在公共环境服务领域推行公私合作模式的思路[J]. 天府新论,2008(6).
[39] 钱圣. 基于价值链的公私合作模式农地整理项目增值分析[J]. 湖北农业科学,2012(7).
[40] 岳宇君,吴洪. 国外电信业公私合作模式及对我国的启示[J]. 管理现代化,2012(3).
[41] 王联备,苏志欣,邢文祥. 模糊层次分析法在基础设施项目融资模式选择中的应用研究[J]. 价值工程,2006(12).
[42] 涂铭,汪宵. PPP项目风险因素和承担机制研究[J]. 基建优化,2007(4).
[43] 杜莹冰. 新时期我国PPP融资模式问题研究[J]. 行政事业资产与财务,2014(33).
[44] 杨艳. 从地方政府融资平台看财政风险向金融风险的转化[J]. 经济学家,2013,(4):83-85.
[45] 曲斌. 地方政府融资平台效率研究[D]. 成都:西南财经大学,2013:45-46.
[46] 廖雨果. 公私合作制(PPPs)中的政府角色与职能分析[D]. 上海:上海交通大学,2007:5-15.
[47] 屈哲. 基础设施领域公私合作制问题研究[D]. 大连:东北财经大学,2012:93.
[48] 格里姆赛,刘易斯. 公私合作伙伴关系:基础设施供给和项目融资的全球革命[M]. 孙文广,译. 北京:北京大学出版社,2010.
[49] 樊丽明,等. 中国地方政府债务管理研究[M]. 北京:经济科学出版社,2006.
[50] 李冬梅. 中国地方政府债务问题研究[M]. 北京:中国财政经济出版社,2006.
[51] 时红秀. 财政分权、政府竞争与中国地方政府的债务[M]. 北京:中国财政经济出版社,2007.
[52] 本刊评论员. 加强地方政府债务监管严控财政风险[J]. 财政监督,2011(30):3.

[53] 郭建华. 我国地方政府性债务成因及治理对策浅探[J]. 中国财政，2011(22):38-39.
[54] 潘文轩. 地方政府投融资平台运行风险及其化解对策[J]. 投资研究，2009(11).
[55] 魏加宁，孙彬. 地方政府投融资平台研究[R]. 国务院发展研究中心技术经济研究部“地方基础设施建设融资问题研究”课题组，2009.
[56] 陈炳才，田青，李峰. 地方政府融资平台风险防范对策[J]. 中国金融，2011(1).
[57] 周丽丽. 我国地方政府的融资实践及未来发展趋势[J]. 经济研究参考，2009(38).
[58] 王权. 日本地方政府融资平台分析及对我国的启示[J]. 现代日本经济，2014(3):11-19.
[59] 总务省自治财政局公营企业课. 关于第三部门等的状况的调查结果[R]. 总务省，2013.
[60] 财政部预算司. 国外地方政府债务管理经验比较与借鉴[J]. 经济研究参考，2008(22):17.
[61] 凯恩斯. 就业、利息和货币通论[M]. 高鸿业，译. 北京:商务印书馆，2005.
[62] 罗森. 财政学[M]. 郭庆旺，译. 10版. 北京:清华大学出版社，2015:45-67.
[63] 魏加宁，唐滔. 西欧发达国家地方政府的债务融资[J]. 国务院发展研究中心调研报告专刊，2009(81).
[64] 于海峰，崔迪. 防范与化解地方政府债务风险问题研究机[J]. 财政研究，2010(6):56-59.
[65] 黄国桥，徐永胜. 地方政府性债务风险的传导机制与生成机理分析[J]. 财政研究，2011(9):2-5.
[66] 刘立峰. 地方政府投融资及其可持续性[M]. 北京:中国发展出版社，2015:160,250-258.
[67] 贾康，刘微，张立承，等. 我国地方政府债务风险和对策[J]. 经济研究参考，2010(14):2-28.
[68] 蔡玉. 地方政府性债务现状、成因及对策[J]. 财政研究，2011(9):5-7.
[69] 张远. 地方政府债务的效应及形成机制新探[J]. 南京政治学院学报，2005(3):71-75.
[70] 鲍尔，怀特兹. 发展中国家大都市政府融资[M]. 陶然，等，译. 北京:科学出版社，2013:324-326.
[71] 牛慕鸿，纪敏. 中国的杠杆率及其风险[J]. 中国金融，2013(7):16.
[72] 王国刚，冯光华. 中国地区金融生态环境评价[M]. 北京:社会科学文献出版

社,2014:3-5,56-63,80-81.

[73] 杨波. 地方政府融资及其风险分担机制研究[R]. 北京:中国财政科学研究所,2011:62.

[74] 张庆才. 汇津事件三问政府[J]. 决策,2015(12).

[75] 詹向阳. 辩证看待地方政府融资平台发展[J]. 中国金融,2010(7):38-40.

[76] 余子良. 地方政府融资平台的来龙去脉与风险规避[J]. 改革,2013(1):77-78.

[77] 审计署办公厅. 2011年第35号:全国地方政府性债务审计结果[EB/OL]. [2011-06-27]. http:www.audit.gov.cn/n1992130/n1992150/n1992500/2752208.html.

[78] 唐洋军. 财政分权与地方政府融资平台的发展:国外模式与中国之道[J]. 上海金融,2011(3):19-26.

[79] 巴曙松. 地方政府投融资平台的发展及其风险评估[EB/OL]. [2010-12-29]. http://wenku.baidu.com/view/928fb7b365ce0508763213ff.html.

[80] 梅建明. 关于地方政府融资平台运行的若干问题[J]. 财政研究,2011(5):65.

[81] 贾康,孙洁. 公私伙伴关系(PPP)的概念、起源、特征与功能[J]. 财政研究,2009(10):2-10.

[82] 萨瓦斯E S. 民营化与公私部门的伙伴关系[M]. 周志忍,等,译. 北京:中国人民大学出版社,2002:105.

[83] 魏加宁,等. 地方政府债务风险化解与新型城市化融资[M]. 北京:机械工业出版社,2014:229.

[84] 赖丹馨,费方域. 公私合作制(PPP)的效率:一个综述[J]. 经济学家,2010(7):97-104.

[85] 刘新平,王守清. 试论PPP项目的风险分配原则和框架[J]. 建筑经济,2006(2):59-63.

[86] 桂雄. PPP应用于我国养老服务业的政策分析[J]. 中国财政,2016(7):38-40.

[87] 马骥,陶安. PPP热背后的冷思考[J]. 统计与咨询,2015(5):41-42.

[88] 白钦先,张坤. 政策性金融公共性与财政公共性的比较研究[J]. 中央财经大学学报,2014(10):26.

[89] 白钦先,王伟. 科学认识政策性金融制度[J]. 财贸经济,2010(8):6.

[90] 朱文蔚. 经济增速放缓对中国政府性债务可持续问题的影响[J]. 统计与信息论坛,2015(1):46-51.

[91] 陈彦斌,姚一旻. 中国经济增速放缓的原因、挑战与对策[J]. 中国人民大学学报,2012(5):76-87.

[92] 财政部综合司. 2015年全国土地出让收支情况[J]. 中国财政,2016(7):78-79.

[93] 财政部政府和社会资本合作中心. 国外PPP案例选编[M]. 北京:中国商务出版社,2014:2-5,23.

[94] 萨瓦斯E S. 民营化与PPP模式:推动政府和社会资本合作[M]. 周志忍,等,译. 北京:中国人民大学出版社,2015:64.

[95] 刘冀徽,等. 谈公共服务的私营化[J]. 煤炭技术,2009(8):183-184.

[96] 麦金尼斯. 多中心体制与地方公共经济[M]. 毛寿龙,译. 上海:上海三联书店,2004:114.

[97] 周蕾. PPP模式的他山之石——英国PPP模式运营案例解析[J]. 施工企业管理,2015(8):67-69.

[98] 薛裴. 公共物品供给的民营化研究[D]. 北京:北京首都经济贸易大学,2006.

[99] 王淑芹. 哥伦比亚教育券计划透视[J]. 上海教育科研,2003(8):77-79.

[100] 夏焰,沈有禄. 美国教育券的形式、内容、特点、经验及其启示[J]. 教育与职业,2011(4):21-23.

[101] 董圣足,谢锡美. 风险投资进入民办教育的现状、问题及对策[J]. 复旦教育论坛,2011(3).

[102] 吴洪彪. 美国和加拿大养老服务业考察报告[J]. 中国民政,2010(7).

[103] 于新循. 论我国养老服务业之市场化运行模式及其规范——基于公建民营、民办公助和以房养老等模式的法律分析与探讨[J]. 四川师范大学学报:社会科学版,2010(1).

[104] 任琦鹏,杨青. PPP用于不同地域养老院的风险评价模型[J]. 工程管理学报,2012(4)

[105] 耿殿磊. 中外合作办学利益相关者分析[J]. 高教探索,2007(1):59-63.

[106] 刘青峰. 当代中国教育服务公私合作中的地方政府管理研究[D]. 昆明:云南大学,2015:56-81.

[107] 杨团. 公办民营与民办公助——加速老年人服务机构建设的政策分析[J]. 社会科学战线,2011(5).

[108] 贾康,刘微. "土地财政":分析及出路[J]. 财政研究,2012(1).

[109] 赵先立,李子君. 地铁经济中的公私合作——北京地铁4号线项目的运营、经验和意义[J]. 城市观察,2015(5).

[110] 邓敏贞. 公用事业公私合作制实施的问题与对策——以"汇津污水处理案"为实证分析对象[J]. 行政与法,2013(6).

[111] 谢峰. 英国工党的地方政府改革[N]. 学习时报,2006-11-21(4).

[112] 郝伟亚,陈宏能. 北京地铁14号线:风险处置范本[J]. 中国投资,2015(3).
[113] 安丽苑. PPP项目的多参与方风险分担研究[J]. 湖南医科大学学报,2009(11):79-81.
[114] 张平. 地方基础设施建设引入公私合作模式的困境及突破路径[J]. 经济纵横,2015(4):69-72.
[115] 中国财政学会公私合作研究专业委员会课题组. 公私合作伙伴机制:城镇化投融资的模式创新[J]. 经济参考研究,2014(13):16-27.
[116] 叶晓甦,徐春梅. 我国公共项目公私合作模式研究述评[J]. 软科学,2013,6(27):6-9.
[117] 朱杰君,王健康. 私营经济发展与国有经济战略重组的互动关系[J]. 长安大学学报:社会科学版,2003,5(2).
[118] 周晶,何建敏,等. 基于委托—代理模型BOT模式的有效性分析[J]. 东南大学学报,2005,35(3):490-492.
[119] 冯云廷,张素芬. 公共设施与服务的供给:民营化及其有效边界[J]. 东北财经大学学报,2000(1).
[120] 朱科蓉. 英美教育市场化改革述评[J]. 清华大学教育研究,2003(2).
[121] 王俊豪. 中国基础设施产业政府管制体制改革的若干思考——以英国政府管制体制改革为鉴[J]. 经济研究,1997(10).
[122] 周黎安,等. 地方官员晋升激励与银行信贷——来自中国城市商业银行的经验证据[J]. 金融研究,2014(1).
[123] 蒋米娜,柴志伟,詹俊鹏. 从欧洲主权债务危机析我国地方政府债务的安全[J]. 特区经济,2012(10).
[124] 考燕鸣,王淑梅,马婧停. 地方政府债务绩效考核指标体系构建及评价模型研究[J]. 当代财经,2009(7).
[125] 谢伟东,何雯. 公私合作模式融资在我国城市轨道交通项目中的实践[J]. 城市轨道交通研究,2006(3).
[126] 中研网讯. 我国政策性金融发展面临的主要问题[EB/OL]. [2015-01-15]. http://www.chinairn.com/news/20150116/173250693.shtml.
[127] 孟春,杨雯淇. 澳大利亚学校建设PPP项目取得巨大成功[J/OL]. [2014-08-01].http://www.cet.com.cn/wzsy/gysd/1267011.shtml.
[128] 刘宇文,赵国富,王守清. 中国北京奥运会主体体育场(鸟巢)PPP项目[J/OL]. [2014-05-31]. http://www.paigu.com/a/239307/13903587.html.
[129] 李维民. 我国民办学校产权不明晰的原因[J/OL]. [2007-12-18]. http://blog.sina.com.cn/s/blog_6a42aa520100lsu1.html.
[130] 汪涛,胡志鹏. 地方政府融资缺口的化解和PPP的作用[J/OL]. [2015-05-27].

http://money.163.com/15/0527/10/AQK7BT4700253B0H.html.

[131] 孟春，郭上，杨雯淇．印度运用PPP模式推进临空经济区建设[J/OL]．[2014-10-30]．http://www.cet.com.cn/wzsy/gysd/1353746.shtml.

[132] 国研网宏观经济研究部．PPP模式的国际经验与我国的实施路径——现状篇[EB/OL]．[2016-05-09]．http://www.drcnet.com.cn/eDRCnet.common.web/docview.aspx? chnid=180&leafid=210&docid=4298914&uid=78020106&version=dReport.

[133] 国研网宏观经济研究部．全国土地收入下降两成及对地方政府财政影响[EB/OL].[2016-04-20]．http://www.drcnet.com.cn/eDRCnet.common.web/docview. aspx? chnid=180&leafid=209&docid=4278479&uid=78020105& version=dReport.

[134] 中国社会福利学会．利用PPP模式发展养老服务业的思考[EB/OL]．[2015-11-24]．http://info.bjxwx.com/a/OlderWorld/OlderIndustry/IndustryNews/2015/1123/28192.html.

[135] DIAMOND P A.National Debt in a Neoclassical Growth Model[J]．Ameirican Economic Review，1965，5(1)：1126-1150.

[136] FRIEDMAN M.The Social Responsibility of Business is to Increase Its Profits[J]．New York Times Magazine，1970，9(13)：122-126.

[137] KATEJA A.Building Infrastructure：Private Participation in Emerging Economies[J]．Social and Behavioral Sciences，2012(37)：368-378.

[138] KUNREUTHER H.Incentives for Mitigation Investment and More Effective Risk Management：the Need for Public—Private Partnerships[J]．Journal of Hazardous Materials，2001(86)：171-185.

[139] ZOU HUINING，SHEN LEI，TONG TENG.Proceedings of the International Conference on Innovation and Management[C]．Wuhan(CN)：ICIM，2010：30-48.

[140] CLARKSON M B E.A Stakeholder Framework for Analyzing and Evaluating Corporate and Social Performance[J]．Academy of Management Review.1995(20)：92-117.

[141] SULLIVAN H C，SKELCHER.Working Across Organisational Oundaries：Collaboration in Public Services[M]．Basingstoke：Palgrave Macmillan，2003.

[142] WEISBROD B.The Future of the Nonprofit Sector：Its Entwining with Private Enterprise and Government[J]．Journal of Policy Analysis and Management，1997(16)4：541-555.

[143] CRAGNANI S, VALENDI G, VADENTINI M P.City Logistics in Italy: a National Project[R]. Maderia: Madeira Regency Hotel, 2003.

[144] TANIGUCHI E.Vsions for City Logistics[R]. Maderia: Madeira Regency Hotel, 2003.

索引

后记

本书是我在 2014 年加入辽宁省高等学校杰出青年学者成长计划后，根据承担的辽宁省教育厅项目《生产要素创新与边境地区新型农业经营体系构建的协同机制与发展模式研究》和 2016 年度辽宁省财政科研基金项目《辽宁收入分配与供给侧结构改革的财政政策研究》的研究主题基础上完成的。

由于一直以来对地方政府融资问题较为感兴趣，于是便经常关注有关地方政府债务以及新型城市化融资方面的新闻和评论。在国家审计署 2013 年对地方政府债务情况再次进行全面摸底并公布审计结果和 2015 年 1 月 1 日《新预算法》颁布实施的时候，社会各界对地方政府债务、融资缺口以及债务风险的关注越来越高。同时，新型城镇化脚步的加快给地方政府带来了新的融资压力。因此，我尝试借鉴典型国内外公私合作 PPP 模式在基础设施和公共服务提供中的先进经验和启示，试探性地去研究地方政府债务与新型城市化融资（PPP）的基本问题。

在本书即将出版之际，我深切感受到，本书之所以历经三载能够完成，离不开众多师长、同学、同事和家人对我的关心、指导、支持和帮助。特别感谢博士生导师寇铁军和林木西先生。他们对本书从选题到结构设计，从资料收集到观点形成，从行文规范到修改定稿的每个方面都悉心指点，我将永远铭记在心。感谢辽东学院经济学院诸位老师对我的一贯支持和帮助，尤其是辽东学院经济学院李永久院长一直以来给予鼓励和指导，从论题的调研到资料整理，从写作思路到论据选取都提供了中肯的意见。同时，感谢东北财经大学出版社提供这次专著出版的机会。感谢我的工作单位辽东学院。特别感谢我的爱人梁振东先生，正是他始终全身心地付出和支持，才让我得以安心撰写并顺利完成书稿出版。爱女梁嘉琦乖巧懂事，正是她独立、勤奋的学习鼓励着我将此书付梓。

窗外秋蝉已鸣。

未觉池塘春草梦，阶前梧叶已秋声。再次迎来秋日，掩卷而思。

在本书写作过程中，曾多次遇到写作误区和盲点，所幸最终能坚持下来，囿于学识，不足之处在所难免，请大家指正。

苑梅

2016 年 9 月